# VISUALIZAÇÃO DE DADOS

**Revisão técnica:**

**Júlia Mara Colleoni Couto**
*Mestra em Ciência da Computação*
*Especialista em Gestão de Projetos*
*Bacharela em Sistemas de Informação*

V843   Visualização de dados / Alessandra Maciel Paz Milani... [et al.] ;
revisão técnica: Júlia Mara Colleoni Couto. – Porto Alegre :
SAGAH, 2023.

ISBN 978-65-5690-352-1

1. Informática – Desenvolvimento de sistemas. I. Milani,
Alessandra Maciel Paz.

CDU 004.6

Catalogação na publicação: Mônica Ballejo Canto – CRB 10/1023

# VISUALIZAÇÃO DE DADOS

**Alessandra Maciel Paz Milani**
*Mestra em Ciência da Computação*
*Especialista em Gerenciamento de Projetos*
*Graduada em Administração de Empresas*
*com ênfase em Análise de Sistemas*

**Juliane Adélia Soares**
*Especialista em Perícia Forense Digital*
*Tecnóloga em Segurança da Informação*

**Gabriella Lopes Andrade**
*Mestra em Engenharia Elétrica*
*Bacharela em Ciência da Computação*

**Elenise Rocha**
*Especialista em gestão e Governança de TI*
*Analista e desenvolvedora de Sistemas*

**Júlia Mara Colleoni Couto**
*Mestra em Ciência da Computação*
*Especialista em Gestão de Projetos*
*Bacharela em Sistemas de Informação*

**Cleverson Lopes Ledur**
*Mestre em Ciência da Computação*
*Bacharel em Sistemas de Informação*

**Roque Maitino Neto**
*Mestre em Ciência da Computação*
*Especialista em Sistemas de*
*Informação para Internet*
*Bacharel em Ciências da Computação*

Porto Alegre
2023

© Grupo A Educação S.A., 2023

Gerente editorial: *Arysinha Affonso*

Colaboraram nesta edição:
Editora: *Marina Leivas Waquil*
Capa: *Paola Manica | Brand&Book*
Editoração: *Kaéle Finalizando Ideias*

> **Importante**
> Os *links* para *sites* da *web* fornecidos neste livro foram todos testados, e seu funcionamento foi comprovado no momento da publicação do material. No entanto, a rede é extremamente dinâmica; suas páginas estão constantemente mudando de local e conteúdo. Assim, os editores declaram não ter qualquer responsabilidade sobre qualidade, precisão ou integralidade das informações referidas em tais *links*.

Reservados todos os direitos de publicação à
SAGAH EDUCAÇÃO S.A., uma empresa do GRUPO A EDUCAÇÃO S.A.

Rua Ernesto Alves, 150 – Bairro Floresta
90220-190 – Porto Alegre – RS
Fone: (51) 3027-7000

SAC 0800 703-3444 – www.grupoa.com.br

É proibida a duplicação ou reprodução deste volume, no todo ou em parte, sob quaisquer formas ou por quaisquer meios (eletrônico, mecânico, gravação, fotocópia, distribuição na Web e outros), sem permissão expressa da Editora.

IMPRESSO NO BRASIL
*PRINTED IN BRAZIL*

# APRESENTAÇÃO

A recente evolução das tecnologias digitais e a consolidação da internet modificaram tanto as relações na sociedade quanto as noções de espaço e tempo. Se antes levávamos dias ou até semanas para saber de acontecimentos e eventos distantes, hoje temos a informação de maneira quase instantânea. Essa realidade possibilita a ampliação do conhecimento. No entanto, é necessário pensar cada vez mais em formas de aproximar os estudantes de conteúdos relevantes e de qualidade. Assim, para atender às necessidades tanto dos alunos de graduação quanto das instituições de ensino, desenvolvemos livros que buscam essa aproximação por meio de uma linguagem dialógica e de uma abordagem didática e funcional, e que apresentam os principais conceitos dos temas propostos em cada capítulo de maneira simples e concisa.

Nestes livros, foram desenvolvidas seções de discussão para reflexão, de maneira a complementar o aprendizado do aluno, além de exemplos e dicas que facilitam o entendimento sobre o tema a ser estudado.

Ao iniciar um capítulo, você, leitor, será apresentado aos objetivos de aprendizagem e às habilidades a serem desenvolvidas no capítulo, seguidos da introdução e dos conceitos básicos para que você possa dar continuidade à leitura.

Ao longo do livro, você vai encontrar hipertextos que lhe auxiliarão no processo de compreensão do tema. Esses hipertextos estão classificados como:

**Saiba mais**

Traz dicas e informações extras sobre o assunto tratado na seção.

**Fique atento**

Alerta sobre alguma informação não explicitada no texto ou acrescenta dados sobre determinado assunto.

**Exemplo**

Mostra um exemplo sobre o tema estudado, para que você possa compreendê-lo de maneira mais eficaz.

**Link**

Indica, por meio de *links*, informações complementares que você encontra na Web.

https://sagah.com.br/

Todas essas facilidades vão contribuir para um ambiente de aprendizagem dinâmico e produtivo, conectando alunos e professores no processo do conhecimento.

**Bons estudos!**

# PREFÁCIO

Muitos estudos científicos destacam que as pessoas têm mais facilidade de armazenar imagens do que texto e que essas imagens são retidas na nossa memória em um percentual muito superior ao de palavras escritas ou faladas. Isso mostra como a visualização é importante para o aprendizado e como pode facilitar o entendimento dos dados.

Uma teoria que procura explicar esse fenômeno é a do efeito da superioridade da imagem, segundo a qual a imagem é duplamente codificada, gerando um código verbal e uma imagem, enquanto as palavras geram apenas o código verbal. Aliado a isso, temos maior habilidade para memorização de figuras do que de palavras associadas a elas. Assim, fica claro como o uso de ferramentas visuais pode nos ajudar a entender o sentido das informções, auxiliando, inclusive, na tomada de decisões e em muitos aspectos no nosso cotidiano.

Neste livro, você vai trabalhar com os conceitos fundamentais relacionados à visualização de dados, entre eles, tipos e visualizações mais adequadas, e os *frameworks* mais utilizados. Além disso, ainda vai estudar percepção humana e problemas mais comuns no contexto da visualização.

Boa leitura!

**Júlia Mara Colleoni Couto**

# SUMÁRIO

## Introdução à visualização de dados ........................................................... 13
*Alessandra Maciel Paz Milani*
    O que é visualização de dados? .................................................................................... 14
    História da visualização de dados ................................................................................. 17
    Relação da visualização de dados com outras áreas ................................................. 26

## Visualização e análise de dados ................................................................. 31
*Elenise Rocha*
    Geração de visualização de dados ................................................................................ 31
    Técnicas de visualização de dados ................................................................................ 38
    Práticas de visualização e análise de dados para a inteligência nos negócios ........... 44

## Visualização de dados em *big data* ........................................................... 53
*Alessandra Maciel Paz Milani*
    Importância da visualização de dados em *big data* ................................................... 53
    Técnicas de visualização de dados ................................................................................ 56
    Como planejar uma visualização para apresentar os dados ..................................... 66

## *Data storytelling* ............................................................................................ 75
*Alessandra Maciel Paz Milani*
    Definição de *data storytelling* ...................................................................................... 75
    Uso de *data storytelling* sobre *big data* ..................................................................... 80
    Casos de uso de *big data storytelling* .......................................................................... 82

## Padrões cognitivos para apresentação dos dados ................................... 89
*Juliane Adélia Soares*
    A percepção e a visualização de dados ........................................................................ 89
    Apresentação e interpretação das imagens ................................................................ 93
    Desafios da percepção humana na visualização ......................................................... 98

## Métricas e abordagens de apresentação de dados ............................... 105
*Gabriella Lopes Andrade*
    Padrões para avaliação de visualização de dados ..................................................... 105
    Componentes necessários para a visualização de dados ........................................ 115
    Métricas para avaliação de visualização de dados .................................................... 121

## Pré-processamento e qualidade dos dados para visualização ....... 131
*Alessandra Maciel Paz Milani*
- Qualidade de dados.................................................................................................... 132
- Problemas mais comuns e possíveis soluções ................................................... 135
- Importância do pré-processamento para qualidade dos dados..................... 138

## Efeitos visuais para apresentação dos dados ....................................... 145
*Júlia Mara Colleoni Couto*
- Principais tipos de dados........................................................................................... 145
- Efeitos visuais de acordo com o tipo de dado..................................................... 150
- Apresentação de dados textuais.............................................................................. 153

## Análise de desordem gráfica.................................................................... 159
*Juliane Adélia Soares*
- Problemas na visualização de dados ..................................................................... 159
- Soluções para problemas na visualização de dados .......................................... 165
- Casos de resolução de problemas .......................................................................... 169

## Fontes para projetos visuais de gráficos............................................... 175
*Juliane Adélia Soares*
- Fontes de dados........................................................................................................... 175
- Ferramentas para visualização de dados .............................................................. 181
- Relação entre fontes de dados e ferramentas de visualização ....................... 184

## Visualização de gráficos........................................................................... 191
*Gabriella Lopes Andrade*
- Visualização dos gráficos estáticos......................................................................... 191
- Visualização dos gráficos dinâmicos...................................................................... 196
- Visualização dos gráficos interativos..................................................................... 200

## Visualização de mapas ............................................................................. 207
*Juliane Adélia Soares*
- Visualização de mapas e mapas estáticos............................................................ 207
- Mapas dinâmicos......................................................................................................... 212
- Mapas interativos........................................................................................................ 215

## Análise de dados utilizando *dashboards*............................................. 221
*Cleverson Lopes Ledur*
- Afinal, o que é um *dashboard*?................................................................................ 221
- Benefícios do uso de *dashboards* .......................................................................... 224
- *Dashboards* e ciência de dados .............................................................................. 226

## *Frameworks* de visualização de dados ................................................. 231
*Alessandra Maciel Paz Milani*
    Principais *frameworks* para visualização de dados .......................................... 231
    Linguagens de programação para visualização de dados .................................. 233
    Casos de uso para visualização de dados ........................................................ 242

## *Frameworks* de visualização de dados de *big data* ............................ 251
*Roque Maitino Neto*
    Principais *frameworks* para visualização de dados .......................................... 251
    Apache Zeppelin ........................................................................................... 257
    Spark Notebook ............................................................................................ 259

## Power BI .............................................................................................. 263
*Elenise Rocha*
    Principais recursos e funcionalidades ............................................................ 263
    Exemplo de aplicação ................................................................................... 271
    Aplicação em cenário simples ....................................................................... 276

# Introdução à visualização de dados

## Objetivos de aprendizagem

Ao final deste texto, você deve apresentar os seguintes aprendizados:

- Definir visualização de dados.
- Descrever a evolução histórica da visualização de dados.
- Relacionar visualização de dados a outras áreas do conhecimento.

## Introdução

Na era da informação, vivenciamos uma inundação de dados dos mais variados tipos para os mais variados contextos. Somos capazes de produzir, processar e armazenar um volume de dados sem precedentes em nossa história. Por consequência, a demanda pela análise de dados continua ascendente, uma vez que as possibilidades de aplicações são múltiplas; podem incluir desde o auxílio aos gestores, para tomadas de decisão no meio corporativo, até a biólogos, na avaliação das mutações genéticas de um novo vírus. Pois, afinal, de que serve termos toda essa disponibilidade de recursos se não utilizarmos esses dados brutos para transformá-los em objeto, de fato, valoroso ou que gerem novas informações que promovam a descoberta de novos conhecimentos?

A partir dessa consciência, surge uma nova questão: como interpretar e apresentar esses dados de maneira efetiva? Para auxiliar nesse propósito, diferentes técnicas de visualização de dados podem ser utilizadas. Portanto, esse campo surge como um poderoso recurso para auxiliar durante a análise e a interpretação dos dados, sejam eles ainda brutos ou já processados de alguma maneira, e principalmente como uma estratégia para comunicar informações às pessoas de forma eficiente e eficaz.

Neste capítulo, você vai ver uma introdução à visualização de dados, conhecendo definições desse processo, os principais marcos que ajudaram a construir a evolução histórica desse campo e, por fim, vai conferir como relacioná-lo a outras áreas do conhecimento.

## 1 O que é visualização de dados?

De acordo com Ward, Grinstein e Keim (2015), as imagens têm sido usadas para a comunicação antes mesmo da formalização da linguagem escrita. Entre os motivos para tal, os autores mencionam dois fatores principais. Primeiro, o fato de que uma única imagem pode conter uma grande quantidade de informação e ainda pode ser processada pelas pessoas de maneira muito mais rápida do que se elas estivessem lendo uma página cheia de palavras. Segundo, a constatação de que uma imagem pode ser interpretada por um grupo de pessoas que não compartilham o mesmo idioma, ou seja, as imagens podem ser independentes de uma linguagem local.

Se as imagens já são usadas há tanto tempo, por qual razão observamos um crescimento no uso de visualização de dados? Estima-se que o conteúdo digital dobre a cada dois anos no mundo (GREGO, 2014). Para se ter uma intuição do que estamos falando, Grego (2014, documento *on-line*) ilustra que "se todo conteúdo digital do mundo fosse armazenado em iPads, eles formariam uma pilha com altura igual a dois terços da distância entre a Terra e a Lua". Com toda essa abundância de dados, surge a necessidade de analisá-los, e é aqui que entra a área de estudos chamada de visualização de dados. É por meio de seus mecanismos que se torna possível acessar mais efetivamente esses dados. Assim, a visualização de dados pode auxiliar-nos em diversos outros propósitos, mas que, de maneira geral, estão todos alinhados a promover a compreensão dos dados, como:

- entender as estruturas dos dados, seus padrões ou anomalias;
- fazer comparações;
- tomar decisões;
- obter novos conhecimentos;

Alguns autores apresentam o conceito de visualização de dados como uma grande área que pode ser subdivida em visualização da informação e visualização científica (FEW, 2009). A principal diferença está nas particularidades dos dados em foco. Enquanto a visualização científica está preocupada com os dados científicos, como, por exemplo, fenômenos da natureza ou medidas associadas a objetos físicos ou posições em um domínio espacial, a visualização da informação, com conjuntos de dados mais abstratos, visa ampliar a cognição, e é geralmente projetada com recursos interativos. Na Figura 1, você pode observar alguns exemplos do que seriam essas representações visuais que mencionamos.

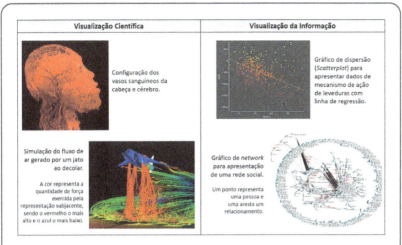

**Figura 1.** Exemplos de visualização de dados: visualização científica e visualização da informação.
*Fonte:* Adaptada de Ward, Grinstein e Keim (2015).

Ao apresentarem a definição de visualização de dados, dentro do escopo de análise de dados para gestão de negócios, Sharda, Delen e Tuban (2019) destacam que, embora seja comum usarmos o termo "visualização de dados", em geral estamos nos referindo à visualização de "informações". Os autores justificam explicando que informação deve ser entendida como a agregação, o resumo e a contextualização de dados (fatos brutos). Portanto, aqui, os dois termos serão entendidos como sinônimos.

A partir disso, como, então, poderíamos definir o que é visualização de dados de maneira mais objetiva? Ward, Grinstein e Keim (2015) definem que a visualização é a comunicação de informação através de representações gráficas. Complementarmente, Telea (2015) indica que o papel da visualização de dados é criar imagens que transmitam vários tipos de *insights* sobre um determinado processo. Um exemplo de processo conceitual é ilustrado na Figura 2, em que quatro estágios são definidos como parte de um processo de visualização tradicional:

1. importação de dados;
2. filtragem e enriquecimento de dados;
3. mapeamento de dados;
4. renderização de dados.

O primeiro elemento nesse fluxo é o conjunto de dados e, no final, está o usuário.

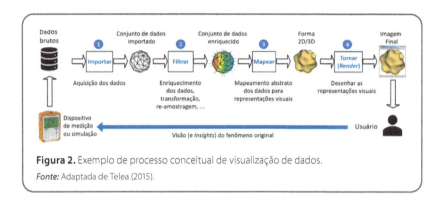

**Figura 2.** Exemplo de processo conceitual de visualização de dados.
*Fonte:* Adaptada de Telea (2015).

Nesse processo, é previsto que ocorram ações de interação, colaboração e controle do usuário a diferentes fases; por exemplo, o usuário poderá controlar quais dados deseja selecionar e também utilizar ferramentas que o auxiliem a interagir com a visualização projetada para alterar algum mapeamento ou escolher diferentes visões das representações criadas.

Note que apresentamos uma simplificação do processo e que variações nesse fluxo também podem ocorrer. Cabe ressaltar, ainda, que a implementação para visualização de dados pode ser uma atividade bastante complexa. Por se tratar de uma de uma área multidisciplinar (como você verá em mais detalhes a seguir), diferentes fundamentos precisam ser estudados para o desenvolvimento de visualizações efetivas. Apesar de já existir uma série de técnicas e estratégias avaliadas, não há uma regra de ouro que atenda todos os casos. Como ilustração de alguns perigos ou dificuldades escondidas (ciladas) durante esse processo, confira, a seguir, o Quadro 1.

**Quadro 1.** Ciladas durante o desenvolvimento de visualização de dados

| Item | Objetivo | Cilada |
|---|---|---|
| *Design* dos dados | Selecionar as dimensões de dados corretas | Exibir relacionamentos irrelevantes para os dados |
| *Design* visual | Considerar as capacidades perceptivas dos usuários | Gerar visualizações de difícil interpretação e/ou levar os usuários a erros de interpretação |
| *Design* de interface | Escolher modos de interação adequados para os dados e o *design* visual em uso | Recursos de interação deficitários podem impedir quaisquer benefícios com os dados e/ou *design* visual utilizados |
| Compreender os usuários-alvo | Considerar as necessidades e características das partes interessadas durante o *design* da visualização | Suposições equivocadas de normas culturais ou habilidades do usuário podem levar a erros de interpretação |

*Fonte:* Adaptado de Isenberg (2011).

Na sequência, você poderá acompanhar uma linha do tempo resumindo essa evolução histórica da visualização de dados.

# 2 História da visualização de dados

Uma visão geral da história intelectual da visualização de dados dos tempos medievais aos modernos, descrevendo e ilustrando alguns avanços significativos ao longo do caminho foi apresentada por Friendly (2006), que se baseia em um projeto, o Milestones Project (FRIENDLY; DENIS, 2001), para coletar, catalogar e documentar em um único local os desenvolvimentos importantes em uma ampla gama de áreas e campos que levaram à visualização moderna de dados. Como resultado, o autor construiu uma linha do tempo com a distribuição dos eventos ao longo dos anos, que você pode conferir na Figura 3.

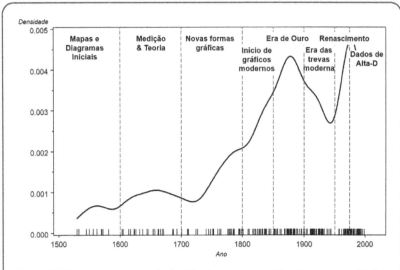

**Figura 3.** Linha do tempo com a distribuição dos eventos considerados marcos na história da visualização de dados.
*Fonte:* Adaptada de Friendly (2006).

Nessa representação, oito marcos, que podem ser entendidos como épocas, são apresentados e, a seguir, você exemplos para cada um deles serão apresentados. Além disso, na Figura 3, a densidade dos eventos é apresentada por meio de dois recursos: linha de estimativa e técnica de visualização *rug plot* (barras), na parte inferior da figura, que permitem observar uma maior concentração nos anos que iniciam no marco da era de ouro.

## Pré-1599: mapas e diagramas iniciais

De acordo com Friendly (2006), as primeiras visualizações surgiram em diagramas geométricos, em tabelas para as posições das estrelas (e outros corpos celestes) e na elaboração de mapas para auxiliar na navegação e exploração. A ideia de coordenadas foi usada pelos pesquisadores topográficos egípcios na disposição das cidades, nas posições terrestre e celeste (localizadas por algo semelhante à latitude e longitude) pelo menos em 200 a.C.

Entre as primeiras representações gráficas de informações quantitativas, há um gráfico anônimo do século X que apresenta várias séries temporais para a posição variável dos sete corpos celestes mais proeminentes no espaço e no tempo. Essa visualização é apresentada na Figura 4.

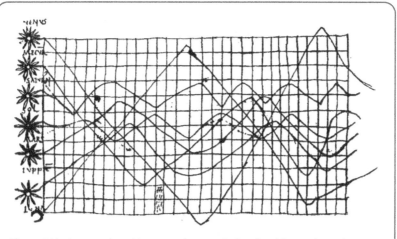

**Figura 4.** Movimentos planetários mostrados como inclinações cíclicas ao longo do tempo feito por um astrônomo desconhecido.
*Fonte:* Funkhouser (1936 *apud* FRIENDLY, 2006, p. 19).

## 1600-1699: medição e teoria

Entre os problemas mais importantes do século XVII, estavam os relacionados à medição física de tempo, distância e espaço, que seriam utilizados para astronomia, pesquisa, criação de mapas, navegação e expansão territorial. Friendly (2006) ainda explica que esse século foi marcado pelo crescimento de teorias e aplicações práticas. Como exemplos, cita o surgimento da geometria analítica e dos sistemas de coordenadas, teorias de erros de medição e estimativa, o nascimento da teoria das probabilidades e o início das estatísticas demográficas.

Na Figura 5, é apresentada uma visualização desenvolvida nesse período, que tinha por objetivo mostrar as mudanças nas configurações de manchas solares ao longo do tempo. As múltiplas imagens representam as gravações de manchas solares de 23 de outubro de 1611 a 19 de dezembro desse ano. A chave grande no canto superior esquerdo identifica sete grupos de manchas solares pelas letras A-F. Esses grupos são similarmente identificados nas 37 imagens menores, dispostas da esquerda para a direita e de cima para baixo abaixo.

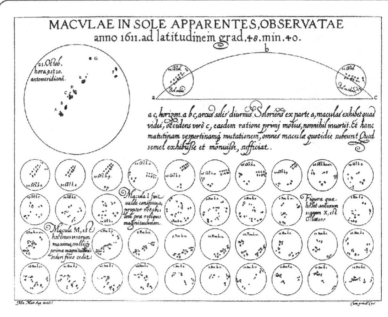

**Figura 5.** Representação das mudanças nas manchas solares ao longo do tempo.
*Fonte:* Scheiner (1630 *apud* FRIENDLY, 2006, p. 20).

## 1700-1799: novas formas gráficas

Com alguns rudimentos da teoria estatística, dados de interesse e importância e a ideia de representação gráfica pelo menos um pouco estabelecida, o século XVIII testemunhou a expansão desses aspectos para novos domínios e novas formas gráficas. Na cartografia, surgiram tentativas para mostrar mais do que apenas a posição geográfica em um mapa. Como resultado, novas representações de dados como isolinhas e contornos foram inventadas. Um exemplo é apresentado na Figura 6.

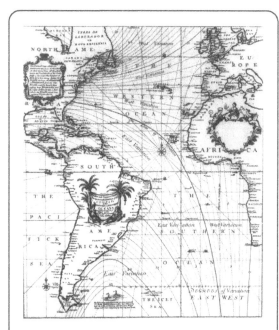

**Figura 6.** Parte da visualização criada por Edmund Halley (1701) para representação das variações magnéticas nos oceanos.
*Fonte:* Palsky (1996 *apud* FRIENDLY, 2006, p. 23).

Friendly (2006) explica ainda que, ao final desse século, ocorreram as primeiras tentativas de mapeamento temático de dados geológicos, econômicos e médicos. Dessa maneira, gráficos abstratos e gráficos de funções se tornaram mais difundidos, juntamente com o início da teoria estatística e a coleta sistemática de dados empíricos. Quando outros dados (econômicos e políticos) começaram a ser coletados, algumas formas visuais foram inventadas para retratá-los.

## 1800–1850: início de gráficos modernos

A partir do século XIX, podemos observar um crescimento nos gráficos estatísticos e nos mapas temáticos. De acordo com Friendly (2006), para os gráficos estatísticos, todas as formas modernas de exibição de dados foram inventadas nessa época, como, por exemplo: gráficos de barras e de *pizza*, histogramas, gráficos de linhas e gráficos de séries temporais, gráficos de contorno, gráficos de dispersão e assim por diante. A maioria delas tem sua invenção é atribuída a William Playfair (1759–1823).

Outro brilhante personagem da visualização de dados foi Charles Joseph Minardi (1781–1870), que desenvolveu o que é considerada uma das mais inovadoras visualizações de dados (WARD; GRINSTEIN; KEIM, 2015; SHARDA; DELEN; TUBAN, 2019). Essa visualização (Figura 7) foi desenvolvida para representar a marcha napoleônica, em 1812, da cidade de Kaunas (Lituânia) até Moscou (Rússia). A partir desse mapa temático, Minardi combinou diferentes elementos, como, por exemplo: a largura da linha representa o tamanho do exército no local (o exército francês passou de mais de 400.000 para 10.000); a cor indicava a direção do movimento: um tom mais claro para ida e o mais escuro para a volta; a temperatura, que aparece em diferentes pontos ao longo do recuo na parte inferior da figura.

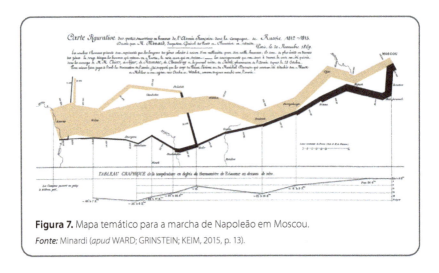

**Figura 7.** Mapa temático para a marcha de Napoleão em Moscou.
*Fonte:* Minardi (*apud* WARD; GRINSTEIN; KEIM, 2015, p. 13).

Mesmo que você não tenha domínio na língua francesa ou não consiga ver todos os números no detalhe, só com base em parte dos elementos utilizados e explicados anteriormente, você já deve ser capaz de captar diferentes informações do que aconteceu. Esse é um excelente exemplo do valor que uma boa visualização de dados pode ter e do quanto ela pode ser atemporal.

## 1850-1899: era de ouro

Friendly (2006) define a segunda metade do século XIX como a era de ouro para visualização de dados. Nesse período, muitos escritórios estatísticos foram criados em toda a Europa em reconhecimento à importância das informações numéricas como meio para compreender grandes quantidades de dados e auxiliar no planejamento social, na industrialização, no comércio e no transporte. Consequentemente, impulsionou a utilização de gráficos e representações visuais para analisar esses dados.

A Figura 8a ilustra um mapa desenvolvido por John Snow para apresentar o número de mortes por cólera no ano de 1854 na cidade de Londres. Nessa visualização, cada barra indica um indivíduo falecido (dentro do espaço correspondente as casas no mapa). Por meio dessa representação, Snow conseguiu visualizar pontos de maior concentração, incluindo identificar, como no recorte do mapa destacado em (Figura 8b), que o maior número de ocorrências ocorria em torno da bomba de água (*water pump*) de uma rua específica (Broad Street). A partir dessa descoberta, os agentes públicos removeram o equipamento contaminado e a epidemia foi encerrada no bairro (WARD; GRINSTEIN; KEIM, 2015).

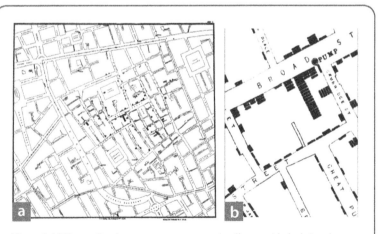

**Figura 8.** (a) Mapa utilizado para apresentar casos de cólera na cidade de Londres em 1854. (b) Recorte no mapa para destacar a região com a maior concentração de casos.
*Fonte:* Snow (*apud* WARD; GRINSTEIN; KEIM, 2015, p. 11).

## 1900-1950: era das trevas

Após esse pèríodo de ouro, Friendly (2006) indica que os anos seguintes podem ser considerados a era das trevas para a visualização de dados. Entre as justificativas para essa denominação, o autor aponta que, nessa época, poucas inovações gráficas foram desenvolvidas e que ocorreu um aumento da quantificação e dos modelos formais (frequentemente estatísticos). Por conseguinte, as representações visuais desenvolvidas tinham apenas a função de apresentar os dados ou ser "imagens bonitas", mas sem a intenção de provocar novas descobertas como vimos no exemplo da Figura 8.

## 1950-1975: renascimento

Para Friendly (2006), o renascimento da visualização de dados ocorreu motivado por três grandes acontecimentos. Primeiro, pela influência dos trabalhos de John Turkey, como a publicação, em 1962, do artigo de referência "O futuro da análise de dados", no qual instiguou o reconhecimento da análise de dados como um ramo legítimo da estatística. Posteriormente, Turkey passou a utilizar a expressão "análise exploratória de dados" (*Exploratory Data Analysis* — EDA), em que formulou uma ampla variedade de exibições gráficas novas, simples e eficazes.

O segundo conjunto de acontecimentos foi motivado por duas iniciativas que ocorreram em paralelo, ambas na França. Uma foi a publicação de Jacques Bertin, em 1967, com a organização dos elementos visuais e perceptivos dos gráficos de acordo com as características e relações dos dados. A outra foi a apresentação de uma abordagem exploratória visual e gráfica dos dados multidimensionais iniciada por Jean-Paul Benzécri e que serviu como inspiração para outros estatísticos da época.

Por fim, também foi decorrência do processamento computacional de dados estatísticos, que começou em 1957, com a criação da linguagem de programação FORTRAN, e, posteriormente, das novas possibilidades de construir formas gráficas antigas e novas por meio dos recursos computacionais.

## 1975-presente: alta dimensionalidade, interatividade e visualizações dinâmicas

Ao final do século XX, a visualização de dados se estabelece como uma área de estudo madura, vibrante e multidisciplinar. Múltiplas ferramentas de *software* surgiram para atender uma ampla variedade de técnicas de visualização. Além disso, a internet emergiu como um novo meio para visualização e trouxe consigo truques e capacidades completamente novos, não apenas pela distribuição global de dados, mas por tornar as visualizações mais acessíveis para um público mais amplo (SHARDA; DELEN; TUBAN, 2019). Nesse contexto, Friendly (2006) afirma que é difícil fornecer uma visão sucinta dos desenvolvimentos mais recentes na visualização de dados, porque, além de serem muitos, ocorreram em um ritmo acelerado e em uma ampla gama de disciplinas.

**Saiba mais**

Você pode conferir outras visualizações e obter mais informações da história da evolução da visualização de dados em materiais *on-line*, por exemplo, no projeto "Milestones", de Friendly e Denis (2001), que possui recursos interativos para que você percorra uma linha do tempo e explore as explicações para os eventos e as visualizações referenciadas. Além disso, outro pesquisador que faz uma discussão mais ampla da visualização de dados ao longo dos anos é Edward Tufte. Você pode conferir esses e outros exemplos pesquisando na internet usando termos de busca como "milestones dataviz", "Edward Tufte" e "data visualization".

Em relação ao futuro da visualização de dados, Sharda, Delen e Tuban (2019) mencionam também que é muito difícil fazer previsões, pois existe uma grande chance de que visualizações que sejam de fato disruptivas e inovadoras surjam nos próximos anos. Contudo, ao fazerem uma extrapolação daquilo que já foi inventado, os autores mencionam que deveremos encontrar mais visualizações tridimensionais, experiências imersivas em ambientes de realidade virtual (Figura 9) e visualizações holográficas.

**Figura 9.** Visualizações em ambientes imersivos: (a) utilização de sistema de realidade virtual; (b) dispositivos que permitam a análise colaborativa, em grandes telas, e, neste caso, ainda com recursos 3D.
*Fonte:* Marai, Leigh e Johnson (2019, documento *on-line*).

## 3 Relação da visualização de dados com outras áreas

Durante a apresentação do histórico da evolução da visualização de dados, você deve ter percebido uma referência muito forte aos estudos estatísticos. No entanto, além da estatística, a visualização de dados é uma área de conhecimento resultante da intersecção de diferentes áreas, como: matemática, ciência da computação, ciência cognitiva e da percepção. Entre as áreas de conhecimento dentro do contexto da ciência da computação, podemos destacar as três que você conhecerá brevemente a seguir: computação gráfica, banco de dados e interação homem-computador.

### Computação gráfica

A computação gráfica é um subcampo da ciência da computação que estuda métodos para sintetizar e manipular digitalmente o conteúdo visual. Originalmente, a visualização de dados era considerada uma subárea da computação gráfica, principalmente porque a visualização usa gráficos para exibir informações por meio de imagens (WARD; GRINSTEIN; KEIM, 2015) e ainda precisará de recursos desenvolvidos pela computação gráfica — por exemplo, a linguagem de programação gráfica, o *hardware* gráfico subjacente (placas gráficas), o processo de renderização e o formato de saída para as imagens geradas.

No entanto, como destacado por Ward, Grinstein e Keim (2015), a visualização é mais do que simplesmente gráficos de computador. Questões que envolvam a manipulação, o tratamento ou a mineração dos dados são igualmente críticas. A seguir, um pouco dessa relação da visualização com banco de dados é apresentada.

## Banco de dados

Banco de dados é um subcampo da ciência da computação que estuda métodos para o gerenciamento, coleção e manipulação dos dados. Você recorda do processo apresentado na Figura 2? Os dados são o ponto de partida de toda visualização e podem vir de várias fontes, como, por exemplo, coletados a partir de sensores ou gerados por cálculos de outros dados. Eles também podem ter diferentes formatos, como numérico ou áudio, e necessidades de tratamento diferentes — por exemplo, se possuem problemas de ruído ou qualidade. Portanto, suas características precisam ser cuidadosamente examinadas, e diferentes estratégias da área de banco de dados poderão ser utilizadas para auxiliar nesse processo.

Isso independe de termos, ou não, uma conexão com um sistema de gerenciamento de banco de dados, pois essa relação ocorre não apenas pela questão de armazenar e gerenciar os dados, mas, sim, pelos fundamentos das estruturas de dados e pela forma como podemos manipulá-los para transformá-los em formatos que possam ser mapeados para as representações visuais em desenvolvimento.

Outro ponto é que podem ser combinados recursos de mineração de dados, como o uso de algoritmos de aprendizagem de máquina para decisão da filtragem dos dados que representam os componentes principais a serem projetados, já que nem todas as visualizações comportarão apresentar todos os dados ao mesmo tempo, seja pelo limite computacional para processar e renderizar a imagem, seja pela poluição visual que poderia ocorrer se todas as informações forem projetadas na mesma visão.

Sabendo que precisamos com os recursos da computação gráfica e de estratégias de banco de dados para desenvolver as visualizações, um terceiro componente ainda é muito importante: a maneira como os usuários interagem e percebem os dados. Desse modo, veremos alguns conceitos relacionados à área de interação homem-computador.

## Interação homem-computador

A interação homem-computador é um subcampo da ciência da computação que estuda métodos para o planejamento (*design*) e para o uso da tecnologia computacional focada nas interfaces entre as pessoas (usuários) e os computadores. Como as visualizações podem fornecer mecanismos para converter dados em formatos mais visuais e intuitivos para os usuários executarem suas tarefas, essas áreas terão uma forte relação. Como vimos no processo da Figura 2, na terceira etapa, será necessário definirmos um mapeamento dos dados para sua exibição, e há muitas maneiras de fazer isso. Em outras palavras, isso significa que os dados se enriquecem, os atributos dos dados são usados para definir objetos gráficos, como pontos, linhas e formas, e outros atributos, como tamanho, posição, orientação e cor (WARD; GRINSTEIN; KEIM, 2015). Assim, por exemplo, uma lista de números pode ser plotada mapeando cada número para a coordenada y de um ponto e o índice do número na lista para a coordenada x. Como alternativa, podemos mapear o número na altura de uma barra ou na cor de um quadrado para obter uma maneira diferente de visualizar os mesmos dados.

Ward, Grinstein e Keim (2015) explicam ainda que diferentes usuários, com diferentes antecedentes, habilidades perceptivas e preferências, terão opiniões diferentes sobre cada visualização. A tarefa do usuário também afetará a utilidade da visualização — mesmo uma alteração nos dados visualizados pode ter implicações na visualização resultante. Portanto, é fundamental permitir que os usuários personalizem, modifiquem e refinem interativamente as visualizações até que sintam que atingiram seu objetivo, como extrair uma descrição completa e precisa do conteúdo dos dados ou apresentar uma descrição clara dos padrões que desejam transmitir.

Apesar de existirem algumas boas práticas e estratégias para selecionar mapeamentos eficazes, não há uma fórmula simples que possa ser aplicada em todos os casos para garantir a eficácia de uma visualização. Dessa maneira, os mecanismos desenvolvidos no escopo da interação humano-computador serão importantes para o desenvolvimento das visualizações de dados, especialmente no que se refere à avaliação da percepção e à experiência do usuário durante o uso das visualizações.

## A visualização como parte do processo em outras áreas

É importante registrarmos ainda que a visualização geralmente faz parte de um processo maior, que está relacionado a outras áreas do conhecimento (WARD; GRINSTEIN; KEIM, 2015). Por exemplo, a visualização de dados vai fazer parte do processo descrito para análise exploratória de dados (estatística), descoberta de conhecimento (mineração de dados ou banco de dados) ou análise visual (visualização + mineração de dados). Diferentes representações dos fluxos de trabalho existirão de acordo com as necessidades de cada área. Em comum, eles iniciarão pelos dados e terminarão no usuário. Pode ser que uma fase (etapa ou passo) com o título "visualização" apareça explicitamente descrita ou que ela seja considerada como um subprocesso de uma ou múltiplas fases.

Assim, o processo que conhecemos na Figura 2 foi construído para uma representação das necessidades (e fases) para o escopo da visualização em si, mas isso não significa que todo esse fluxo não possa ser incorporado dentro de algum desses outros processos maiores mencionados, como se fosse um detalhamento de uma fase com nível de abstração maior que esteja identifica apenas por "visualização".

**Referências**

FEW, S. *Now you see it:* simple visualization techniques for quantitative analysis. California: Analytics Press, 2009.

FRIENDLY, M. A brief history of data visualization. *In:* CHEN, C.; HARDLE, W.; UNWIN, A. *Handbook of data visualization.* Heidelberg: Springer-Verlag, 2006.

FRIENDLY, M; DENIS, D. J. Milestones in the history of thematic cartography, statistical graphics, and data visualization. *In:* DATAVIS. [*S. l.: s. n.*], 2001. Disponível em: http://www.datavis.ca/milestones/. Acesso em: 11 ago. 2020.

GREGO, M. Conteúdo digital dobra a cada dois anos no mundo. *Exame,* abr. 2014. Disponível em: https://exame.com/tecnologia/conteudo-digital-dobra-a-cada-dois-anos-no-mundo/. Acesso em: 11 ago. 2020.

ISENBERG, P. *Information visualization:* making data understandable. [*S. l.*]: INRIA, 2011. Disponível em: https://www.lri.fr/~isenberg/talks/Isenberg_IntroductionToInfoVis_Zurich.pdf. Acesso em: 11 ago. 2020.

MARAI, G.; LEIGH, J.; JOHNSON, A. Immersive analytics lessons from the electronic visualization laboratory: a 25-year perspective. *IEEE Computer Graphics and Applications,* v. 39, n. 3, 2019. Disponível em: https://ieeexplore.ieee.org/document/8651386. Acesso em: 11 ago. 2020.

SHARDA, R.; DELEN, D.; TURBAN, E. *Business intelligence e análise de dados para gestão do negócio.* 4. ed. Porto Alegre: Bookman, 2019.

TELEA, A. C. *Data visualization*: principles and practice. 2nd. ed. Florida: CRC Press, 2015.

WARD, M.; GRINSTEIN, G.; KEIM, D. *Interactive data visualization*: foundations, techniques, and applications. Florida: CRC, 2015.

## Leitura recomendada

TUFTE, E. *Edward Tufte*. Connecticut: [*S. n.*], 2020. Disponível em: https://www.edwardtufte.com/tufte/. Acesso em: 11 ago. 2020.

## Fique atento

Os *links* para *sites* da *web* fornecidos neste capítulo foram todos testados, e seu funcionamento foi comprovado no momento da publicação do material. No entanto, a rede é extremamente dinâmica; suas páginas estão constantemente mudando de local e conteúdo. Assim, os editores declaram não ter qualquer responsabilidade sobre qualidade, precisão ou integralidade das informações referidas em tais *links*.

# Visualização e análise de dados

## Objetivos de aprendizagem

Ao final deste texto, você deve apresentar os seguintes aprendizados:

- Descrever o processo de geração de visualização de dados.
- Empregar técnicas de visualização de dados compatíveis com a análise esperada.
- Diferenciar práticas de visualização e análise de dados para a inteligência nos negócios.

## Introdução

Hoje, com o aumento da quantidade e do uso de dados e informações, é preciso planejar formas simples e dinâmicas de consolidação e exposição desses elementos. Nesse sentido, surge a visualização de dados, que consiste em uma maneira de transmitir dados e informações de forma clara e objetiva, utilizando a comunicação visual.

Neste capítulo, você vai conhecer o processo de geração da visualização de dados, bem como as suas formas de utilização. Você também vai verificar como utilizar técnicas de visualização compatíveis com a análise esperada e vai observar as diferentes práticas de visualização relacionadas à inteligência nos negócios.

## 1 Geração de visualização de dados

A **visualização de dados**, também conhecida como *data visualization*, é basicamente uma representação gráfica de dados ou de informações transmitida via comunicação visual. Normalmente, as informações são representadas por meio de tabelas, gráficos, mapas, diagramas, infográficos e painéis, tornando-as de fácil entendimento pelo público, já que despertam o interesse visual pelo uso de cores e padrões.

De acordo com Knaflic (2017, p. 7), "[...] a capacidade de contar histórias com dados é uma habilidade ainda mais importante em nosso mundo de dados crescentes e de desejo de tomada de decisões orientadas por dados". Essa ideia de visualização de dados surgiu há muito tempo, a partir do desenvolvimento de mapas e diagramas no século XVII e da invenção do gráfico em formato de *pizza* em meados do século XIX.

Após algumas décadas, foi criado o exemplo mais conhecido de gráfico pelo engenheiro civil francês Charles Minard. Minard mapeou a invasão de Napoleão à Rússia a partir de informações sobre o tamanho do exército e o percurso de retirada de Napoleão de Moscou. O engenheiro reuniu informações sobre a temperatura e a escala de tempo do ocorrido para obter uma compreensão mais aprofundada desse evento. A Figura 1 mostra um dos mapas de Minard.

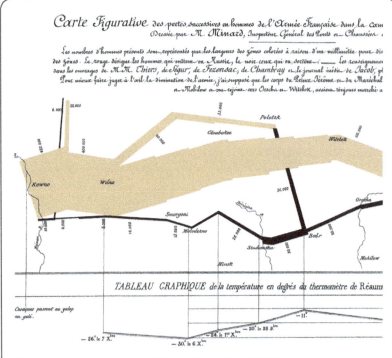

**Figura 1.** Mapa figurativo desenvolvido por Charles Minard (1869) representando as perdas sucessivas de homens do exército francês na campanha da Rússia, de 1812 a 1813.
*Fonte:* Demaj e Field (2013, documento *on-line*).

Para Ware (2012), o processo de geração de visualização de dados conta com quatro etapas, conforme apresenta a Figura 2.

- **Etapa 1:** consiste em coletar e armazenar os dados.
- **Etapa 2:** cria um pré-processamento, transformando os dados em algo logicamente organizado.
- **Etapa 3:** envolve o *hardware* e o algoritmo gráfico que produzem a visualização.
- **Etapa 4:** envolve a percepção humana e o sistema cognitivo, proporcionando facilidade de entendimento dos dados e melhorando, assim, a tomada de decisões e a formação de hipóteses baseadas neles.

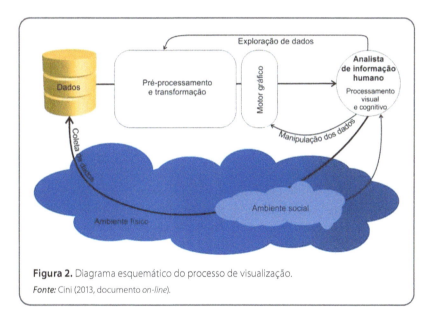

**Figura 2.** Diagrama esquemático do processo de visualização.
*Fonte:* Cini (2013, documento *on-line*).

Com base nas etapas apresentadas no esquema da Figura 2, Ware (2012) destaca dois aspectos. O primeiro diz respeito à importância da **coleta de dados**; para o autor, sempre que a informação se apresentar relevante, o analista pode decidir por adicionar ou remover determinados conjuntos de dados. O segundo aspecto se refere à **exploração de dados**, que tem início no pré-processamento computacional que ocorre antes da visualização. O analista, sabendo que, nesse momento, os dados já foram processados, tem a possibilidade de consultá-los; assim, ele passa a conhecer o conjunto e, caso uma visualização errada seja gerada, ele conseguirá distinguir o erro mais facilmente e corrigi-lo, assegurando a confiabilidade das informações.

Já Card, Mackinlay e Shneiderman (1999) sugerem um processo diferente do apresentado por Ware (2012), mas com algumas semelhanças, conforme mostra a Figura 3.

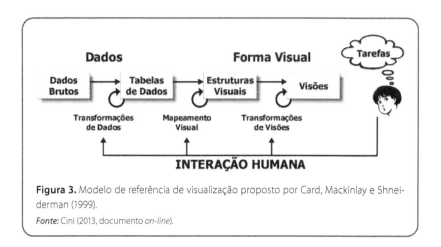

**Figura 3.** Modelo de referência de visualização proposto por Card, Mackinlay e Shneiderman (1999).
*Fonte:* Cini (2013, documento *on-line*).

Nesse modelo, a informação, inicialmente bruta, passa por diversas etapas até ser de fácil entendimento humano. A cada etapa, uma série de transformações é aplicada. As interações do usuário controlam os parâmetros dessas transformações, podendo, por exemplo, restringir a visão para certos intervalos de dados ou trocar a natureza da transformação. Para o andamento do processo apresentado na Figura 3, é necessário que os dados brutos sejam transformados em tabelas de dados, por meio do processo de **transformação de dados**; posteriormente, as tabelas de dados devem ser modificadas para estruturas visuais, por meio do método de **mapeamento visual**; finalmente, para chegar à visualização, é necessária a **transformação das visualizações**, modificando e estendendo as estruturas visuais.

## Transformação dos dados

A transformação de dados consiste em transformar dados brutos, de difícil compreensão humana, em relações lógicas mais estruturadas e, portanto, mais fáceis de serem visualizadas. Esse processo pode envolver a eliminação de dados redundantes, errados ou incompletos. Também pode ser feita a inclusão de informações, como resultados de análises estatísticas.

## Mapeamento visual

O mapeamento visual transforma dados presentes nas tabelas em **estruturas visuais**, compostas de substrato espacial, marcas e propriedades gráficas.

- Substrato espacial — é o espaço para a visualização, normalmente representado por eixos, como os eixos X e Y do plano cartesiano. Há quatro tipos elementares de eixos:
  - U = eixo não estruturado (ou sem eixo);
  - N = eixo nominal (a região é dividida em sub-regiões);
  - O = eixo ordenado (a região é dividida em sub-regiões, e a ordem das mesmas tem importância);
  - Q = eixo quantitativo (a região tem uma métrica).
- Marcas visuais — são símbolos gráficos utilizados para representar os itens de dados. Alguns tipos de marcas são:
  - pontos;
  - linhas;
  - áreas;
  - volumes;
  - figuras.
- Propriedades gráficas — são atributos gráficos das marcas visuais associados aos atributos dos itens de dados das tabelas. Algumas propriedades gráficas:
  - posição — $x, y, z$;
  - tamanho, comprimento, área, volume;
  - orientação, ângulo, inclinação;
  - cor, brilho, textura, forma, animação, tempo.

Uma boa ferramenta de exploração visual de dados deve apresentar as seguintes características:

- permitir o uso de diversos atributos visuais (forma, cor, posicionamento, tamanho etc.) para produzir gráficos multidimensionais facilmente interpretáveis;

- possibilitar a navegação interativa na tela, permitindo aproximação, rotação, reposicionamento e varreduras sobre a área exibida;
- fornecer controle interativo dos formatos de apresentação e atributos visuais dos gráficos apresentados;
- permitir o controle interativo dos dados apresentados, habilitando as pessoas a olharem os dados de uma perspectiva geral ou rapidamente mergulharem nos detalhes de um subconjunto de dados.

Essas características combinadas aumentam a capacidade de interpretação do usuário, permitindo que ele obtenha uma visão aperfeiçoada sobre os dados e, a partir disso, seja capaz de inferir novas hipóteses com base na nova cena visual obtida.

## Transformação das visualizações

As transformações das visualizações possibilitam modificar e estender estruturas visuais interativamente. Há três transformações básicas de visualizações:

- testes de localização — permitem obter informações adicionais sobre um item da tabela de dados;
- controles de ponto de vista — para *zoom* e troca da imagem, de modo a oferecer diferentes visões; uma técnica chamada visão geral + detalhe (*overview* + *detail*) também é um tipo de controle de ponto de vista;
- distorção — distorções da imagem, visando a criar visualizações do tipo foco + contexto.

Com o avanço da tecnologia, a análise de dados evoluiu. Os computadores possibilitam o processamento de grandes quantidades de dados e informações em velocidades extremamente altas. Atualmente, a visualização de dados virou peça fundamental em todas as instituições, tornando-se uma mistura de ciência e arte.

Na Figura 4, você pode visualizar um gráfico com informações sobre pessoas com deficiência no Brasil. Ele demonstra de forma clara as estatísticas, utilizando cores que chamam a nossa atenção, e conta com poucos dados, facilitando o entendimento por todos.

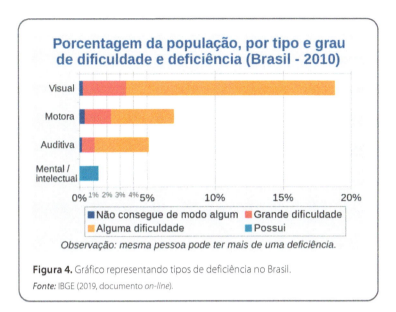

**Figura 4.** Gráfico representando tipos de deficiência no Brasil.
*Fonte:* IBGE (2019, documento *on-line*).

A visualização de dados deve ser de fácil entendimento, para que até mesmo as pessoas mais leigas sobre o assunto possam entender a mensagem que está sendo transmitida. Ela é de extrema importância no momento de tomada de decisões de uma empresa, desde que seja eficaz, pois, do contrário, pode se tornar um grande fracasso.

Para gerar uma visualização de dados assertiva, primeiramente, é preciso entender o que deve ser demonstrado e o público-alvo que se deseja atingir. A seguir são apresentadas algumas perguntas básicas para o início da criação de uma visualização de dados de sucesso.

- Qual é o público-alvo?
- Que perguntas o gráfico deve responder?
- Que resposta o gráfico deve mostrar?
- Que mensagem deseja-se transmitir?

A partir das respostas a essas perguntas e tendo em mãos todos os dados necessários (números, quantidades, porcentagens etc.), ficará mais fácil iniciar a criação da visualização de dados, com um formato interessante e intuitivo que poderá ser compreendido com mais facilidade e rapidez, contendo informações claras, que sejam úteis e específicas. Segundo Baltzan (2016, p. 117):

É essencial compreender a importância da visão criativa, junto com a maestria técnica dos *softwares*. A visualização de dados não diz respeito ao uso de todos os dados disponíveis, mas trata de como decidir em quais padrões e elementos se concentrar, em criar uma narrativa e em contar uma história dos dados brutos de uma maneira diferente e atraente.

**Fique atento**

Para a criação de uma análise de dados, você precisa ter uma compreensão clara dos dados, dos objetivos, das necessidades e do público-alvo. Para tanto, considere as seguintes orientações:
- entenda os dados que está tentando visualizar, incluindo seu tamanho e cardinalidade (a individualidade dos valores dos dados de uma coluna);
- determine o que você está tentando visualizar e que tipo de informação você quer transmitir;
- conheça seu público e saiba como ele processa informações visuais;
- use uma visualização que transmita a informação da melhor e mais simples maneira para o seu público.

## 2 Técnicas de visualização de dados

Atualmente, existem diversas maneiras de expressar por meio de imagens o que se quer transmitir para um determinado público-alvo. Mas, para isso, é preciso parar e analisar qual é a melhor forma de se fazer isso e qual técnica deverá ser empregada para atingir o objetivo final.

Boas visualizações de dados são criadas quando a comunicação, a ciência de dados e o *design* andam de mãos dadas. Para Knaflic (2017, p. 17), todavia, "[...] o sucesso da visualização de dados não começa com a visualização de dados. Em vez disto, antes de começar a criar uma apresentação ou comunicação de dados, a atenção e o tempo devem estar voltados a entender o contexto da necessidade de se comunicar".

É muito importante que a técnica utilizada seja compatível com a análise esperada, para trazer clareza e facilidade de entendimento à mensagem a ser transmitida. As visualizações feitas corretamente oferecem informações importantes sobre um conjunto de dados complexos, de maneira significativa e intuitiva.

## Como escolher a melhor forma de visualização de dados

A primeira pergunta a ser feita para escolher um bom gráfico é: o que será mostrado no gráfico? A segunda pergunta a ser feita para escolher um bom gráfico é: quantas variáveis, itens ou categorias serão mostradas no gráfico? Essas duas questões ajudam a escolher o melhor tipo de visualização, conforme o tipo de dados. Contudo, para uma escolha que realmente vai fazer a diferença em uma análise, é preciso pensar também nas questões estratégicas de cada formato. Para isso, a seguir, são descritos os seis tipos de visualização mais utilizados e suas empregabilidades.

Um **gráfico** (Figura 5) é uma tentativa de expressar visualmente dados ou valores numéricos de maneira diferente, facilitando a sua compreensão.

**Figura 5.** Exemplos de gráficos.
*Fonte:* robuart/Shutterstock.com.

Já o **diagrama** é uma representação gráfica usada para demonstrar um esquema simplificado ou um resumo sobre um assunto, conforme exemplificado na Figura 6, que apresenta um diagrama de análise organizacional.

**Figura 6.** Exemplo de diagrama.
*Fonte:* Análise SWOT... (2019, documento *on-line*).

Já a infografia ou os **infográficos** são textos visuais explicativos e informativos associados a elementos não verbais, como imagens, sons, gráficos, *hiperlinks*, etc., conforme exemplificado na Figura 7. São utilizados com frequência nas mídias impressa e digital.

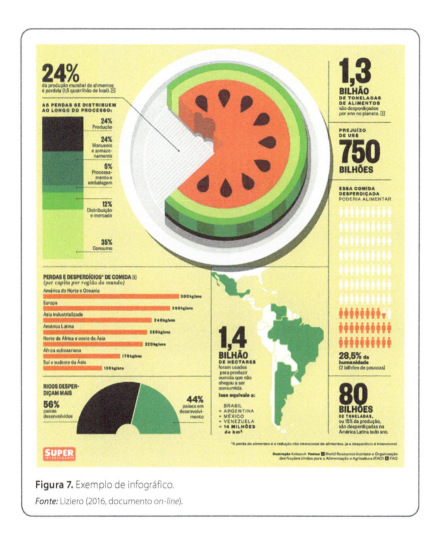

**Figura 7.** Exemplo de infográfico.
*Fonte:* Liziero (2016, documento *on-line*).

Um **mapa**, por sua vez, representa visualmente uma região, conforme exemplifica a Figura 8.

**Figura 8.** Exemplo de mapa.
*Fonte:* Hluboki Dzianis/Shutterstock.com.

As **tabelas** (Figura 9) são elaboradas com o propósito de sistematizar informações (numéricas e em forma de texto) que devem ser apresentadas de forma clara e precisa.

**Figura 9.** Exemplo de tabela.
*Fonte:* Queiroz (2015, documento *on-line*).

Já os **painéis** são utilizados para consolidar diversas informações de forma resumida, conforme mostra a Figura 10.

**Figura 10.** Exemplo de painel.
*Fonte:* Brasil (2017, documento *on-line*).

Caso se opte por fazer um gráfico para a visualização de dados, deve-se ter em mente que existem inúmeras formas de satisfazer o objetivo da visualização. Para isso, deve-se observar três categorias gerais para a tomada de decisão quanto à melhor forma de visualização de dados:

1. **Comparação:** gráficos de comparação são usados para comparar dois ou mais itens ou mostrar as mudanças em um determinado período. Tipos de gráficos: linha, barras, colunas, eixos múltiplos.
2. **Composição:** os gráficos de composição mostram a porcentagem ou proporção de diferentes partes que, combinadas, formam o todo. Tipos de gráficos: pizza, funil.
3. **Distribuição:** gráficos de distribuição são ótimos para mostrar a relação ou correlação entre variáveis; esse tipo de gráfico também pode ajudar a identificar valores atípicos e tendências em seus dados. Tipo de gráfico: dispersão.

>  **Fique atento**
>
> Após a decisão sobre qual tipo de gráfico é mais adequado para transmitir as informações, deve-se projetar e personalizar a visualização. Lembre-se de que a simplicidade é fundamental: não se deve adicionar elementos que distraiam a atenção sobre os dados.

## 3 Práticas de visualização e análise de dados para a inteligência nos negócios

A **inteligência de negócios**, também conhecida pelo termo em inglês *business intelligence* (BI), é uma metodologia que está relacionada à coleta, à análise e ao compartilhamento de dados estratégicos para o melhor funcionamento e a tomada de decisões de uma organização. Pode-se dizer que esse método é compatível com qualquer segmento de mercado, não importando seu tamanho, e apresenta muitos benefícios. O BI ajuda a detectar tendências de consumo, perfil do público-alvo, além de alterações do nicho de mercado. O principal objetivo do BI é o aumento de eficiência das operações, proporcionando tomadas de decisões mais ágeis, bem como uso consciente de recursos.

De acordo com Turban *et al.* (2009, p. 104, grifo nosso), "A **análise de negócios** (BA) é uma ampla categoria de aplicações e técnicas para reunir, armazenar, analisar e fornecer acesso aos dados, com o objetivo de ajudar os usuários da empresa a tomarem melhores decisões comerciais e estratégicas". Desse modo, pode-se dizer que a análise de negócios está relacionada à visualização de dados, pois, sem a consolidação dos dados ou das informações, criada a partir de uma boa visualização de dados, a BA fica prejudicada.

Segundo Turban *et al.* (2009, p. 125):

> [...] a visualização de dados também habilita BA, ao usar ferramentas baseadas na Web. Em vez de ter de esperar um relatório ou comparar colunas inúteis de números, um gerente pode usar uma interface de navegador em tempo real para analisar dados vitais de desempenho organizacional. Ao usar tecnologias visuais de análise, gerentes, engenheiros e outros profissionais podem reconhecer problemas que passaram despercebidos, durante anos, pelos métodos de análise padrão.

A seguir, são listadas as **10 principais vantagens da BI**.

1. Permite conhecer melhor a empresa.
2. Por meio de evidências concretas, a tomada de decisão se torna mais fácil.
3. Agiliza tanto o acesso como o compartilhamento de dados que contribuem para a organização.
4. As análises são realizadas em tempo real.
5. Os déficits de recursos do sistema são identificados com mais facilidade.
6. Os problemas se tornam mais escassos.
7. O processo de entrega para o profissional adequado ocorre em tempo ideal.
8. As oportunidades de venda são mais visíveis.
9. As respostas são mais ágeis em qualquer pesquisa de negócios.
10. São coletadas informações sobre o público-alvo e seus hábitos, para, assim, criar uma boa experiência do usuário.

## Visualização por planilhas

As **planilhas do Excel** podem ser ótimas aliadas para o desenvolvimento de uma boa visualização. O Microsoft Excel possui uma variedade enorme de recursos, funções e fórmulas, sendo uma ferramenta tão versátil que fica difícil atribuir apenas uma finalidade a ela. Mas, de forma resumida, pode-se dizer que o Excel serve para controlar e organizar as informações, sendo um excelente aliado no cumprimento das rotinas e no melhor aproveitamento do tempo, devido à geração de relatórios, aos tipos de consultas, às ferramentas matemáticas e estatísticas e a diversas ferramentas de BI.

Segundo Peters, Brath e Wright (2016), a capacidade do Excel pode ser potencializada de muitas maneiras para a visualização de dados, incluindo melhorias da eficácia, ênfase nas comunicações, suporte a irregularidades, facilitação do entendimento e habilitação da colaboração.

## *Dashboards* de indicadores

Os *dashboards* de indicadores ou painéis de indicadores chegaram para facilitar a vida das empresas. Por meio deles, pode-se visualizar diversos dados consolidados em apenas uma tela, geralmente dados de *performance* e desempenho. Com essas informações, torna-se de fácil amostragem a análise de onde a empresa deseja chegar e se ela está no caminho certo para alcançar seus objetivos. Os *dashboards* permitem monitorar, em tempo real, o andamento e a evolução de diferentes demandas de projetos.

O *dashboard* pode estar em uma TV, um painel ou um quadro, desde que esteja visível para todos os membros daquele determinado projeto ou a quem possa interessar. A ideia do *dashboard* é compartilhar os indicadores que medem o sucesso de diferentes processos, deixando claro o que realmente importa para a gestão. Além disso, essa ferramenta é capaz de promover o engajamento entre os colaboradores, além de otimizar tempo e recursos, mantendo todos focados em alcançar *performances* cada vez melhores.

## Visualização de dados financeiros

Uma das empregabilidades da visualização de dados em BI é mensurar dados da área financeira, pois seus dados normalmente são considerados complexos e sensíveis, e um erro pode causar uma grande perda financeira. Conforme Turban *et al.* (2009), para evitar que sistemas identifiquem automaticamente padrões inexpressivos nos dados, os diretores financeiros (CFOs) querem ter certeza de que a capacidade de processamento de um computador sempre será ajustada pelo discernimento de um ser humano. Uma maneira de fazer isso é justamente por meio da visualização de dados. Confira um exemplo a seguir.

**Exemplo**

Diretor do laboratório de engenharia financeira da Sloan School of Management, do Instituto de Tecnologia de Massachusetts (Estados Unidos), Andrew W. Lo desenvolveu um programa no qual um CFO pode usar o *mouse* para "voar" sobre um panorama tridimensional, que representa o risco, o lucro e a liquidez dos ativos de uma empresa. Com prática, o CFO pode começar a se concentrar no ponto selecionado no panorama tridimensional: aquele onde o equilíbrio entre risco, lucro e liquidez é o mais vantajoso.

## Sistema de informações geográficas

O sistema de informações geográficas (SIG), popularmente conhecido como GIS (do inglês *geographic information system*), é um sistema projetado para capturar, armazenar, manipular e apresentar todos os tipos de dados geográficos. O GIS permite visualizar, questionar e interpretar dados de uma determinada localidade, buscando entender seus padrões e tendências, servindo como informação de caráter estratégico para organizações dos mais diferentes portes e ramos.

Por meio desse sistema, é possível fazer o mapeamento completo de onde os elementos estão, mostrando, assim, a localização dos seus diversos recursos e quais são as relações entre eles. Geralmente, as principais fontes de dados para fazer esse mapeamento são o sensoriamento remoto, o sistema de posicionamento global (GPS, do inglês *global positioning system*) e o geoprocessamento.

O sistema pode incluir dados sobre a população, como renda ou nível educacional, e informações sobre a paisagem, como a localização de córregos e de diferentes tipos de vegetação e de solos. Utilizando o GIS, com apenas um mapa, é possível coletar informações sobre diversos segmentos, como indústrias, fazendas e, até mesmo, cidades inteiras, integrando vários tipos de dados, como de locais sensíveis à poluição, zonas úmidas e rios. Esse mapa ajudaria, por exemplo, a determinar onde o abastecimento de água poderia estar em maior risco.

**Saiba mais**

A Trimble é uma empresa pioneira na área de GIS e fornece produtos e serviços que conectam os mundos físicos e digitais desde 1978, atuando em 40 países.

Na interpretação de dados fotográficos, a coleta de fotografias aéreas é feita por meio de aviões, balões, veículos aéreos não tripulados e *drones* especializados em mapeamento. Os dados digitais também podem ser inseridos no GIS. Um exemplo desse tipo de informação são os dados coletados por satélites, que mostram a localização de fazendas, cidades e florestas.

Por fim, no GIS, também é possível incluir dados em forma de tabela ou planilha eletrônica, como as informações demográficas de uma população. A tecnologia GIS permite que todos esses diferentes tipos de informações, independentemente da fonte ou do formato original, sejam sobrepostos um ao outro em um único mapa, que pode ser utilizado para as mais diversas aplicações.

A seguir, são apresentados exemplos de como o GIS, em conjunto com o GPS, ajuda as empresas a diferenciarem seus produtos, entregarem serviços e melhorarem seu desempenho.

## Exemplo 1

A cidade de Nova Iorque foi pioneira no uso do sistema CompStat (Figura 11), que usa o GIS para mapear atividades criminais e disposição policial por data, hora e local. Ao tornar os comandantes dos distritos policiais responsáveis pela própria estratégia de policiamento, o CompStat foi um dos principais fatores para a redução de aproximadamente 70% da taxa de crimes violentos na cidade na última década.

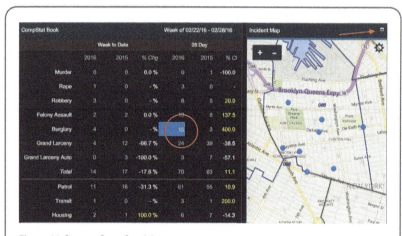

**Figura 11.** Sistema CompStat 2.0.
*Fonte:* Crean (2016, documento *on-line*).

Alguns departamentos de polícia, associações de bairros e cidadãos interessados, em diversas cidades, estão usando o GIS para combater a criminalidade. Informações geográficas sobre os bairros são integradas aos relatórios de criminalidade para analisar os padrões de crimes. Ao identificar tendências e fornecer informações aos cidadãos, as polícias estão mais bem preparadas para criar atividades de vigilância, e os cidadãos podem modificar atitudes, levando a uma redução da criminalidade nessas áreas.

## Exemplo 2

No comércio de localização (*l-commerce*), a propaganda é direcionada a uma pessoa cuja localização é conhecida por meio de uma combinação de GIS e GPS (Figura 12). De forma semelhante, sistemas médicos de emergência identificam, em segundos, a localização de um acidente de carro, e o GIS vinculado ajuda a orientar as ambulâncias até o local do acidente.

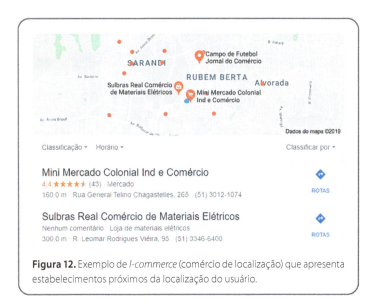

**Figura 12.** Exemplo de *l-commerce* (comércio de localização) que apresenta estabelecimentos próximos da localização do usuário.

## Exemplo 3

A CSX Transportation Inc. equipou 3.700 locomotivas com GPS (Figura 13). A Union Pacific Railroad instalou dispositivos de monitoramento via satélite em milhares de seus vagões de carga para rastreamento. Ao combinar GIS com GPS, uma empresa de transporte de cargas pode identificar a posição de um vagão ou caminhão a qualquer hora, assim como locomotivas que saíram da sua rota e vagões que foram deixados para trás ou que foram enviados com a locomotiva errada. Um benefício adicional é a capacidade de minimizar acidentes.

**Figura 13.** Ferrovias atendidas pela empresa CSX.
*Fonte:* CSX (2019, documento *on-line*).

## Referências

ANÁLISE SWOT para pequenas empresas: o que muda e como fazer. *Blog Juros Baixos*, 2019. Disponível em: https://jurosbaixos.com.br/conteudo/analise-swot-para-pequenas-empresas/. Acesso em: 18 nov. 2019.

BALTZAN, P. *Tecnologia orientada para gestão*. 6. ed. Porto Alegre: AMGH, 2016;

BRASIL. Ministério da Economia. Instituto Nacional da Propriedade Intelectual. *Painel de Marcas Julho 2017*. 2017. Disponível em: http://www.inpi.gov.br/menu-servicos/marcas/copy2_of_Painel_julho_2017.jpg/view. Acesso em: 18 nov. 2019.

CARD, S. K.; MACKINLAY, J. D.; SHNEIDERMAN, B. Information Visualization. Readings in Information Visualization: Using Vision to Think, Morgan Kaufmann Publishers, p. 1-34, San Francisco, California, USA, 1999.

CINI, G. *Estudo sobre a visualização de informações no contexto educacional*. 2013. Trabalho de Conclusão de Curso (Bacharelado em Ciências da Computação) — Universidade de Caxias do Sul, Caxias do Sul, 2013. Disponível em: https://repositorio.ucs.br/xmlui/bitstream/handle/11338/1496/TCC%20Glauber%20Cini.pdf?sequence=1&isAllowed=y. Acesso em: 18 nov. 2019.

CREAN, S. Use the NYPD's Compstat 2.0 System to understand crime in our neighborhood. *Bklyner*, 2016. Disponível em: https://bklyner.com/use-nypd-compstat-2-0-system-understand-crime-in-neighborhood-fortgreene/. Acesso em: 18 nov. 2019.

CSX. *CSX system map*. 2019. Disponível em: https://www.csx.com/index.cfm/customers/maps/csx-system-map/. Acesso em: 18 nov. 2019.

DEMAJ, D.; FIELD, K. Map examples. *ICA*, 2012. Disponível em: https://mapdesign.icaci.org/map-examples/. Acesso em: 18 nov. 2019.

IBGE. Conheça o Brasil - população: pessoas com deficiência. *IBGE Educa Jovens*, 2019. Disponível em: https://educa.ibge.gov.br/jovens/conheca-o-brasil/populacao/20551-pessoas-com-deficiencia.html. Acesso em: 18 nov. 2019.

KNAFLIC, C. N. *Storytelling com dados:* um guia sobre visualização de dados para profissionais de negócios. 2. ed. Rio de Janeiro: Alta Books, 2017.

LIZIERO, A. Guia visual sobre o desperdício de alimentos. *Geografia Visual*, 2016. Disponível em: https://geografiavisual.com.br/infografico/guia-visual-sobre-o-desperdicio-de-alimentos. Acesso em: 18 nov. 2019.

PETERS, M.; BRATH, R.; WRIGHT, W. *System and method for visualizing contextual-numerical data of source documents as corresponding transformed documents*. US 2006/0288284 A1. Public. date: Dec. 21, 2006. Disponível em: https://patentimages.storage.googleapis.com/9d/ef/c5/579ee09e1d5682/US20060288284A1.pdf. Acesso em: 18 nov. 2019.

QUEIROZ, M. Domine as macros no Excel e multiplique a sua produtividade logística. *Experts da Logística*, 2015. Disponível em: http://www.expertsdalogistica.com.br/domine-as-macros-no-excel-e-multiplique-a-sua-produtividade-logistica/. Acesso em: 18 nov. 2019.

TURBAN, E. *et al. Business intelligence:* um enfoque gerencial para a inteligência do negócio. Porto Alegre: Bookman, 2009.

WARE, C. *Information visualization:* perception for design. Burlington: Morgan Kaufmann, 2012.

## Leituras recomendadas

DICAS para criar visualizações de dados eficazes e envolventes. *Blog Tableau*, 2019. Disponível em: https://www.tableau.com/pt-br/learn/articles/data-visualization-tips. Acesso em: 18 nov. 2019.

GOMES, P. C. T. Tipos de gráficos: principais formas de visualização de dados. *Data Geeks*, 2019. Disponível em: https://www.datageeks.com.br/tipos-de-graficos/. Acesso em: 18 nov. 2019.

GUIA prático da visualização de dados: definição, exemplos e recursos de aprendizado. *Blog Tableau*, 2019. Disponível em: https://www.tableau.com/pt-br/learn/articles/data-visualization. Acesso em: 18 nov. 2019.

O PODER das planilhas eletrônicas: por que usar o Excel no dia a dia. *Mundo RH*, 2019. Disponível em: https://www.mundorh.com.br/o-poder-das-planilhas-eletronicas-por-que-usar-o-excel-no-dia-a-dia/. Acesso em: 18 nov. 2019.

SAS. *Visualização de dados:* o que é e qual sua importância. 2019. Disponível em: https://www.sas.com/pt_br/insights/big-data/data-visualization.html. Acesso em: 18 nov. 2019.

SOTILLE, M. Diagramas de contexto. *Dicas PMP*, 2015. Disponível em: https://dicaspmp.wordpress.com/2015/03/13/diagramas-de-contexto/. Acesso em: 18 nov. 2019.

TAURION, C. A importância da visualização dos dados em tempos de big data. *TI Especialistas*, 2014. Disponível em: https://www.tiespecialistas.com.br/importancia-da-visualizacao-dos-dados-em-tempos-de-big-data. Acesso em: 18 nov. 2019.

VIERGUTZ, G. O que é dashboard? *Minhas Planilhas*, 2017. Disponível em: https://www.minhasplanilhas.com.br/o-que-e-dashboard/. Acesso em: 18 nov. 2019.

**Fique atento**

Os *links* para *sites* da *web* fornecidos neste livro foram todos testados, e seu funcionamento foi comprovado no momento da publicação do material. No entanto, a rede é extremamente dinâmica; suas páginas estão constantemente mudando de local e conteúdo. Assim, os editores declaram não ter qualquer responsabilidade sobre qualidade, precisão ou integralidade das informações referidas em tais *links*.

# Visualização de dados em *big data*

## Objetivos de aprendizagem

Ao final deste texto, você deve apresentar os seguintes aprendizados:

- Reconhecer a importância da visualização de dados em ecossistemas de *big data*.
- Apresentar as principais técnicas para visualização de dados em *big data*.
- Exemplificar as visualizações mais apropriadas de acordo com o público-alvo.

## Introdução

Na atual era digital, a sociedade se baseia cada vez mais no uso de dados. O processo de inundação, exploração e análise de grandes conjuntos de dados das mais variadas fontes e áreas, como saúde, financeira ou biológica, traz a necessidade de interpretação desses elementos. Com isso, surge também uma demanda crescente por recursos visuais que auxiliem nos processos de análise e comunicação das descobertas realizadas.

Neste capítulo, você vai estudar sobre a visualização de dados e sua importância no contexto de *big data*. Você também vai conhecer algumas das principais técnicas para visualização de dados, bem como aprender a planejar o desenvolvimento de visualizações, além de identificar seus principais desafios e possíveis alternativas. Por fim, você vai observar como um mesmo dado pode ser apresentado por meio de diferentes visualizações e a importância de avaliar as visualizações com o público-alvo.

## 1 Importância da visualização de dados em *big data*

Com a manipulação de grandes volumes de dados, surgem diferentes desafios. Para enfrentá-los, é necessário saber como interpretar esses dados e como usar os resultados para tomada de decisão. Existem diferentes métodos que auxiliam nesses aspectos. Com a descoberta do conhecimento do ecossistema de *big data*, entre os possíveis recursos, ganha destaque o uso da visualização de dados.

Assim, é importante conhecer o conceito de visualização de dados. Para Ward, Grinstein e Keim (2015), ele é definido como a comunicação da informação por meio da utilização de representações visuais. Essas representações visuais podem incluir diferentes tipos de dados, por exemplo, numérico ou texto, e diferentes técnicas de visualização, como gráfico de barras ou linhas. Além disso, essas visualizações podem ser aplicadas a uma grande variedade de situações do dia a dia, como mapas de previsão do tempo ou gráficos do mercado de ações.

A Figura 1 apresenta um exemplo do fluxo para visualização. Existem variações para esse fluxo, mas a ideia principal deve ser a de transformar os dados brutos em alguma representação interna do computador e, em seguida, usar algum paradigma visual para exibir os dados na tela para o usuário (WARD; GRINSTEIN; KEIM, 2015).

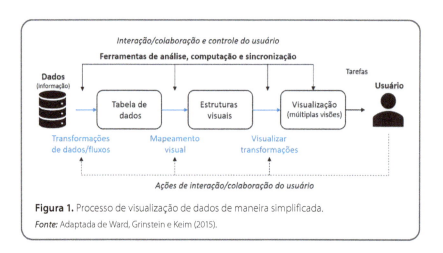

**Figura 1.** Processo de visualização de dados de maneira simplificada.
*Fonte:* Adaptada de Ward, Grinstein e Keim (2015).

A visualização é importante, pois, além de poder ser usada para apresentar os resultados de uma análise, pode também ser o recurso diferencial quando não há questões ou hipóteses acerca dos dados mapeadas antecipadamente.

Munzner (2014a) explica que, se houver questões prévias bem definidas do que se quer descobrir com o conjunto de dados, técnicas puramente computacionais de áreas como estatística e aprendizado de máquina podem ser empregadas de maneira automática. Ou seja, sem a necessidade de investir em sistemas de visualização e do julgamento humano nesse processo. No entanto, a autora ressalta que muitos problemas de análise são mal especificados, já que, às vezes, as pessoas não sabem como abordar o problema. Logo, quando não há perguntas claras e definidas com antecedência, o melhor caminho a seguir ainda é o processo com a análise humana.

Para Ware (2004), um dos maiores benefícios da utilização de visualizações é que, se forem desenvolvidas e apresentadas de maneira adequada, elas devem permitir uma interpretação mais rápida de um grande volume de dados. Isso ocorre porque a interpretação da imagem é realizada em paralelo no sistema perceptivo humano, enquanto a velocidade da análise do texto é limitada pelo processo sequencial de leitura. As imagens também podem ser independentes do idioma local, pois um gráfico ou um mapa pode ser entendido por um grupo de pessoas sem idioma comum (WARD; GRINSTEIN; KEIM, 2015). Outra vantagem do uso de visualização é que ela permite que problemas com os próprios dados se tornem aparentes, o que facilita a formação de hipóteses sobre os dados analisados.

O Quadro 1 lista alguns benefícios do uso de recursos de visualização de dados. A lista está ordenada pelos percentuais de respondentes que indicaram cada item em uma pesquisa (WANG; WANG; ALEXANDER, 2015). A capacidade de melhorar o processo de tomada de decisão aparece como o principal benefício.

**Quadro 1.** Benefícios do uso de visualização de dados

| Benefícios | Percentuais (%) |
| --- | --- |
| Melhor tomada de decisão | 77 |
| Melhor análise *adhoc* de dados | 43 |
| Aprimoramento da colaboração/compartilhamento de informações | 41 |
| Fornecimento de recursos de autoatendimento aos usuários finais | 36 |
| Maior retorno do investimento (ROI) | 34 |
| Economia tempo | 20 |
| Redução da carga em TI | 15 |

*Fonte:* Adaptado de Wang, Wang e Alexander (2015).

## 2 Técnicas de visualização de dados

No contexto de *big data*, algumas visualizações acabam sendo mais frequentes por suas características. O Quadro 2 apresenta cinco técnicas de visualização utilizadas. Essa síntese serve como introdução ao estudo pormenorizado de cada uma dessas técnicas, que serão detalhadas ao longo deste capítulo.

**Quadro 2.** Lista de técnicas de visualização utilizadas em *big data*

| Técnica de visualização | Nomes alternativos | Interessante para ver... |
|---|---|---|
| Histograma | Histograma | Distribuição de frequências |
| Gráfico de dispersão | ▪ *Scatter plot*<br>▪ *scatter graph/chart*<br>▪ *point graph*<br>▪ *X-Y plot*<br>▪ *scattergram* | Relacionamento entre duas variáveis; correlação; dispersão |
| Gráfico de coordenadas paralelas | ▪ *Parallel coordinates*<br>▪ *Parallel plot* | Relacionamento entre muitas variáveis; posicionamento (*ranking*); volume + variedade |
| Mapa de árvore | ▪ *Treemap*<br>▪ *tree-map*<br>▪ *treemapping* | Dados hierárquicos; entendimento do todo |
| Mapa coroplético | ▪ Mapa coropleto<br>▪ *Choropleth* | Informações geolocalizadas; mapas |

## Histograma

O histograma (*histogram*) é uma técnica de visualização bastante usada para avaliar a distribuição dos valores para uma única variável numérica. Essa variável é então cortada em várias posições (intervalos ou períodos de tempo) e o número de observações por posição (frequência) é representado pela altura de um retângulo. A Figura 2 ilustra esse tipo de representação.

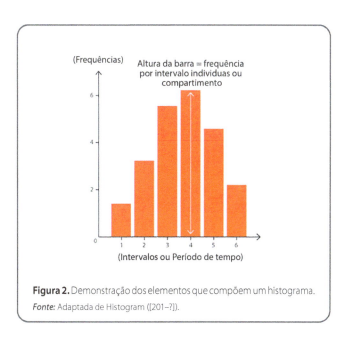

**Figura 2.** Demonstração dos elementos que compõem um histograma.
*Fonte:* Adaptada de Histogram ([201–?]).

Existem várias formas de distribuição dos valores. Portanto, com o uso desse recurso, é possível perceber algumas variações que podem indicar algum padrão ou comportamento fora do esperado que poderá requerer a transformação desses dados antes de que se dê continuidade às próximas etapas de análise e apresentação de resultados. A Figura 3 ilustra seis tipos comuns de distribuição de valores que podem ser observados com o histograma.

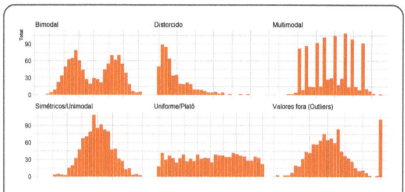

**Figura 3.** Demonstração dos diferentes formatos para distribuição de valores que podem ser observados como resultado de um histograma.
*Fonte:* Adaptada de Histogram ([2019?]).

### Fique atento

O histograma não deve ser confundido com o gráfico de barras. O gráfico de barras é outra técnica de visualização utilizada para apresentar a relação entre variáveis numéricas e categóricas, na qual cada entidade da variável categórica é representada por uma barra e o tamanho da barra representa o valor numérico. É uma técnica bastante utilizada, pois facilita a compreensão.

## Gráfico de dispersão

Um gráfico de dispersão (*scatterplot*) apresenta pontos relacionados a duas variáveis numéricas usando o sistema de coordenadas cartesiano. Para cada ponto de dados, o valor de sua primeira variável é representado no eixo $x$ e o segundo valor no eixo $y$. De acordo com Ward, Grinstein e Keim (2015), *scatterplot* é uma das primeiras e mais usadas técnicas de visualização já desenvolvidas. A Figura 4 apresenta os elementos que caracterizam essa visualização.

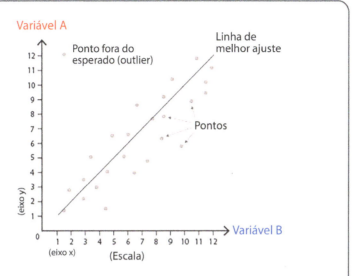

**Figura 4.** Demonstração da estrutura de um gráfico de dispersão. Linhas ou curvas poderão ser adicionadas ao gráfico. Elas deverão mostrar como ficariam todos os pontos de maneira condensada e, por isso, são conhecidas como linha de tendência ou linha de melhor ajuste. Essa estratégia permite que sejam feitas estimativas por interpolação.
*Fonte:* Adaptada de Scatterplot ([201–?]a).

O gráfico de dispersão é frequentemente acompanhado pelo cálculo do coeficiente de correlação, que mede a relação linear entre as variáveis, mas, além disso, outros tipos de relacionamento podem ser detectados com uso e análise desse gráfico. A Figura 5 exemplifica alguns padrões que podem ser verificados com a utilização dessa técnica de visualização. Quanto ao tipo, são listados seis:

- positivo — quando os valores aumentam juntos;
- negativo — quando um valor diminui à medida que o outro aumenta;
- nulo — sem correlação;
- linear;
- exponencial;
- em forma de U.

Já para a força da correlação, que pode ser determinada pela proximidade entre os pontos no gráfico, são mencionadas três variações:

- forte;
- fraco;
- nulo.

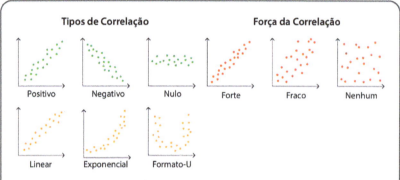

**Figura 5.** Demonstração de diferentes tipos de correlação que podem ser interpretados através dos padrões exibidos nos gráficos de dispersão.
*Fonte:* Adaptada de Scatterplot ([201–?]b).

### Saiba mais

O entendimento de conceitos de estatística básica é fundamental para a realização da análise do conjunto de dados. Portanto, para aprofundar o conhecimento nos métodos estatísticos que ajudam a sumarizar e apresentar esses dados, devem ser consultadas referências que abordam conceitos de estatística descritiva. Para os exemplos do histograma apresentados, a busca deve ser realizada dentro do tópico de distribuição de frequências. Já para o aprofundamento dos exemplos apresentados no gráfico de dispersão, é necessário iniciar pelo tópico de coeficiente de correlação entre variáveis.

# Gráfico de coordenadas paralelas

O gráfico de coordenadas paralelas (*parallel coordinates*) é usado para a visualização dados numéricos multivariados, pois permite comparar várias observações individuais (séries) em um conjunto de variáveis numéricas. Cada barra (eixo) representa uma variável, que, geralmente, possui sua própria escala. Os valores são apresentados como séries de linhas conectadas em cada eixo. Todos os eixos aparecem em paralelo, contudo, podem ser dispostos na vertical ou na horizontal. A Figura 6 ilustra uma demonstração simplificada dessa técnica.

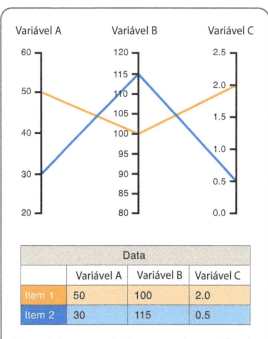

**Figura 6.** Demonstração da estrutura de um gráfico de coordenadas paralelas.
*Fonte:* Adaptada de Parallel coordinates plot ([201–?]).

Segundo Zhou e Weiskopf (2017), as coordenadas paralelas tradicionais estão bem preparadas para mostrar correlações negativas entre dois atributos (mesmo conceito ilustrado na Figura 5). No entanto, a tarefa de reconhecer correlações positivas é difícil, de modo que os mesmos autores propõem uma estratégia para suportar o reconhecimento de correlações multivariadas. A Figura 7 apresenta uma possibilidade de uso dessa técnica com dados reais referentes à qualidade de vinhos.

É possível notar que há duas regiões em destaque nas laterais da figura. Nelas, a técnica de visualização de gráfico de dispersão também é utilizada para ampliar o entendimento da relação entre dois pares de variáveis.

- (A) A primeira apresenta que a variável *fixed acidity* (acidez fixa) parece estar negativamente correlacionada com a variável *pH*.
- (B) No segundo destaque, a variável *alcoohol* (álcool) parece estar positivamente correlacionada com a variável *density* (densidade) invertida.

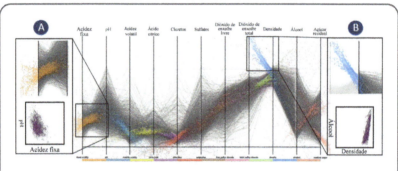

**Figura 7.** Visualização desenvolvida com a técnica de coordenadas paralelas. Em (a) e (b), o uso da técnica de visualização do gráfico de dispersão serve para destacar a relação de dois pares de variáveis. O conjunto de dados utilizado nesse caso refere-se à qualidade do vinho e contém 1599 amostras de vinho tinto e 4898 amostras de vinho branco (CORTEZ *et al.*, 2009). Além disso, 11 propriedades químicas estão disponíveis como variáveis e são apresentadas em cada eixo dessa visualização.
*Fonte:* Adaptada de Zhou e Weiskopf (2017).

## Mapa de árvore

Árvores (*treemap*) ou hierarquias são estruturas bastante comuns para armazenar informações relacionais e, por consequência, muitas técnicas de visualização foram desenvolvidas para exibir essas informações (WARD; GRINSTEIN; KEIM, 2015). Entre elas, destaca-se a *treemap*, introduzida por Johnson e Shneiderman (1991), com o intuito de exibir dados hierárquicos como um conjunto de retângulos alinhados. Cada retângulo pode ser dividido recursivamente em fatias, alternando o fatiamento horizontal e vertical, com base nos dados das subárvores em um determinado nível. Cada nível é representado por um retângulo cuja área é proporcional ao seu valor. A Figura 8 ilustra essa estrutura com a comparação direta de um diagrama de árvore e como ficaria seu correspondente *treemap*.

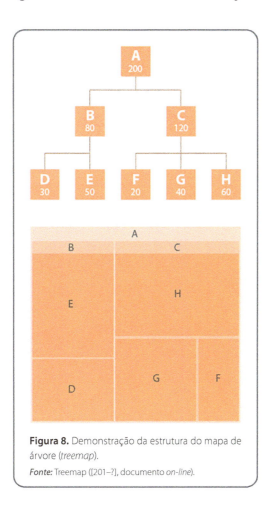

**Figura 8.** Demonstração da estrutura do mapa de árvore (*treemap*).
*Fonte:* Treemap ([201–?], documento *on-line*).

Essa técnica é interessante para entender como o conjunto de dados está organizado hierarquicamente e como diferentes categorias e suas respectivas subcategorias estão distribuídas. Contudo, o *treemap* ainda pode ser utilizado mesmo com dados sem hierarquia, por exemplo, como uma alternativa para o gráfico de barras. Outra vantagem é que essa técnica faz o uso eficiente do espaço, o que possibilita a representação de uma grande quantidade de dados, como no caso apresentado na Figura 9.

**Figura 9.** Apresentação de dados hierárquicos com o uso da técnica de visualização *treemap*. Neste caso, são apresentados os dados para as notícias mais acessadas no mundo, organizadas por categorias e com base no agregador do Google News.
Fonte: Newsmap.js ([2020?], documento *on-line*).

## Mapa coroplético

Para apresentar dados geolocalizados ou identificados por regiões, o uso de um mapa temático pode ser uma boa estratégia. No mapa coroplético (*choropleth maps*), as áreas geográficas delimitadas serão coloridas, sombreadas ou decoradas seguindo um padrão em relação aos dados de uma variável de interesse para análise. A Figura 10 ilustra os elementos dessa técnica.

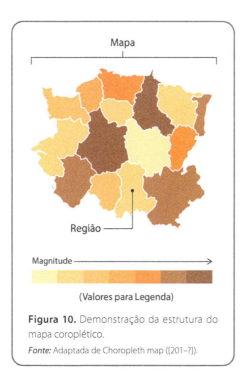

**Figura 10.** Demonstração da estrutura do mapa coroplético.
*Fonte:* Adaptada de Choropleth map ([201–?]).

Ribecca ([201–?]) destaca dois pontos interessantes quanto ao desenvolvimento dessa técnica. Primeiro, como uma desvantagem em relação ao uso de cores, não é possível ler ou comparar com precisão os valores do mapa. Além disso, regiões maiores parecem mais enfatizadas do que regiões menores, de modo que a percepção do espectador sobre os valores sombreados é afetada.

O segundo ponto é em relação a um erro comum, o de utilizar diretamente os valores dos dados brutos, como os dados da população, por exemplo, em vez de usar valores normalizados, que seriam, nesse caso, após a realização do cálculo da população por quilômetro quadrado, para então produzir um mapa de densidade (representa a magnitude e é utilizada para legenda).

A Figura 11 apresenta um caso de uso em que esses dois pontos estão cobertos. O primeiro ponto, relacionado à percepção, foi solucionado com o uso de anotações complementares no mapa. Para o segundo ponto, foi realizado um pré-processamento dos dados brutos antes de fazer a projeção.

**Figura 11.** Visualização de dados geolocalizados com o uso da técnica do mapa coroplético. Neste caso, são apresentadas informações para o uso da internet no mundo no ano de 2006. Na visualização original desenvolvida pela BBC, recursos interativos são disponibilizados, tais como a possibilidade de troca dos anos e o valor em detalhe da população ao passar o *mouse* sobre cada país.
*Fonte:* BBC News ([2019?], documento *on-line*).

## 3 Como planejar uma visualização para apresentar os dados

Diferentes técnicas de visualização podem ser combinadas e utilizadas para representar um mesmo conjunto de dados. Além disso, durante o processo de escolha das técnicas de visualização, é preciso avaliar uma série de condições, como saber qual é o problema, conhecer o público-alvo e qual o tipo e o volume de dados que serão apresentados, entre outros fatores. Com o intuito de auxiliar nesse processo de planejamento das visualizações, Munzner (2009) desenvolveu um modelo aninhado de quatro níveis: domínio, abstração, idioma e algoritmo. O modelo pode ser combinado com outras estratégias, conforme é detalhado na Figura 12.

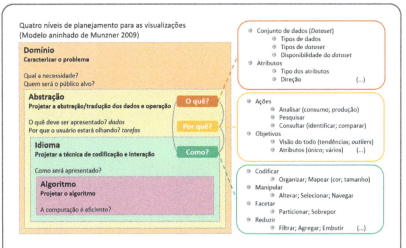

**Figura 12.** Modelo aninhado de quatro níveis (domínio, abstração, idioma e algoritmo) proposto por Munzner (2009) para o desenvolvimento de visualizações. Este modelo pode ser combinado com elementos da tipologia multinível de abstração de tarefas de visualização proposta por Brehmer e Munzner (2013) e que estão identificadas pelas caixas "O quê?", "Por quê?" e "Como?".

Em relação à caracterização do problema (domínio), muitas possibilidades surgem conforme a área, o público-alvo e o usuário final. Quanto ao usuário final, é preciso ter noção de seu conhecimento prévio sobre os dados e com quais técnicas de visualização ele já está familiarizado, por exemplo. Portanto, cada item deve ser avaliado criteriosamente em cada novo cenário de demanda. Contudo, de maneira geral, é possível iniciar considerando que o público-alvo das visualizações, em cenários de *big data*, pode ser caracterizado em dois grandes grupos:

1. os de perfil mais estratégico ou informativo;
2. os de perfil mais investigativo ou exploratório dos dados.

Para o primeiro grupo, pode-se considerar o exemplo de pessoas da área de gestão de negócios. Esse público demanda dados sumarizados e com indicadores que auxiliem no monitoramento do negócio. Além disso, precisam de recursos que tragam agilidade para o processo de tomada de decisão. Para atender esses casos, é possível observar tipos de visualização mais tradicionais e combinados, como o gráfico de barras, *pizza* e linhas, porém, apresentados de maneira integrada por meio de um painel de controle (*dashboard*), como exemplifica a Figura 13.

**Figura 13.** Apresentação de diversas técnicas de visualização integradas em um mesmo painel (*dashboard*). Informações geradas com Power BI, que é um serviço de análise de negócios baseado em nuvem que oferece soluções visuais para dados comerciais.
*Fonte:* Microsoft ([201–?], documento *on-line*).

Para o segundo grupo, é possível considerar o exemplo de cientistas ou analistas em busca da descoberta de conhecimento por meio da exploração dos dados por diferentes perspectivas. Esse público talvez possa necessitar de formas não tão convencionais de visualização dos dados. Em seu estudo, Auber (2002) buscou por uma alternativa que permitisse visualizar e explorar, em tempo real, as relações entre objetos de grandes conjuntos. Esse estudo pode ser estendido a diferentes domínios, desde a análise de conexões em uma rede social até em pesquisa do genoma, por exemplo.

## Exemplo

A seguir, é exemplificada a representação do desenvolvimento de uma visualização considerando a aplicação do modelo de Munzner (2009), explicado na Figura 12.

O problema em questão se refere à necessidade de exploração visual de gráficos, em tempo real, quando há muitos dados (AUBER, 2002). De maneira simplificada, são apresentadas duas tarefas como parte da estratégia de solução:

a) primeiro, receber um conjunto de dados do tipo árvore e, com base neles, derivar atributos quantitativos para cada nodo;

b) depois, como entrada, receber esse conjunto de dados mais os atributos quantitativos de cada nodo, gerados na tarefa (a). Com base neles, desenvolver um método pra sumarizar essa estrutura que, como saída esperada, apresente os principais elementos (conjunto filtrado) que ainda sejam significativos para representar a estrutura hierárquica desse conjunto de dados como um todo.

*Fonte:* Adaptada de Munzner (2014b) e Auber (2002).

É possível notar que, na ilustração desse exemplo:
- são identificadas para cada tarefa as perguntas "o quê?" (*what*), "por quê?" (*why*) e "como?" (*how*), que guiam a escolha das diferentes estratégias para atender ao problema;
- no canto direito da figura são apresentadas duas visualizações do estudo original de Auber (2002), uma com a visualização gerada utilizando os elementos filtrados (4.600) e a outra com o volume total (520 mil).

Em relação aos principais desafios e dificuldades para o desenvolvimento da visualização de dados no contexto de *big data*, é recorrente a indicação quanto à capacidade computacional para tornar as visualizações escaláveis a grandes volumes de dados (MUNZNER, 2014a; WANG; WANG; ALEXANDER, 2015; WARD; GRINSTEIN; KEIM, 2015). Essa capacidade computacional se refere a diferentes aspectos, desde o processamento dos dados, com a leitura dos dados brutos e as transformações, até a renderização das imagens que serão apresentadas na tela do usuário. Portanto, a questão do desempenho quanto à velocidade para gerar as visualizações e à capacidade de permitir que os usuários interajam com essas visualizações em tempo real acaba sendo limitada em alguns casos.

Assim, como possíveis estratégias de mitigação para essa questão, é comum ver a análise de viabilidade para a redução dimensional ou de amostragem do conjunto de dados antes de seguir com a geração das técnicas visuais. Diversas técnicas de redução de dados podem ser aplicadas, incluindo segmentação, agrupamento, regressão linear, entre outras técnicas de mineração de dados (FACELI *et al.*, 2011). A ideia por trás disso é apresentar um modelo matemático que reduza a complexidade dos dados o número de dimensões ou o número de pontos de dados, capturando e mantendo as características essenciais deles.

Além disso, Ward, Grinstein e Keim (2015) mencionam uma série de outros desafios quanto à visualização de dados que não estão somente relacionados a cenários de *big data*, mas que são importantes de observar, como: em relação ao grau de oclusão, referindo-se à probabilidade de um subconjunto de dados ser obstruído por outras partes da visualização; grau de complexidade, curva de aprendizado para a técnica de visualização em uso; grau de usabilidade, em relação à facilidade para executar as tarefas; e o grau de precisão, quanto à frequência de sucesso ou não na execução das tarefas pelo usuário, com suporte da técnica de visualização disponibilizada.

Nesse sentido, outra estratégia a ser considerada é adicionar recursos interativos para que os usuários possam explorar as visualizações com maior liberdade do que as visualizações puramente estáticas. Corroborando com esse ponto, Munzner (2014a) indica a interatividade como crucial para criar ferramentas de visualização que lidem com a complexidade gerada por conjuntos de dados grandes que possam impedir de mostrar tudo de uma vez. Como exemplo de aplicação, durante a explicação das coordenadas paralelas, Ribecca ([201-?]) aponta como desvantagem dessa técnica justamente a facilidade de ficar sobrecarregada com grandes volumes, e como parte da solução menciona o uso de uma técnica de interação conhecida como *linked highlighting* ou *brushing* (BECKER; CLEVELAND, 1987). O conceito de *brushing* se refere a permitir destacar uma linha ou coleção de linhas selecionadas enquanto se esmaece todas as outras. Isso permite isolar seções da visualização de interesse, enquanto se filtra possíveis ruídos.

Assim, não existe uma técnica de visualização que sirva para todos os casos, ou seja, uma técnica pode funcionar bem para um conjunto de dados e um público-alvo, porém, pode não ser eficiente em outro contexto. Desse modo, é importante, além de dominar as práticas apresentadas para desenvolvimento das visualizações, realizar também uma validação com os possíveis usuários, procurando entender se o público-alvo é qualificado, se consegue interpretar as visualizações desenvolvidas e se elas acatam ao propósito para o qual foram projetadas. É preciso lembrar que, por mais que as visualizações pareçam desenvolvidas de maneira robusta e atraente, elas ainda precisam ser eficazes, isto é, devem atender aspectos funcionais que ofereçam suporte às tarefas dos usuários e os auxiliem a resolver seus problemas.

### Saiba mais

É possível utilizar variados métodos para teste de sistemas com usuários. Porém, antes de seguir com algum desses protocolos, é recomendado consultar algumas referências com a perspectiva da visualização, por exemplo: Lam *et al.* (2012), que apresentam sete cenários de estudos empíricos em visualização de informações, e Isenberg *et al.* (2013), que trazem uma revisão sistemática da literatura sobre a prática de avaliação das visualizações, com 581 estudos cobertos. Além disso, os livros de Munzner (2014a) e Ward, Grinstein e Keim (2015) são excelentes fontes para aprofundar o conhecimento em desenvolvimento, análise e teste das visualizações.

### Referências

AUBER, D. Using Strahler numbers for real time visual exploration of huge graphs. *In*: INTERNATIONAL CONFERENCE ON COMPUTER VISION AND GRAPHICS, 2002, Zakopane. *Anais* [...]. Zakopane: ICCVG, 2002. p. 1–15. Disponível em: https://tulip.labri.fr/publi_tulip/auberICCVG2002.pdf. Acesso em: 1 fev. 2020.

BBC NEWS. *SuperPower*: visualising the internet. [2019?]. 1 mapa, color. Disponível em: http://news.bbc.co.uk/2/hi/technology/8552410.stm. Acesso em: 2 fev. 2020.

BECKER, R. A.; CLEVELAND, W. S. Brushing scatterplots. *Technometrics*, [s. l.], v. 29, n. 2, p. 127–142, 1987.

BREHMER, M.; MUNZNER, T. A multi-level typology of abstract visualization tasks. *IEEE Transactions on Visualization and Computer Graphics*, [s. l.], v. 19, n. 12, p. 2376-2385, Dec. 2013. DOI: 10.1109/TVCG.2013.124. Disponível em: https://ieeexplore.ieee.org/document/6634168/authors#authors. Acesso em: 1 fev. 2020.

CHOROPLETH map. [201-?]. 1 mapa, color. Disponível em: https://datavizcatalogue.com/methods/choropleth.html. Acesso em: 2 fev. 2020.

CORTEZ, P. et al. Modeling wine preferences by data mining from physicochemical properties. *Decision Support Systems*, [s. l.], v. 47, n. 4, p. 547-553, 2009. DOI:10.1016/j.dss.2009.05.016. Disponível em: http://repositorium.sdum.uminho.pt/bitstream/1822/10029/1/wine5.pdf. Acesso em: 1 fev. 2020.

FACELI, K. et al. *Inteligência artificial*: uma abordagem de aprendizado de máquina. Rio de Janeiro: LTC, 2011.

HISTOGRAM. [201-?]. 1 gráfico. Disponível em: https://datavizcatalogue.com/methods/histogram.html. Acesso em: 1 fev. 2020.

HISTOGRAM. *Definition*. [2019?]. 1 gráfico. Disponível em: https://www.data-to-viz.com/graph/histogram.html. Acesso em: 1 fev. 2020.

ISENBERG, T. et al. A systematic review on the practice of evaluating visualization. *IEEE Transactions on Visualization and Computer Graphics*, [s. l.], v. 19, n. 12, p. 2818-2827, Dec. 2013. DOI: 10.1109/TVCG.2013.126. Disponível em: https://ieeexplore.ieee.org/document/6634108. Acesso em: 1 fev. 2020.

JOHNSON, B.; SHNEIDERMAN, B. Tree-maps: a space-filling approach to the visualization of hierarchical information structures. *In*: IEEE CONFERENCE ON VISUALIZATION, 91, San Diego. *Proceedings* [...]. San Diego: IEEE, 1991. p. 284-291.

LAM, H. et al. Empirical studies in information visualization: seven scenarios. *IEEE Transactions on Visualization and Computer Graphics*, [s. l.], v. 18, n. 9, p. 1520-1536, 2012. Disponível em: https://hal.inria.fr/hal-00932606/document. Acesso em: 1 fev. 2020.

MICROSOFT. *Any data, anywhere, any time*. [201-?]. 1 ilustração. Disponível em: https://powerbi.microsoft.com/en-us/features/. Acesso em: 2 fev. 2020.

MUNZNER, T. A nested model for visualization design and validation. *IEEE Transactions on Visualization and Computer Graphics*, [s. l.], v. 15, n. 6, p. 921-928, Nov./Dec. 2009. DOI: 10.1109/TVCG.2009.111. Disponível em: https://ieeexplore.ieee.org/document/5290695/authors#authors. Acesso em: 1 fev. 2020.

MUNZNER, T. *Visualization analysis and design*. Boca Raton: CRC Press, 2014a.

MUNZNER, T. *Visualization analysis and design*. 2014b. 1 esquema. Disponível em: https://www.cs.ubc.ca/~tmm/vadbook/eamonn-figs/fig3.11.pdf. Acesso em: 2 fev. 2020.

NEWSMAP.js. [2020?]. 1 infográfico. Disponível em: https://newsmap-js.herokuapp.com/. Acesso em: 2 fev. 2020.

PARALLEL coordinates plot. [201–?]. 1 quadro. Disponível em: https://datavizcatalogue.com/methods/parallel_coordinates.html. Acesso em: 2 fev. 2020.

RIBECCA, S. *The data visualisation catalogue*. [*S. l.*], [201–?]. Disponível em: https://datavizcatalogue.com/index.html. Acesso em: 1 fev. 2020.

SCATTERPLOT. [201–?]a. 1 gráfico. Disponível em: https://datavizcatalogue.com/methods/scatterplot.html. Acesso em: 2 fev. 2020.

SCATTERPLOT. [201–?]b. 1 gráfico. Disponível em: https://datavizcatalogue.com/methods/scatterplot.html. Acesso em: 2 fev. 2020.

TREEMAP. [201–?]. 1 organograma. Disponível em: https://datavizcatalogue.com/methods/treemap.html. Acesso em: 2 fev. 2020.

WANG, L.; WANG, G.; ALEXANDER, C. A. Big data and visualization: methods, challenges and technology progress. *Digital Technologies*, [*s. l.*], v. 1, n. 1, p. 33–38, 2015. Doi: 10.12691/dt-1-1-7. Disponível em: http://pubs.sciepub.com/dt/1/1/7/. Acesso em: 1 fev. 2020.

WARD, M. O.; GRINSTEIN, G.; KEIM, D. *Interactive data visualization*: foundations, techniques and applications. 2. ed. Boca Raton: AK Peters/CRC Press, 2015.

WARE, C. *Information visualization*: perception for design. 2nd ed. San Francisco: Elsevier, 2004.

ZHOU, L.; WEISKOPF, D. Indexed-points parallel coordinates visualization of multivariate correlations. *IEEE Transactions on Visualization and Computer Graphics*, [*s. l.*], v. 24, n. 6, p. 1997–2010, 2017. DOI: 10.1109/tvcg.2017.2698041. Disponível em: https://europepmc.org/article/med/28459690. Acesso em: 1 fev. 2020.

### Fique atento

Os *links* para *sites* da *web* fornecidos neste capítulo foram todos testados, e seu funcionamento foi comprovado no momento da publicação do material. No entanto, a rede é extremamente dinâmica; suas páginas estão constantemente mudando de local e conteúdo. Assim, os editores declaram não ter qualquer responsabilidade sobre qualidade, precisão ou integralidade das informações referidas em tais *links*.

# *Data storytelling*

## Objetivos de aprendizagem

Ao final deste texto, você deve apresentar os seguintes aprendizados:

- Definir *data storytelling*.
- Analisar o uso de *data storytelling* sobre *big data*.
- Exemplificar casos de uso de *big data storytelling*.

## Introdução

Atualmente, há estimativas de que a população é capaz de produzir mais dados em um ano do que nos últimos 5.000 anos juntos (HARIS, 2016). Além do volume, variadas fontes e tipos de dados estão se expandindo rapidamente. Consequentemente, há uma preocupação em utilizar esses dados brutos para transformá-los em conhecimento. Entretanto, a apresentação dos resultados desse processo de exploração e análise nem sempre é realizada de maneira efetiva. Isso significa que a audiência ou público-alvo que receberá essa informação não perceberá ou terá dificuldade para compreender e lembrar conteúdos importantes. Como estratégia para auxiliar nesse processo, é possível fazer uso da narração de dados ou *data storytelling*.

Neste capítulo, você vai conhecer a definição de *data storytelling* e será capaz de analisar o uso dela sobre *big data*. Por fim, você vai ver as oportunidades de utilização de *data storytelling* por meio da exemplificação de casos.

## 1 Definição de *data storytelling*

*Data storytelling*, em tradução livre, pode ser entendido como o processo de apresentar uma narrativa ou contar histórias com dados. Em artigo publicado na revista *Forbes*, Brent Dykes (2016) menciona que o termo é comumente associado à visualização de dados, infográficos ou painéis de controle (*dashboard*). No entanto, é importante destacar que *data storytelling* é muito mais do que apenas criar gráficos de dados visualmente atraentes. *Data storytelling* é uma abordagem estruturada para comunicar informações de dados e envolve a combinação de três elementos principais: dados, recursos visuais e narrativa, conforme apresentado na Figura 1.

**Figura 1.** Principais elementos de *data storytelling*: narrativa, dados e recursos visuais.
*Fonte:* Adaptada de Dykes (2016).

Para Dykes (2016), é importante entender como esses diferentes elementos se combinam e funcionam juntos. Quando a narrativa é acoplada aos dados, deve ajudar a explicar ao público o que está acontecendo nos dados e por que um *insight* específico é importante. Os recursos visuais aplicados aos dados podem esclarecer o público sobre *insights* que não se veria sem tabelas ou gráficos, pois muitos padrões interessantes e dados fora do padrão (*outliers*) permaneceriam ocultos nas linhas e colunas das tabelas de dados caso não houvesse a ajuda de visualizações de dados. Portanto, a narrativa e o visual mesclados podem envolver ou até divertir o público. Quando se combina o visual e a narrativa certos com os dados certos, é possível criar uma *data storytelling* que pode influenciar e impulsionar as mudanças.

Uma visualização de dados eficaz pode significar a diferença entre sucesso e fracasso quando se trata de comunicar as descobertas de um estudo, arrecadar dinheiro para uma organização sem fins lucrativos, apresentar algum quadro de executivos ou simplesmente transmitir determinado ponto de vista ao público-alvo (KNAFLIC, 2015). Não é à toa que se encontram muitos artigos e notícias na mídia enfatizando a demanda crescente do mercado para que os profissionais tenham domínio dessa habilidade. Um exemplo é o artigo escrito por Dykes (2016), *Data Storytelling: a habilidade essencial em ciência de dados que todos precisam*.

## Por que *data storytelling* é um poderoso recurso?

Historicamente, os humanos sempre contaram histórias. Entretanto, os canais nos quais elas são contadas e compartilhadas evoluíram. No início, isso se dava por meio da oratória ou de pinturas rupestres. Hoje, é a partir de livros, filmes e muitos recursos variados, que são possibilitados por meios como impressão, rádio, televisão, internet, entre outros. Esses novos recursos impactaram drasticamente a vida humana e a narrativa. Contudo, parecem existir elementos primários biológicos do ser humano que são acionados ou não pelo estímulo das histórias. Para Paul Zak (2013), chefe de um grupo de pesquisa em Berkley (Estados Unidos), as histórias podem impactar nosso cérebro, pois os seres humanos são criaturas sociais que se afiliam regularmente a estranhos, e as narrativas são uma maneira eficaz de transmitir informações e valores importantes de um indivíduo ou comunidade para o próximo. Histórias pessoais e emocionalmente atraentes envolvem mais o cérebro e, portanto, são mais lembradas do que simplesmente declarar um conjunto de fatos.

Um estudo realizado pela equipe de Zak (2013) teve como objetivo provar essa questão para entender melhor esse funcionamento no cérebro. Para tanto, a equipe criou uma narrativa com uma personagem chamada Ben — um menino de 2 anos com câncer terminal — e seu pai. O grupo usou os resultados da observação de experimentos para a história de Ben narrada de diferentes maneiras, de modo a criar um modelo preditivo que explicasse o motivo de alguns espectadores, após assistirem ao vídeo, fazerem doações para uma instituição de caridade infantil, enquanto outros não. Eles descobriram que existem dois aspectos principais para uma história eficaz. Primeiro, ela deve capturar e prender a atenção. O segundo aspecto é que uma história eficaz transporta o ouvinte para o mundo das personagens. Entre as descobertas, mencionaram também a presença do cortisol, em relação à capacidade humana de focar e manter a atenção, e a ocitocina, como neuroquímico responsável pela empatia e transporte narrativo. Essas respostas cerebrais, por sua vez, podem se traduzir prontamente em ações concretas. No caso desse estudo, isso se deu por meio de doações para a caridade e até presentes monetários para colegas participantes quando os níveis de cortisol e ocitocina estavam mais elevados.

Essas conclusões evidenciam as implicações da narrativa e, por consequência, a importância de *data storytelling*, uma vez que podem impactar diretamente as ações e o processo de tomada de decisão que dependem do entendimento desses dados complexos. Por conseguinte, Lee *et al.* (2015) enfatizam que é importante lembrar das questões éticas quando recursos de *data storytelling* são utilizados para tornar as mensagens pretendidas mais compreensíveis e persuasivas, pois a representação visual resultante pode ser mal utilizada, mesmo sem essa intenção, oferecer ênfase controversa ou até ser abusiva intencionalmente.

**Saiba mais**

Nos experimentos da equipe de Zak (2013), descobriu-se que mesmo uma narrativa simples pode ser altamente envolvente se seguir o arco dramático clássico delineado pelo dramaturgo alemão Gustav Freytag, que inclui:
- exposição/introdução;
- ação crescente;
- clímax;
- retorno/queda;
- desfecho.

Ou seja, uma história simples pode evocar respostas empáticas poderosas associadas a neuroquímicos específicos, como cortisol e ocitocina. Por outro lado, as histórias que não seguem o arco dramático da ação, por mais felizes ou agradáveis que sejam, provocam pouca ou nenhuma resposta emocional ou química, correspondendo a uma ausência de ação semelhante. Para saber mais sobre esse experimento e seus resultados, confira o artigo de Zak (2015).

## Processo de *visual data storytelling*

Uma caracterização do processo de *visual data storytelling* (narrativa visual dos dados) foi proposta por Lee *et al.* (2015). Os autores resumiram as principais funções e atividades nas quais os *storytellers* (contadores de histórias) se envolvem ao transformar dados brutos em uma história compartilhada visualmente e os tipos de artefatos resultantes dessas atividades. A Figura 2 ilustra esse modelo de trabalho, em que três componentes principais são propostos: explorar os dados, construir a história (narrativa) e apresentar (contar) a história. Embora eles sejam apresentados em sequência, não precisam necessariamente seguir essa ordem. Além disso, os autores explicam que esses componentes podem ser desenvolvidos por quatro funções: analista de dados, roteirista, editor e apresentador/audiência. Deve-se considerar que cada função pode ser desempenhada por pessoas diferentes ou por uma mesma pessoa que assuma múltiplas funções.

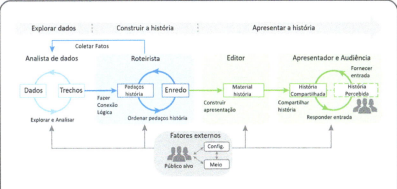

**Figura 2.** Processo de *visual data storytelling*. O processo de narrativa de dados visuais envolve a transformação de dados em histórias visualmente compartilhadas por meio de três componentes principais: explorar dados, criar uma história (ou narrativa) e apresentar (ou contar) uma história.
**Fonte:** Adaptada de Lee *et al.* (2015).

Lee *et al.* (2015) explicam ainda que fatores externos podem afetar esse processo. Em todas as etapas, ou seja, na busca de dados, na criação da visualização, etc., o público-alvo na extremidade receptora da história compartilhada deve ser levado em consideração. Outro fator diz respeito ao cenário, isto é, o contexto, que determina a maneira como a *visual data storytelling* é apresentada. Em alto nível, é possível caracterizar o cenário por tempo e local onde a história é transmitida. O cenário pode ser caracterizado, ainda, pelo nível de possível participação do público.

O meio é outro fator que influencia como o material da história será criado e apresentado, além de consumido. Por exemplo, uma experiência de consumo de história, com uma imagem estática, difere significativamente de infográficos interativos. O Quadro 1 mostra como diferentes combinações da configuração podem levar a cenários comuns de *data storytelling*.

**Quadro 1.** Exemplo de cenários e configuração para *data storytelling*

| Cenário de exemplo | Tempo | Local | Nível de participação da audiência |
|---|---|---|---|
| Apresentações ao vivo | Síncrono | Situado | Baixo |
| Discussões dinâmicas | Síncrono | Situado | Alto |
| Vídeos gravados, infográficos estáticos | Assíncrono | Distribuído | Baixo |
| Visitas guiadas, infográficos interativos | Assíncrono | Distribuído | Alto |

*Fonte:* Adaptado de Lee *et al.* (2015).

## 2 Uso de *data storytelling* sobre *big data*

De acordo com Kim, Lund e Dombrowski (2013), a imersão é a chave na narrativa de *big data*. Os dados continuam mudando de maneira distribuída e descentralizada, enquanto um fluxo constante de informações enriquece o entendimento, embora desafie as organizações acostumadas com silos de dados. Além disso, por mais abundante que sejam os dados e metodologias levados em consideração para a construção de narrativas, ainda assim, há o risco de a narrativa não ser coerente ou de os resultados compartilhados serem inúteis. Por isso, a interface entre analistas e dados é crucial. Os autores ainda explicam que aqueles que fazem uso de *data storytelling* não se concentram apenas na estrutura do conjunto de dados, mas nas descrições, na qualidade e no significado desses dados. Esses analistas estão profundamente entendendo e usando dados para construir suas narrativas. Portanto, as informações devem estar presentes nos metadados e não apenas nos nomes de arquivos de dados, por exemplo, mas em camadas de metadados que também ofereçam oportunidades para análises informadas. Um exemplo citado são os dados do censo dos Estados Unidos, que são líderes na criação de acesso e interfaces para interagir com seus dados.

É preciso lembrar que, muitas vezes, os dados analisados não são um conjunto coerente e, portanto, as narrativas serão construídas a partir de informações parciais e desconectadas. Todas as narrativas se concentram em informações específicas, mas as narrativas contadas em *big data* devem ignorar grandes pedaços de dados. Sendo assim, há muitos dados e muitas unidades de análise possíveis, bem como os analistas podem criar variadas narrativas, inclusive a partir dos mesmos dados.

Nesse complexo processo, o uso da visualização de dados pode permitir que as pessoas interajam e consigam ver sentido nessa grande quantidade de dados em constante mudança (KIM; LUND; DOMBROWSKI, 2013).

Um estudo interessante que explora a narrativa deliberada como um mecanismo facilitador na adoção da tecnologia *big data analytics* (BDA), em nível individual, foi apresentado por Boldosova (2019). Nesse estudo, a autora apresenta um caso real em que uma empresa de manufatura passa a adotar estratégias de *data storytelling* para apresentar os dados, dentro da sua plataforma BDA, para o escopo de diferentes áreas, como pesquisa e desenvolvimento, serviços e vendas, por exemplo. Eles monitoraram o acesso à plataforma de mais de 800 colaboradores espalhados em diferentes países. Com isso, conseguiram verificar uma maior adoção após a implementação de *data storytelling*, em agosto de 2016. A Figura 3 ilustra o número de acessos diários à plataforma ao longo dos anos de monitoramento desse projeto. Por fim, como uma das principais lições desse estudo, Boldosova (2019) destaca que as organizações devem se concentrar na diversidade do enredo, na imersão multiperspectiva do público-alvo na narrativa e na colaboração interna ao disseminar histórias deliberadas para os colaboradores.

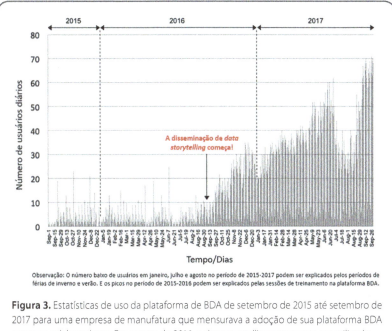

**Figura 3.** Estatísticas de uso da plataforma de BDA de setembro de 2015 até setembro de 2017 para uma empresa de manufatura que mensurava a adoção de sua plataforma BDA por seus colaboradores. Em agosto de 2016, o *data storytelling* começou a ser utilizado.
*Fonte:* Adaptada de Boldosova (2019).

É importante mencionar que, assim como há muitos casos de uso aplicados à *big data*, o uso de *data storytelling* nas organizações ainda encontra dificuldades para adoção. Um dos principais motivos é que são poucos os profissionais que dominam as técnicas e estratégias envolvidas no processo de *data storytelling* (DAVENPORT, 2015). De maneira geral, a maior parte dos indivíduos ainda tem uma carência de habilidades básicas para alfabetização de dados (*data fluency*), que inclui a capacidade de "ler e escrever" e "ouvir e falar" usando dados (GEMIGNANI *et al.*, 2014). Ou seja, trabalhar, analisar e, principalmente, argumentar por meio dos dados pode representar um desafio. Com o intuito de ajudar pessoas e organizações a entender e desenvolver a fluência de dados, Gemignani *et al.* (2014) propõem um *framework* com orientações práticas que prometem auxiliar no desenvolvimento das habilidades e da cultura necessárias para a fluência.

## 3 Casos de uso de *big data storytelling*

### Fundação Gapminder

Gapminder é uma fundação sueca independente que existe desde 2005. Ela tem por missão combater a ignorância, com visões de mundo baseadas em fatos que todos podem entender. Para atingir isso, produz recursos didáticos gratuitos, visando tornar o mundo compreensível, com base em estatísticas confiáveis. É possível encontrar no *website* da fundação muitos materiais úteis, como vídeos, tutoriais e apresentações interativas para variados tópicos. A Figura 4 mostra um exemplo relacionado a tendências de desenvolvimento humano. Na página da fundação, o uso de tecnologia *Flash* permite navegar pelos diferentes indicadores, que são apresentados de maneira dinâmica e com uma narrativa envolvente.

**Figura 4.** Apresentação interativa para o relatório do desenvolvimento humano de 2005 disponibilizada pela fundação Gapminder.
*Fonte:* Gapminder (2005, documento *on-line*).

## Jornalismo digital

Muitos exemplos de *data storytelling* interessantes podem ser encontrados associados ao jornalismo. Um caso brasileiro que recebeu destaque internacional é o da Folha de São Paulo, com o artigo *O que falaram os candidatos em toda a campanha* (MERLO; TAKAHASHI; DUCROQUET, 2018, documento *on-line*). Os resultados apresentados foram elaborados com base na análise de 65 horas de vídeos postados pelos cinco principais candidatos à eleição para presidente do Brasil, em 2018. Um modelo estatístico foi utilizado para realizar a análise de uma base de 496 mil palavras resultantes da transcrição desses vídeos. Além da narrativa com texto, eles desenvolveram algumas visualizações. A Figura 5 ilustra a informação referente aos ataques em redes sociais promovidos pelos candidatos.

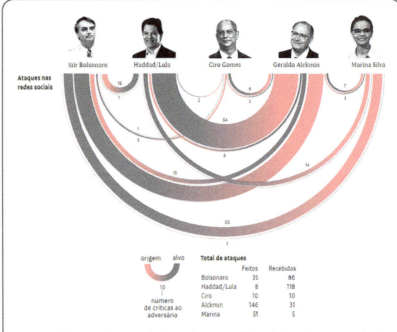

**Figura 5.** Cobertura da campanha eleitoral para presidência do Brasil em 2018 produzida pela Folha de São Paulo. Nessa visualização, estão sendo apresentados os números e as relações para os ataques feitos e recebidos pelos candidatos em redes sociais.
*Fonte:* Merlo, Takahashi e Ducroquet (2018, documento *on-line*).

**Saiba mais**

O Data Journalism é mantido pelo centro de jornalismo europeu e oferece recursos, materiais e vídeos *on-line* gratuitos a jornalistas interessados em se aprimorar no contexto do trabalho com dados.

## Automatização de *data storytelling*

Há abordagens que automatizam o processo de transformar os dados em histórias. Empresas como Narrative Science, Automated Insights e Nugit comercializam soluções utilizando recursos de inteligência artificial, como *natural language generation*, que prometem converter os dados corporativos de maneira automática, incluindo cenários de *big data* com grande escala e com velocidade, em relatórios fáceis de entender. A Figura 6 ilustra um exemplo de relatório gerado para uma base de dados de vendas de uma empresa.

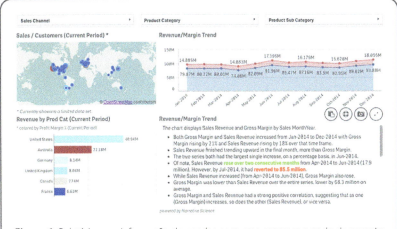

**Figura 6.** Relatório com informação de vendas para uma empresa gerado de maneira automática pela ferramenta da empresa Narrative Science (em inglês).
*Fonte:* Quill (2019, documento *on-line*).

## Saiba mais

Para entender mais sobre automação de *data storytelling*, você pode ler o artigo *Make data sing: the automation of storytelling*. Nele, Veel (2018) apresenta considerações metodológicas em relação à teoria da retórica e das tecnologias de automatização de narrativas com base nos dados. Segundo a autora, é importante considerar que o entrelaçamento contínuo de dados e narrativa não constitui apenas uma reformulação dos dados, mas também faz parte de uma reformulação da prática narrativa. Esse é um tema complexo que envolve questões de linguística e inteligência artificial e que ainda tem oportunidades para novas pesquisas.

## Referências

BOLDOSOVA, V. Deliberate storytelling in big data analytics adoption. *Information Systems Journal*, [s. l.], v. 29, n. 6, p. 1126–1152, Nov. 2019. DOI: 10.1111/isj.12244. Disponível em: https://onlinelibrary.wiley.com/doi/abs/10.1111/isj.12244. Acesso em: 8 fev. 2020.

DAVENPORT, T. Why data storytelling is so important — and why we're so bad at it. *Deloitte insights*, [s. l.], 22 Jan. 2015. Disponível em: https://www2.deloitte.com/us/en/insights/topics/analytics/data-driven-storytelling.html. Acesso em: 8 fev. 2020.

DYKES, B. Data storytelling: the essential data science skill everyone needs. *Forbes*, [s. l.], 31 Mar. 2016. Disponível em: https://www.forbes.com/sites/brentdykes/2016/03/31/data-storytelling-the-essential-data-science-skill-everyone-needs/#56cf40b252ad. Acesso em: 8 fev. 2020.

EMPATHY, Neurochemistry, and the dramatic arc: Paul Zak at the future of storytelling 2012. [*S. l.: s. n.*], 2012. 1 vídeo (5min58s). Disponível em: https://www.youtube.com/watch?v=q1a7tiA1Qzo&feature=youtu.be. Acesso em: 8 fev. 2020.

GAPMINDER. *Human Development Trends*. 2005. 1 fotografia. Disponível em: https://www.gapminder.org/downloads/human-development-trends-2005/. Acesso em: 9 fev. 2020.

GEMIGNANI, Z. *et al. Data fluency*: empowering your organization with effective data communication. Hoboken: John Wiley & Sons, 2014.

HARRIS, R. *More data will be created in 2017 than the previous 5,000 years of humanity*. 2016. Disponível em: https://appdevelopermagazine.com/4773/2016/12/23/more--data-will-be-created-in-2017-than-the-previous-5,000-years-of-humanity-/. Acesso em: 8 fev. 2020.

KIM, J.; LUND, A.; DOMBROWSKI, C. Telling the story in big data. *Interactions*, [s. l.], v. 20, n. 3, p. 48–51, May/June 2013. DOI: 10.1145/2451856.2451869. Disponível em: https://dl.acm.org/doi/10.1145/2451856.2451869. Acesso em: 8 fev. 2020.

KNAFLIC, C. N. *Storytelling with data*: a data visualization guide for business professionals. Hoboken: John Wiley & Sons, 2015.

LEE, B. *et al*. More than telling a story: transforming data into visually shared stories. *IEEE computer graphics and applications*, [s. l.], v. 35, n. 5, p. 84–90, Sept./Oct. 2015. DOI: 10.1109/MCG.2015.99. Disponível em: https://ieeexplore.ieee.org/document/7274435. Acesso em: 8 fev. 2020.

MERLO, M.; TAKAHASHI, F.; DUCROQUET, S. O que falaram os candidatos em toda a campanha. *Folha de São Paulo*, São Paulo, 7 out. 2018. Disponível em: https://temas.folha.uol.com.br/eleicoes-2018-em-graficos/campanha/o-que-falaram-os-candidatos-em-toda-a-campanha.shtml. Acesso em: 9 fev. 2020.

QUILL. *Quill extensions*. 2019. 1 ilustração. Disponível em: https://narrativescience.com/wp-content/uploads/2019/03/Solutions_Overview_Quill-Extensions_March-2019.pdf. Acesso em: 9 fev. 2020.

VEEL, K. Make data sing: the automation of storytelling. *Big Data & Society*, [s. l.], v. 5, n. 1, p. 1–8, Jan./June 2018. DOI: https://doi.org/10.1177/2053951718756686. Disponível em: https://journals.sagepub.com/doi/pdf/10.1177/2053951718756686. Acesso em: 9 fev. 2020.

ZAK, P. J. How stories change the brain. *Greater Good Magazine*: science-based insights for a meaningful life, [s. l.], 17 Dec. 2013. Disponível em: https://greatergood.berkeley.edu/article/item/how_stories_change_brain. Acesso em: 8 fev. 2020.

ZAK, P. J. Why inspiring stories make us react: the neuroscience of narrative. *Cerebrum*: Dana Foundation, [s. l.], Jan./Feb. 2015. Disponível em: https://www.dana.org/article/why-inspiring-stories-make-us-react-the-neuroscience-of-narrative/. Acesso em: 8 fev. 2020.

### Fique atento

Os *links* para *sites* da *web* fornecidos neste capítulo foram todos testados, e seu funcionamento foi comprovado no momento da publicação do material. No entanto, a rede é extremamente dinâmica; suas páginas estão constantemente mudando de local e conteúdo. Assim, os editores declaram não ter qualquer responsabilidade sobre qualidade, precisão ou integralidade das informações referidas em tais *links*.

# Padrões cognitivos para apresentação dos dados

## Objetivos de aprendizagem

Ao final deste texto, você deve apresentar os seguintes aprendizados:

- Explicar a percepção na visualização de dados.
- Descrever as diferentes formas de apresentação e interpretação das imagens.
- Classificar os desafios voltados à percepção humana da visualização de dados.

## Introdução

A cada dia que passa, maior é o número de dados gerados. O principal objetivo da visualização de dados é auxiliar na tomada de decisão a partir da compreensão de tendências, padrões e relacionamentos a partir de um visual. Portanto, para visualizar dados de maneira eficaz, devem ser seguidos os princípios de uma compreensão da percepção humana.

Neste capítulo, você vai ver o que é a percepção e qual é a sua relação com a visualização de dados, conhecendo as diferentes formas de apresentação e interpretação das imagens e, também, os desafios voltados à percepção humana na visualização de dados.

## 1 A percepção e a visualização de dados

Quando falamos em percepção, devemos pensar que se trata de uma "[...] habilidade para captar, processar e entender a informação que nossos sentidos recebem" (COGNIFIT, c2020, documento *on-line*). Enquanto nossos receptores sensoriais estão constantemente coletando informações do ambiente, é como interpretamos essas informações que afeta a maneira como interagimos com o mundo. A percepção, portanto, é a maneira como as informações sensoriais são organizadas, interpretadas e conscientemente experenciadas. A maneira como interpretamos essas sensações é influenciada por nosso conhecimento disponível, nossas experiências e pensamentos.

A percepção lida com os sentidos humanos, que geram sinais do ambiente. Veja, a seguir, que capacidade cada um dos sentidos inclui (COGNIFIT, c2020).

- **Visão:** capacidade de visualização e compreensão das informações claras que chegam aos olhos.
- **Audição:** capacidade de recepção e interpretação de informações que chegam os ouvidos por ondas de frequência por meio do ar ou do som.
- **Tato:** habilidade de interpretação de informações de pressão ou vibração recebidas na superfície da pele.
- **Olfato:** capacidade de compreensão das informações de elementos químicos dissolvidos no ar, ou seja, os cheiros.
- **Paladar:** capacidade de interpretação das informações de elementos químicos que são dissolvidos na saliva, ou seja, o gosto.

Ward, Grinstein e Keim (2015) afirmam que visão e audição são os sentidos mais bem compreendidos e que a percepção é o processo pelo qual interpretamos o mundo ao nosso redor, formando uma representação mental do ambiente. As percepções sobre algo diferem de pessoa para pessoa, de acordo com seus conhecimentos e experiências anteriores.

As representações visuais de objetos podem ser mal interpretadas por dois motivos: ou por não corresponderem ao nosso sistema perceptivo ou porque foram feitas para serem mal interpretadas, sendo as ilusões uma das principais origens dos erros de interpretação. A Figura 1 apresenta um exemplo.

**Figura 1.** Exemplo de ilusão.
*Fonte:* Ward, Grinstein e Keim (2015, p. 82)

À primeira vista, talvez não seja possível observar o problema na Figura 1, porém, com uma análise mais detalhada, fica visível que existe uma diferença entre o lado esquerdo e o lado direito da imagem, o que tornaria impossível a construção desse objeto. No lado esquerdo, há quatro placas, enquanto, no lado direito, apenas três.

Ward, Grinstein e Keim (2015) declaram que o sistema de visão não é estático e, geralmente, não está sob o nosso controle total. Um exemplo disso se encontra na Figura 2, que apresenta a ilusão da grade de Hermann e da grelha cintilante de Lingelbach.

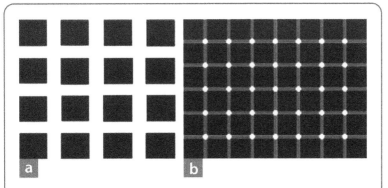

**Figura 2.** Ilusão da grade de Hermann *versus* grelha cintilante de Lingelbach.
*Fonte:* Ward, Grinstein e Keim (2015, p. 85)

Ward, Grinstein e Keim (2015) afirmam que a grade de Hermann se caracteriza pelo surgimento de pontos não existentes nos encontros de cores claras sobre um fundo escuro. A grelha cintilante é muito semelhante à grade, mas mais dinâmica. Se olharmos à força para uma interseção dos espaços entre os quadrados pretos, é possível impedir que surjam os pontos. Os autores esclarecem que, quando visualizamos dados, é necessário garantir que não haja interferências que alterem o entendimento do que se está tentando transmitir nas visualizações; desse modo, o estudo da percepção objetiva identificar por que essas ilusões ocorrem, além de todo o processo de percepção, da sensação ao conhecimento.

As ilusões ocorrem devido à estrutura do sistema de percepção e às suposições que ele gera a respeito de uma imagem ou cena. Essa compreensão envolve uma diversidade de razões e é a decorrência do funcionamento do processo.

O elemento sensorial da visão mais importante engloba a coleta e o registro da luz dispersa dos elementos da cena e criação de uma tarefa bidimensional nos fotorreceptores, que, usualmente, são mecanismos sensoriais muito pequenos que reagem na presença de fótons que integram as ondas de luz (WARD; GRINSTEIN; KEIM, 2015).

Gomes (2011) afirma que, no ambiente humano, existem muitos objetos que são fontes de luz, como o sol, lâmpadas, velas, entre outros. As energias do estímulo denominadas luz se deslocam em uma onda semelhante às ondas de pressão que constituem os estímulos auditivos. A luz visível aos olhos, ou seja, as ondas de luz capazes de serem percebidas pelos olhos humanos, representam uma seção muito pequena no espectro eletromagnético, que é o conjunto de todas as frequências viáveis de ondas eletromagnéticas que existem, variando entre cerca de 380 nm (nanômetros) próximo ao ultravioleta, até 700 nm, aproximadamente, em direção ao infravermelho — esse intervalo depende do indivíduo. As ondas podem variar na sua intensidade e no seu comprimento: a intensidade se refere à quantidade de energia radiante por unidade de tempo, sendo responsável em grande parte pelo brilho percepcionado, e o comprimento é a distância entre as cristas de duas ondas sucessivas, sendo o principal determinante da sensação de cor (GOMES, 2011).

Os olhos são esferas cheias de fluído de células sensíveis à luz, em que a abertura para o exterior é feita por intermédio de um sistema básico de lentes e conectado à cabeça e ao cérebro por seis músculos de controle de movimento e um nervo óptico. As partes fundamentais que compreendem de modo direto o caminho percorrido pelas ondas de luz incluem córnea, íris, pupila, lente e retina (WARD; GRINSTEIN; KEIM, 2015). Os autores afirmam que esses seis músculos são considerados os controladores de movimento e fornecem a capacidade de observar objetos da cena. A córnea, que é a cobertura externa da frente do olho, age como dispositivos de proteção contra danos físicos à estrutura interna, servindo, também, como uma lente que foca a luz da cena na lente principal. A partir da córnea, que fica na íris, a luz passa por meio da pupila, que estipula quanta luz entrará no restante da câmara interna do olho. Ward, Grinstein e Keim (2015) declaram que a íris é um anel colorido contendo músculos radiais para alterar tamanho de abertura da pupila. A lente é cercada por um conjunto de músculos, chamado de corpo ciliar; dessa forma, pode ser esticada e comprimida, o que faz com que ela possa focalizar objetos próximos e distantes. Por fim, a retina compreende os fotorreceptores encarregados da percepção visual do mundo externo. O olho humano reage a proporções de intensidades e não a valores absolutos, portanto, essas proporções exercem um papel significativo na adaptação e na sensibilidade ao contraste, o que significa que o olho pode se adaptar às mudanças nas faixas de comprimento de onda (WARD; GRINSTEIN; KEIM, 2015)

**Saiba mais**

Para saber mais sobre a percepção visual humana, leia o texto de Guido Stolfi (2008), que mostra resumidamente questões como estrutura do olho humano, adaptação à luminosidade e faixa dinâmica, percepção de luminosidade e resolução visual.

Diante disso, é possível afirmar que a visão é o sentido que apresenta maior aptidão para captação de informação temporal e é o sentido mais explorado pela visualização. O sistema visual começa a operar quando um estímulo luminoso é detectado por um neurônio sensitivo, o primeiro receptor sensorial, que é a retina. Esse receptor converte a manifestação física do estímulo, transformando-o em sinais elétricos, que serão conduzidos a uma área de processamento primário no cérebro, gerando as características iniciais de informação, como cor, textura, movimento (ALEXANDRE; TAVARES, 2007).

Entretanto, considerando que a visualização é um processo mental, outros fatores da percepção humana também podem ser utilizados como contribuição, de forma a auxiliar os processos cognitivos humanos na recuperação da informação contida nas imagens criadas a partir dos respectivos dados e, também, na construção e na obtenção de novos conhecimentos que não seriam facilmente deduzidos, caso esses dados estivessem na sua forma original, ou seja, em dados brutos. A implementação dos conhecimentos acerca da percepção humana na elaboração de sistemas de visualização tende a melhorar consideravelmente os resultados obtidos por meio das imagens (GOMES, 2011).

## 2 Apresentação e interpretação das imagens

Nesta seção, você verá como as propriedades perceptivas de cor, textura e movimento são usadas na visualização.

## Cor

A cor é um recurso comum usado em muitos projetos de visualização. As sensações cromáticas podem ser ordenadas por referência a três dimensões: tonalidade (matiz da cor), brilho (luminosidade da cor) e saturação (intensidade da cor). As cores podem ser misturadas subtractivamente, como quando se misturam pigmentos, ou aditivamente, quando se estimula a mesma zona da retina com duas cores diferentes (GOMES, 2011).

O espectro do arco-íris, as rampas vermelho-azul ou vermelho-verde e a escala de saturação cinza-vermelho são exemplos de escalas de cores simples. Existem técnicas que buscam o controle da diferenciação percebida pelos espectadores entre cores distintas, em oposição à distância entre suas posições no espaço RGB, um modelo de cores aditivas no qual as luzes vermelhas (*red*), verde (*green*) e azul (*blue*) são adicionadas de várias maneiras para reproduzir uma ampla variedade de cores. Veja, a seguir, melhorias que essas técnicas permitem segundo Ward, Grinstein e Keim (2015).

- **Equilíbrio perceptivo:** um passo unitário, podendo ser em qualquer local da escala de cores, provoca diferenças perceptualmente uniformes na cor.
- **Distinguibilidade:** em uma coleção discreta de cores, cada cor é distinguida de modo igual entre todas as outras. Em outras palavras, nenhuma cor é considerada mais simples ou mais complicada de identificar.
- **Flexibilidade:** as cores podem ser escolhidas de qualquer local do espaço de cores; por exemplo, a técnica de escolha não se limita apenas a verdes, vermelhas ou azuis.

Ward, Grinstein e Keim (2015) também apresentam técnicas mais complexas de alguns pesquisadores. Segundo os autores, Rheingans e Tebbs (1990) traçaram um caminho por meio de um modelo de cores perceptivamente equilibrado e, depois, pediram aos espectadores que definissem como os valores desses atributos são mapeados para as posições ao longo do caminho. Mapeamentos não lineares evidenciam diferenças em partes específicas do domínio de um atributo.

Outros pesquisadores criaram regras com o intuito de selecionar de maneira automática um mapa de cores para um atributo de dados alvo. As propriedades de tal atributo, assim como sua frequência espacial, sua natureza contínua ou discreta e o tipo de análise a ser executada, são os critérios usados para a escolha de uma representação de cores adequada.

Ware (1988) construiu uma escala de cores que gira em torno do eixo da luminância (percepções visuais e sensações fisiológicas de luz que indicam a quantidade de energia luminosa que o olho humano é capaz de perceber quando refletida por um objeto) para manter um erro uniforme de contraste simultâneo ao longo do seu comprimento. Esse recurso combinou ou até superou as escalas de cores tradicionais para tarefas de identificação de métricas e formulários.

De acordo com Healey e Enns (1999), a distância, a separação linear e a categoria de cores devem ser controladas para a seleção de coleções discretas de cores que se distinguem igualmente.

A Figura 3 é uma representação de cores para mapas climáticos e mostra como exemplo condições climáticas históricas de um determinado local com cores mapeadas para temperatura, onde azul e verde representam o frio, e vermelho e rosa representam locais mais quentes. A luminância foi mapeada para o atributo de velocidade do vento: locais mais brilhantes indicam ventos fortes. A orientação foi mapeada para o atributo de precipitação: quanto mais inclinado, mais fortes as chuvas. O tamanho dos glifos foi mapeado para a cobertura de nuvens: quanto maior, mais nublado. Por fim, a frequência de geada foi mapeada para densidade: quanto mais densos, mais altas são as geadas.

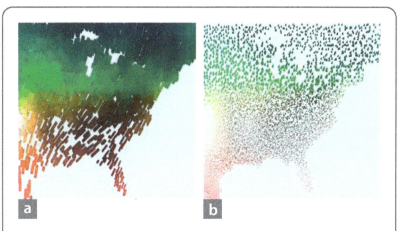

**Figura 3.** (a) Visualização não fotorrealista usando pinceladas simuladas para exibir dados e (b) visualização tradicional dos mesmos dados usando glifos triangulares.
*Fonte:* Ward, Grinstein e Keim (2015, p. 120).

## Textura

A textura é vista como um recurso visual único. Da mesma forma que a cor, a textura pode ser esmiuçada em uma coleção de dimensões perceptivas essenciais. Em visão computacional, pesquisadores usaram propriedades como regularidade, direcionalidade, contraste, tamanho e grossura para realizar a segmentação e a classificação automáticas de texturas. Essas características derivaram da análise estatística, e resultados psicofísicos revelaram que várias dessas propriedades podem ser detectadas pelo sistema visual de baixo nível, porém, nem sempre da mesma que aos algoritmos baseados em computador (WARD; GRINSTEIN; KEIM, 2015).

Cada valor de um tributo individualmente coordena a dimensão de textura que corresponde a ele. O padrão de textura realiza a alteração da aparência visual com base em dados do conjunto subjacente. Ward, Grinstein e Keim (2015) citam alguns pesquisadores e seus resultados, veja-os a seguir.

- Grinstein, Pckett e Williams (1989) apresentam dados multidimensionais visualizados com ícones em forma de boneco (*stick-men*), cujos membros codificam valores de atributos armazenados em um elemento de dados. Quando os *stick-men* são dispostos em uma tela, formam padrões de textura, nos quais os agrupamentos e limites espaciais identificam a correspondência de atributos.
- Ware e Knight (1995) projetaram filtros de Garbo (filtro linear utilizado para analisar a textura, o que significa que o filtro realiza a análise buscando identificar se existe algum conteúdo de frequência característico na imagem em direções específicas em uma região localizada em torno do ponto ou região de análise) que alteraram sua orientação, seu tamanho e contraste.
- Healey e Enns (1998) produziram elementos de textura perceptiva que variavam em tamanho, densidade e regularidade. Tamanho e densidade são perceptivamente salientes, mas variações de regularidade são muito mais difíceis de identificar.
- A orientação 2D também é capaz de codificar informações. Além disso, o sistema visual de baixo nível consegue detectar algumas das propriedades de orientação 3D. Variadas texturas e orientações mostram a forma de um objeto 3D subjacente. Inicialmente, foram investigadas texturas que variavam em luminância. Trabalhos mais recentes estudaram o uso de texturas em relevo, em que elas foram dispostas sobre a superfície usando orientações isotrópicas, como, por exemplo, todas seguindo uma mesma direção, ou anisotrópica, em que todas seguem direções diferentes com base no ponto disposto na superfície. Por meio dos resultados, é possível perceber que as texturas anisotrópicas que seguem a primeira ou a segunda direção produzem uma percepção da superfície tão boa ou melhor do que a direção principal sozinha quanto as demais regras de orientação.

## Movimento

O terceiro recurso visual é o movimento e é conhecido por ser perceptivelmente saliente. Em algumas áreas da visualização, o uso de movimento é frequente, como na animação de partículas, corantes ou glifos para representação da direção e a relevância de um campo vetorial. Do mesmo modo que a cor e a textura, o intuito é a identificação das dimensões perceptivas do movimento e a aplicação destas de maneira eficaz.

Ward, Grinstein e Keim (2015) afirmam que, para fins de visualização, o interesse está nas frequências de oscilação F — frequência de repetição medida em ciclos por segundo — que são percebidas como *flashes* discretos pelo espectador. O movimento animado é utilizado para a visualização de fluxo, sendo possível mostrar a direção e a velocidade de variados padrões de fluxo. Os autores também citam alguns estudos de outros pesquisadores, como você confere a seguir.

- Kerlick (1990) propôs o uso de glifos animados para a visualização de conjunto de dados multidimensionais 2D e 3D e projetou um grupo de *boids* para codificação de valores de atributos em áreas definidas no conjunto de dados. Esses *boids* derivam de: ícones que são objetos geométricos, cuja forma e aparência estão relacionadas às variáveis de campo, cursores tridimensionais pelos quais um usuário escolhe interativamente um ponto no espaço, traços de partículas que são trajetórias numericamente integradas no espaço, movimentos de quadros de vetores ao longo de curvas espaciais, entre outros.
- Bartram, Ware e Calvert (2002) analisaram o emprego de variações de cor, forma e movimento para sinalizar os espectadores enquanto estavam envolvidos em uma atividade alheia e que exigisse atenção. Em comparação com as mudanças de cor ou de forma do glifo, os resultados mostraram que aplicar movimento a um glifo estático simplifica consideravelmente o reconhecimento. Também foi estudado pelos autores como a distração de uma sugestão de movimento secundário foi considerada. A cintilação foi o que menos gerou distração, seguida de movimento oscilante, divergência e movimento por longas distâncias.

## 3 Desafios da percepção humana na visualização

A percepção visual é a habilidade de reconhecer e discriminar diferentes estímulos visuais, interpretando-os e associando-os a experiências prévias. Existem alguns desafios voltados à percepção humana da visualização de dados como acuidade visual, estética e engajamento.

### Acuidade visual

Acuidade visual é a capacidade de identificar detalhes nos objetos e é medida a partir da sutileza desses detalhes — quanto mais sutis eles forem, maior é a acuidade visual. Pode-se classificar essa capacidade em: estática, que se refere ao grau de detalhes percebidos em algo que se encontra imóvel; e dinâmica, que é a capacidade de identificar detalhes em algo em movimento (GALLAHUE; OZMUN, 2005).

Fatores perceptivos e cognitivos apontam que o total de informações que um olho registra não representa a mesma quantidade de informações que são percebidas. Por exemplo, a menor área percebida pela atenção é mais grossa do que o menor detalhe capaz de ser resolvido pelo olho, e, também, para a percepção consciente, somente um subconjunto dos dados capturados pelo sistema sensorial inicial estará disponível. Isso significa que, mesmo sendo possível a percepção das propriedades individuais isoladamente, talvez não seja possível atender grandes grupos de itens apresentados (HEALEY; ENNS, 2011).

A acuidade visual também pode ser definida como resolução do sistema visual: a imagem se projeta na retina, onde ocorre a sua codificação e o seu processamento por meio de conexões entre as estruturas neurais que fazem parte do sistema visual. Por meio delas, ocorre a resolução de descoberta e o reconhecimento de padrões, ou seja, a acuidade depende da maneira como as imagens são interpretadas (SANTOS, 2003).

A melhoria da visão depende da iluminação do ambiente, de modo que, quanto mais luz natural, melhor será a acuidade visual, assim como, quanto mais fraca for a iluminação, mais a retina precisará de estímulos resultantes dos movimentos dos olhos. No entanto, os estímulos precisam ser de forma equilibrada, visto que, em excesso, podem prejudicar a visão e o equilíbrio auxilia em uma melhor distribuição da iluminação, automaticamente melhorando a acuidade visual.

Fatores como luminância, iluminância e distância podem influenciar a acuidade visual. A luminância é a medida de emissão de luz, que passa, emite ou reflete em uma superfície e não depende da distância da fonte de luz aos olhos.

A iluminância representa a quantidade de luz que incide sobre uma superfície e, ao contrário da luminância, ela depende da distância da fonte de luz aos olhos, pois, quanto maior a distância, menor a iluminância. A oscilação dos níveis da luminância determina o contraste ou brilho perceptivo e, por isso, ela é fundamental para a percepção visual da forma ou detalhe (SANTOS, 2003).

Dessa forma, a acuidade visual é um desafio para a visualização, pois a sua percepção depende das condições de iluminação do ambiente e da distância, fatores que podem fazer com que dados sejam interpretados incorretamente ou de formas diferentes dependendo da percepção de cada espectador.

## Estética

O termo "estética" é muito utilizado no dia a dia em referência a qualquer coisa visualmente bonita e agradável aos olhos, sendo utilizado como medida da beleza. No entanto, a estética se refere não apenas a beleza ou visão, mas à agitação de qualquer combinação de sentidos que cause prazer ao espectador. A experiência estética tem como componentes-chave o prazer, as emoções e a satisfação.

Estudos em psicologia perceptiva identificam várias visões sobre a experiência estética. Nesse sentido, a beleza é considerada como uma propriedade iminente de um objeto que produz uma experiência agradável para qualquer espectador. Recursos como simetria, equilíbrio, complexidade, contraste, entre outros, podem contribuir para a beleza de algo ou determiná-la. Qualquer coisa pode ser bonita, e isso depende do espectador e de sua formação cognitiva e cultural.

A estética é um fator importante na visualização de dados, pois, quanto mais esteticamente um gráfico for percebido, mais tempo o espectador ficará concentrado, buscando decodificar seu significado ou extrair alguma informação. Variar a estética percebida, por meio dos valores de um atributo de dados, possivelmente chamará a atenção do espectador para regiões realmente importantes em uma visualização.

Biederman e Vessel (2006) definem opioides como receptores celulares para neurotransmissores localizados no sistema nervoso central, onde se encontram implicados na modulação da dor e da recompensa. Os autores afirmam que esses receptores são distribuídos em um gradiente com aumento gradual da densidade por toda a via visual ventral vinculada ao reconhecimento de um objeto ou cena. No início da via, os receptores são espalhados — é o local onde a imagem é processada como bits locais de contorno, textura e cor. Os estágios intermediários da via compõem as informações locais para a detecção de superfícies, faces, locais e objetos e, posteriormente, a informação visual envolve as memórias.

Como citado anteriormente, a experiência estética tem o prazer como componente-chave e, nesse sentido, Biederman e Vessel (2006) afirmam que são os receptores opioides os responsáveis pelos prazeres obtidos. Considerando o papel das áreas de associação, eles são os repositórios das memórias semânticas, como acontecimentos e conceitos e memórias episódicas, como experiências próprias vivenciadas, incluindo tempo, local e emoções relacionadas a um evento. Quando o cérebro busca realizar a interpretação do que vê ou ouve, essas áreas são ativadas, e, quando existe uma grande quantidade de informação interpretável em um estímulo, a atividade neural será elevada nas áreas de associação e, assim, ocorrerá uma maior liberação de endorfinas, além do aumento de estimulação da resposta opioide.

Quanto mais receptores opioides, maiores devem ser os efeitos agradáveis ligados a eles. Então, nesse caso, o desafio da visualização em relação a estética é que seu conteúdo deve provocar muitas memórias episódicas ou semânticas para ser mais agradável e mais atraente do que um estímulo que produz um menor número associações mentais. Dessa forma, é possível prender a atenção do espectador (BIEDERMAN; VESSEL, 2006).

A fluência na visão deriva de propriedades externas da imagem e de experiências passadas internas — os indivíduos tendem a optar por estímulos padrões a exemplos atípicos. Winkielman *et al.* (2006) afirmam que padrões são processados mais rapidamente e com maior eficiência do que os demais estímulos. Por exemplo, quando são apresentados padrões de ponto a ponto, indivíduos os classificam com maior rapidez que padrões distorcidos, necessitando, assim, de menores recursos neurais para perceber tais padrões prototípicos. Os autores também declaram que o processamento fluente acarreta reflexos positivos, de modo que as operações que ampliam a fluência, como clareza, ampliação do tempo do estímulo e exposições anteriores, produzem concepções mais pertinentes aos estímulos.

É necessário destacar, também, que o crescimento da aceitação ocorre se o espectador julgar os estímulos processados positivamente, como beleza, ou negativamente, como a feiura — dessa forma, não é possível explicá-los de maneira simples. Certas operações de fluência, como reincidência de diversos estímulos e maior rapidez de leitura possivelmente, elevarão de modo temporário o humor. Winkielman *et al.* (2006) declaram que os comportamentos positivos acontecem porque a fluência aponta o processamento sem falhas e o reconhecimento bem-sucedido de um estímulo e também é uma recomendação de probabilidade de uma vivência anterior. Assim, a estética se torna um desafio para a visualização de dados, pois o espectador busca por algo que julga bonito ou por algo que leve a experiências anteriores agradáveis, a um afeto positivo. Outro ponto importante é que o espectador prefere prototicipicidade, preferência que surge de um método geral que realiza a ligação da fluência ao efeito positivo quando visualiza algo.

## Engajamento

Usualmente, as visualizações são projetadas na expectativa de envolver os espectadores. Healey e Enns (2011) afirmam que a atenção visual de baixo nível acontece em dois estágios. A orientação é o primeiro estágio, em que o foco da atenção é direcionado para determinados locais da imagem; envolvimento é o segundo estágio e incentiva o sistema visual a permanecer no local e observar os detalhes visuais. A tentativa de envolver os espectadores se baseia na hipótese de que, se eles forem orientados a um conjunto importante de dados em uma cena e se envolverem, poderão extrair e lembrar-se de maiores detalhes sobre os dados.

Os mecanismos adequados por trás do engajamento ainda não são bem compreendidos. Algumas imagens são espontaneamente mais atraentes, levando a uma visualização mais longa. Portanto, o grande desafio da visualização de dados é envolver o espectador. Fornecer visualizações que prendam o espectador, em que a cena os envolva, pode ser algo difícil de alcançar, e a estética pode facilitá-lo.

Nesse contexto, Kennedy e Hill (2018) apresentam que um ponto que pode ser levado em conta e causar maior engajamento por parte do telespectador é o fato de a visualização considerar questões sociológicas, como quem serão os espectadores que terão alcance a tais dados e seus contextos socioculturais, pois se tratam de fatores que podem apontar para dimensões emocionais e o envolvimento com a visualização.

Enfim, a percepção, principalmente a visual, tem grande importância na visualização de dados. Cada espectador tem uma percepção específica em relação ao que está observando, e essa interpretação é influenciada por seu conhecimento disponível, suas experiências anteriores e pensamentos. A cor, a textura e o movimento são recursos muito utilizados na visualização, sendo possível, por meio deles, alcançar uma maior acuidade visual, uma estética que chame mais a atenção do espectador e um envolvimento maior com os dados, facilitando as interpretações.

## Referências

ALEXANDRE, D. S.; TAVARES, J. M. R. S. Factores da percepção visual humana na visualização de dados. *In:* CONGRESSO DE MÉTODOS NUMÉRICOS EM ENGENHARIA; CONGRESSO IBERO LATINO-AMERICANO SOBRE MÉTODOS COMPUTACIONAIS EM ENGENHARIA, 2007, Porto. *Anais* [...]. Porto: Universidade do Porto, 2007. Disponível em: https://paginas.fe.up.pt/~tavares/downloads/publications/artigos/Dulclerci_cmne2007.pdf. Acesso em: 29 ago. 2020.

BARTRAM, L.; WARE, C.; CALVERT, T. Filtering and integrating visual information with motion. *Information Visualization*, v. 1, p. 66–79, 2002.

BIEDERMAN, I.; VESSEL, E. A. Perceptual pleasure and the brain. *American Scientist*, v. 94, n. 3, p. 247–253, 2006.

COGNIFIT. *Percepção:* a habilidade responsável pelo reconhecimento. c2020. Disponível em: https://www.cognifit.com/br/percepcao. Acesso em: 29 ago. 2020.

GALLAHUE, D. L.; OZMUN, J. C. *Compreendendo o desenvolvimento motor:* bebês, crianças, adolescentes e adultos. 3. ed. São Paulo: Phorte, 2005.

GOMES, L. F. O. *Percepção humana na visualização de grandes volumes de dados:* estudo, aplicação e avaliação. 2011. Dissertação (Mestrado em Multimédia) – Universidade do Porto, Porto, 2011.

GRINSTEIN, G. G.; PICKETT, R. M.; WILLIAMS, M. G. EXVIS: an exploratory data visualization environment. *In:* GRAPHICS INTERFACE, 1989, London. *Proceedings* [...]. Toronto: Canadian Information Processing Society, 1989. p. 254–261.

HEALEY, C.; ENNS, J. Attention and visual memory in visualization and computer graphics. *IEEE Transactions on Visualization and Computer Graphics*, v. 18, n. 7, p. 1170–1188, 2011.

HEALEY, C. G; ENNS, J. T. Building perceptual textures to visualize multidimensional datasets. *In:* VISUALIZATION, 1998, Research Triangle Park. *Proceedings* [...]. Los Amitos: IEEE, 1998.

HEALEY, C. G; ENNS, J. T. Large datasets at a glance: combining textures and colors in scientific visualization. *IEEE Transactions on Visualization and Computer Graphics*, v. 5, n. 2, p. 145–167, 1999.

KENNEDY, H.; HILL, R. L. The feeling of numbers: emotions in everyday engagements with data and their visualization. *Sociology*, v. 52, n. 4, p. 830–848, 2018. Disponível em: https://journals.sagepub.com/doi/pdf/10.1177/0038038516674675. Acesso em: 29 ago. 2020.

KERLICK, G. D. Moving iconic objects in scientific visualization. *In:* IEEE CONFERENCE ON VISUALIZATION, 1., 1990, San Francisco. *Proceedings* [...]. Los Amitos: IEEE, 1990.

RHEINGANS, P.; TEBBS, B. A tool for dynamic explorations of color mappings. *ACM SIGGRAPH Computer Graphics*, v. 24, n. 2, p. 145–146, 1990.

SANTOS, N. A. Tópicos em percepção e processamento visual da forma: acuidade visual versus sensibilidade ao contraste. *Estudos & Pesquisas em Psicologia*, v. 3, n. 1, 2003. Disponível em: https://www.e-publicacoes.uerj.br/index.php/revispsi/article/view/7780/5628 . Acesso em: 29 ago. 2020.

WARD, M.; GRINSTEIN, G.; KEIM, D. *Interactive data visualization*: foundations, techniques, and applications. 2nd ed. Boca Raton: CRC, 2015.

WARE, C. Color sequences for univariate maps: theory, experiments and principles. *IEEE Compututer Graphics Applications*, v. 8, n. 5, p. 41–49, 1988.

WARE, C.; KNIGHT, W. Using visual texture for information display. *ACM Transactions on Graphics*, v. 14, n. 1, p. 3–20, 1995.

WINKIELMAN, P. *et al*. Prototypes are attractive because they are easy on the brain. *Psychological Science*, v. 17, n. 9, p. 799–806, 2006.

## Leituras recomendadas

NISHIDA, S. M.; OLIVEIRA, F. A. K.; TROLL, J. *Como vemos o mundo?*: as propriedades da luz. [20--]. Disponível em: https://www2.ibb.unesp.br/Museu_Escola/2_qualidade_vida_humana/Museu2_qualidade_corpo_sensorial_visao3.htm. Acesso em: 29 ago. 2020.

STOLFI, G. *Percepção visual humana*. 2008. Apostila da disciplina Codificação e Transmissão Multimídia, Da Escola Politécnica da Universidade de São Paulo. Disponível em: http://www.lcs.poli.usp.br/~gstolfi/mack/Ap2_PercepVisual_M8.pdf. Acesso em: 29 ago. 2020.

### Fique atento

Os *links* para *sites* da *web* fornecidos neste capítulo foram todos testados, e seu funcionamento foi comprovado no momento da publicação do material. No entanto, a rede é extremamente dinâmica; suas páginas estão constantemente mudando de local e conteúdo. Assim, os editores declaram não ter qualquer responsabilidade sobre qualidade, precisão ou integralidade das informações referidas em tais *links*.

# Métricas e abordagens de apresentação de dados

## Objetivos de aprendizagem

Ao final deste texto, você deve apresentar os seguintes aprendizados:

- Identificar os padrões para avaliação de visualização de dados.
- Descrever os componentes necessários para visualização de dados.
- Classificar as métricas para avaliação de visualização de dados.

## Introdução

Gráficos são representações utilizadas para apresentar dados de forma visual. Porém, pode haver alguns problemas ao elaborar um gráfico. Por exemplo, você pode ter enfrentado problemas na coleta dos dados e não está conseguindo representar seus resultados da forma que desejava; talvez não esteja utilizando o gráfico adequado para o seu conjunto de dados ou, ainda, não está aplicando os componentes necessários para entender todas as informações plotadas no gráfico.

Por isso, neste capítulo, você vai conhecer algumas abordagens que podem auxiliar a criação de melhores apresentações para os dados. Assim, vai ver que, para resolver esses problemas, existem padrões, componentes e métricas para avaliação de visualização de dados.

## 1 Padrões para avaliação de visualização de dados

O objetivo de um padrão é capturar sucintamente soluções para problemas comuns de forma reutilizável e acessível até para pessoas não especialistas. O termo "reutilizável" quer dizer que você poderia utilizar os padrões inúmeras vezes e, ainda assim, nunca os utilizar da mesma forma duas vezes. O conceito de padrões foi originalmente introduzido pelo arquiteto Christopher Alexander para descrever as melhores práticas em todos os níveis de escala no planejamento urbano em 1977 (ALEXANDER *et al.*, 1977). Com o passar dos anos, o conceito de padrões foi adotado por diversos domínios como um poderoso mecanismo para capturar e disseminar as melhores práticas em design, incluindo, por exemplo, *design* de jogos, pedagogia, política de comunicação e engenharia de *software* (ELMQVIST; YI, 2015).

Os padrões podem também ser utilizados para avaliar a visualização de dados, sendo uma boa solução para problemas encontrados ao avaliar um sistema de visualização. Como um padrão é reutilizável, adotar esse conceito para avaliação de visualização fornece uma espécie de "catálogo" que contém as melhores práticas para outros pesquisadores utilizarem facilmente em seu próprio trabalho (ELMQVIST; YI, 2015).

Elmqvist e Yi (2015) propuseram cinco categorias de padrões baseados no objetivo do pesquisador e na pergunta que ele está tentando responder. Essas categorias são padrões de exploração, padrões de controle, padrões de generalização, padrões de validação e padrões de apresentação. A Figura 1 apresenta cada uma das categorias com suas subcategorias.

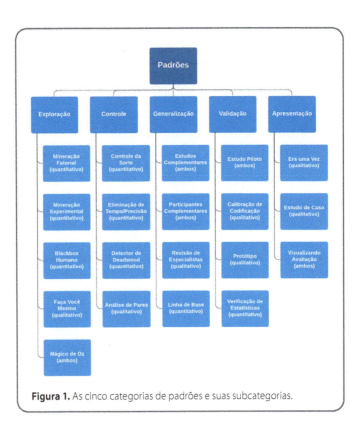

**Figura 1.** As cinco categorias de padrões e suas subcategorias.

Você deve ficar atento quando for utilizar um padrão. Por exemplo, os padrões da categoria exploração não devem necessariamente ser utilizados para um estudo exploratório. Logo, ao projetar um estudo de avaliação, você deve adotar uma abordagem orientada a problemas para conseguir selecionar o padrão adequado.

Os padrões desenvolvidos por Elmqvist e Yi (2015) são diretamente aplicáveis a projetos de pesquisa científica que envolvam o desenvolvimento de visualizações, pois se baseiam em experimentos científicos e testes com usuários para obter avaliações completas e mensuráveis. No entanto, qualquer pessoa que esteja desenvolvendo visualizações de dados pode utilizar-se das técnicas que achar que são mais úteis, não havendo a necessidade de utilizar todos os padrões para a análise de visualizações mais simples. Nesta seção, você verá exemplos de padrões e qual é mais adequado para cada caso.

## Padrões de exploração

Padrões de exploração são indicados para o processo inicial de *design* da avaliação, quando se tenta encontrar as tarefas, os conjuntos de dados, os fatores e as linhas de base apropriadas ou mais importantes em uma avaliação. O objeto desse estágio é garantir que a avaliação é apropriada para a visualização que se está avaliando. Os padrões de exploração conseguem auxiliar no processo inicial de *design* de várias maneiras (ELMQVIST; YI, 2015).

Nem sempre as decisões sobre um *design* experimental serão fáceis ou possíveis de controlar. Por exemplo, os fatores que controlam a dificuldade de um participante concluir um teste com sucesso podem ser desconhecidos e difíceis de controlar. Para solucionar esse problema, você pode utilizar o padrão chamado de mineração fatorial, que serve para avaliação envolvendo dados quantitativos. A solução proposta pelo padrão mineração fatorial é realizar a divisão do experimento em duas fases, em que, na primeira, realiza-se um estudo exploratório para minerar fatores adequados e, na segunda fase, realiza-se o experimento utilizando os resultados da primeira fase (ELMQVIST; YI, 2015).

As métricas utilizadas para caracterizar uma avaliação podem ser descritivas e não generativas, e determinar como utilizar essas métricas para gerar avaliações específicas é muito complexo ou demorado. Para solucionar esse problema, você pode utilizar o padrão "mineração experimental". Ao invés de gerar um teste específico a partir de parâmetros, como solução, você deve gerar muitos testes inteiramente aleatórios e calcular as métricas para cada um destes testes. Dessa forma, as estatísticas descritivas de todas as tentativas que você gerou e as métricas para elas calculadas fornecerão uma ideia de métricas importantes, distribuição de dados e níveis relevantes. Após determinar os níveis dos fatores, como, por exemplo, intervalos para cada métrica, você deve pesquisar no banco de dados aleatório e escolher os que atendem os critérios (ELMQVIST; YI, 2015). Medir a qualidade de uma visualização criada por um participante pode ser difícil se a solução não for facilmente quantificável, ou seja, quantitativa. Para solucionar esse problema, você pode utilizar o padrão "caixa preta humana", um padrão de exploração para avaliar dados quantitativos. Ao invés de tentar julgar subjetivamente uma solução, você deverá criar uma avaliação de acompanhamento em que os novos participantes utilizem as soluções da primeira avaliação para resolver uma tarefa específica de maneira que os resultados possam ser quantificados. Dessa forma, os participantes do estudo de acompanhamento se tornam caixas pretas, em que podem ser apenas visualizados como objetos em termos de entradas e saídas, sem que o funcionamento interno seja levado em conta. Logo, basta apenas estudar as saídas com as entradas específicas parra avaliar o desempenho dos participantes de forma quantitativa (ELMQVIST; YI, 2015).

Às vezes, o sistema de visualização que está sendo avaliado é muito complexo, como, por exemplo, quando a curva de aprendizagem é muito alta. Logo, tentar avaliá-lo empiricamente utilizando seres humanos não se torna prático. Uma solução é utilizar o padrão "faça você mesmo", que é um padrão de avaliação qualitativo. Nesse padrão, a única pessoa envolvida será o próprio *designer* do experimento. Isso permite que você, como *designer*, possa progredir rapidamente baseado em seus próprios conhecimentos e experiências, adiando apenas as questões mais importantes para a avaliação empírica. Você pode tomar as decisões menos vitais a seu critério, porém, é importante realizar anotações disciplinadas e estruturadas na utilização desse padrão (ELMQVIST; YI, 2015).

Muitas questões interessantes de pesquisa exigem novos avanços na tecnologia para serem respondidas, mas é difícil prever se o esforço de desenvolvimento dessa tecnologia valerá a pena. Como você avaliará a ideia de que precisa de uma nova implementação se, para implementá-la, primeiro você precisa avaliar o esforço necessário para implementá-la? A solução é utilizar o padrão conhecido como "mágico de Oz", em que se avalia a interação dos participantes com um sistema parcial ou totalmente operado por um assistente. O assistente executará manualmente as tarefas desafiadoras computacionalmente e retornará a saída desejada aos participantes. Geralmente, os participantes não são informados da existência do assistente e acreditam que o sistema é totalmente autônomo (ELMQVIST; YI, 2015).

## Padrões de controle

Os padrões de controle são utilizados para alcançar alta validade interna. Um experimento com alta validade interna é projetado de maneira que os parâmetros irrelevantes tenham pouco ou nenhum impacto sobre os resultados. Nesse sentido, a validade interna pode ser definida como o grau em que o resultado é uma função dos parâmetros controlados de uma avaliação. Os padrões de controle conseguem alcançar alta validade interna controlando ou eliminando os parâmetros irrelevantes (ELMQVIST; YI, 2015).

Em certas tarefas, como na busca visual, o acaso pode ser um fator importante. Imagine um participante procurando um alvo em uma coleção de distratores. Ele deve clicar em cada alvo potencial para descobrir se é o correto; pode ter sorte e clicar imediatamente no alvo correto ou, então, azar e sempre escolher o alvo correto por último, tornando os distratores ineficazes. Para esse tipo de problema, é utilizada a abordagem conhecida como "controle de sorte", em que o impacto da sorte é limitado controlando explicitamente a ordem descoberta sem o conhecimento dos participantes. Por exemplo, considere cinco portas para abrir como cinco alvos potenciais para escolher. Porém, apenas uma das portas se abre, a qual é o alvo correto que o participante está procurando. Utiliza-se, então, o controle de sorte, adicionando um fator experimental $D$ com valores de 1 a 5, que diz qual dos cinco alvos é o correto. Dessa forma, cada participante terá sorte ($D = 1$ no primeiro clique) e azar ($D = 5$ no último clique) uma vez por condição e todos os outros níveis de chance intermediários (ELMQVIST; YI, 2015).

Algumas avaliações se resumem ao tempo e ao desempenho do erro. Porém, às vezes, é necessário equilibrar as duas medições, dadas as diferenças entre os participantes. Um participante pode ser muito meticuloso e cometer poucos erros em um tempo de conclusão elevado, enquanto outro participante pode resolver rapidamente as tarefas ao mesmo tempo que comete muitos erros. A solução é utilizar o padrão "eliminação de tempo/precisão", em que as tarefas experimentais devem ser projetadas de modo que uma das medições de tempo ou erro seja eliminada (ELMQVIST; YI, 2015).

A colaboração coletiva de participantes é uma boa maneira para coletar muitos dados de forma rápida e econômica em um estudo. Porém, muitos participantes estão interessados apenas em compensação monetária e não estão prestando atenção suficiente nas tarefas de avaliação. Esse tipo de participante é chamado de "madeira morta" (*deadwood*). Para resolver esse problema, é utilizada uma abordagem chamada de "detecção de *deadwood*", a qual é uma abordagem eficaz e universalmente aplicada que consiste em medir aleatoriamente o desempenho de um participante ao completar as tarefas.

Essa abordagem é baseada na suposição de que os participantes *deadwood* selecionarão as respostas aleatoriamente a fim de completar a avaliação o mais rápido possível, produzindo respostas mais ou menos aleatórias seguindo a distribuição uniforme. Já que esse tipo de participante não apresenta um desempenho consistente ao longo do tempo, deve-se realizar uma filtragem para conseguir filtrar o *deadwood* dos dados coletados (ELMQVIST; YI, 2015).

Às vezes, é difícil entender o processo cognitivo de um participante utilizando uma ferramenta de visualização. Normalmente, é realizada uma entrevista após a sessão de avaliação para descobrir pontos importantes, porém, os resultados serão apenas sumativos e não apresentarão os detalhes encontrados imediatamente. Uma solução para esse caso é realizar uma "análise por pares". Nessa abordagem, forma-se um par composto por um experimentador e um participante para explorar o conjunto de dados e realizar as tarefas necessárias. O experimentador geralmente será um especialista em visualização, e o participante geralmente será especialista no assunto; logo, o par se complementará para analisar o conjunto de dados (ELMQVIST; YI, 2015).

## Padrões de generalização

Ao contrário dos padrões de controle, o padrão de generalização busca alcançar alta validade externa, também chamada de validade ecológica, que pode ser definida como uma estimativa do grau em que os resultados de uma avaliação podem ser aplicados em situações realista. Os padrões de controle conseguem alcançar alta validade externa introduzindo diferentes conjuntos de ambientes, participantes e exemplos do mundo real. Os padrões de controle que podem ser utilizados para alcançar alta validade externa (ELMQVIST; YI, 2015) são definidos a seguir.

Ao projetar um estudo de visualização com o usuário, você pode ser confrontado com a escolha entre um estudo rigoroso e irrealista ou um estudo realista, mas *ad hoc*. É quase impossível conseguir os dois tipos de estudo em um só. Para um estudo rigoroso, é preciso ser capaz de gerar ensaios equilibrados, em que os dados não podem ser realmente reais. Para um estudo realista, você deve encontrar efeitos de aprendizado, variabilidade nos testes e dificuldade em controlar todos os aspectos da tarefa e do conjunto de dados. A solução para esse problema é utilizar os dois estudos como **estudos complementares**, em que um complementa o outro. O estudo rigoroso servirá para provar que o sistema ou a técnica realmente funciona no caso geral (mas irreal). Já o estudo realista servirá para ajudar convencer o leitor de que o trabalho é aplicável ao mundo real (ELMQVIST; YI, 2015).

Muitos sistemas de visualização são projetados para usuários especializados, mas é difícil obter acesso a essa população de usuários para fins de avaliação. Para solucionar esse problema, pode-se utilizar **participantes complementares** na avaliação. Deve-se executar duas versões da avaliação, uma versão com um pequeno número especialistas e uma versão maior com participantes não especialistas. Assim como em estudos complementares, os poucos participantes especialistas permitem assegurar a validade ecológica e o maior número de participantes gerais fornecem validade interna. Além disso, os participantes gerais podem fornecer informações sobre habilidades motoras, perceptivas e cognitivas humanas não específicas para a visualização (ELMQVIST; YI, 2015).

Se o sistema de visualização que você estiver avaliando exigir conhecimentos e habilidades muito especializadas ou você estiver buscando informações que nenhum leigo pode fornecer, o uso de participantes complementares não é uma boa solução. A solução é utilizar uma **revisão de especialistas**, que consiste em uma avaliação estruturada utilizando um pequeno conjunto de especialistas para explorar o sistema com objetivo de avaliar não só a usabilidade, mas também questões adicionais. Esse padrão permite que você possa avaliar um novo sistema de visualização mesmo em um estágio inicial, em que os problemas de usabilidade ainda não foram resolvidos (ELMQVIST; YI, 2015).

Determinar como as pessoas entendem os dados *in natura*, ou seja, antes de serem processados, pode ser uma tarefa difícil em função das próprias ferramentas de visualização, pois os participantes podem não estar tão familiarizados com as ferramentas — no caso de protótipos, pode ser que eles não tenham um *design* de interação ideal. Para solucionar esse problema, pode-se utilizar o padrão de **linha de base no papel**, em que, ao invés de telas interativas de computador, utilizam-se as impressões em papel das telas a serem estudadas e se entregam essas impressões aos participantes. Também se pode solicitar aos participantes que explorem os dados e resolvam tarefas desenhando no papel, em vez de em um sistema de computador, ou combinar o estudo em papel com o estudo em visualização para fins de comparação (ELMQVIST; YI, 2015).

## Padrões de validação

Os padrões de validação são utilizados para confirmar de forma antecipada se o *design* de um estudo de avaliação ou um esquema de análise é apropriado. Ao utilizar um padrão de avaliação, consegue-se identificar os problemas existentes antes de desperdiçar tempo e recursos, aumentando a eficiência dos processos de avaliação. Os padrões validação descritos a seguir conseguem aumentar a eficiência dos processos de avaliação de visualização de dados (ELMQVIST; YI, 2015).

As avaliações geralmente contêm muitos parâmetros específicos para a técnica de visualização, como formulação e *design* de tarefas, que têm grande impacto no resultado da avaliação. Não é cientificamente válido definir os valores para esses parâmetros de forma arbitrária e utilizar o próprio estudo para calibrar esses valores desperdiça tempo e recursos. Para solucionar esse problema, você pode realizar um **estudo piloto** com participantes imparciais e objetivos. Cada sessão do estudo piloto deve imitar uma sessão de avaliação real, mas se pode realizar alterações no estudo após cada piloto para melhorar seu *design*. Você pode também planejar a análise estatística e qualitativa utilizando os dados coletados no estudo piloto para identificar erros na coleta de dados. Uma observação importante é que você não deve incluir os dados do estudo piloto na análise final (ELMQVIST; YI, 2015).

Na análise de dados qualitativos, como resultados de entrevistas e relatórios, os dados são codificados por vários codificadores (ou avaliadores) para estabelecer uma estrutura para dados grandes e não estruturados. Na área de visualização, raramente o esquema de codificação será determinado pela literatura; logo, vários codificadores precisarão construir um esquema de codificação enquanto analisam os dados. O problema é que esse processo é interativo e, geralmente, leva à recodificação de todo o conjunto de dados devido a mudanças no esquema de codificação. A solução para esse caso é utilizar o padrão de **calibração de codificação**, em que haverá várias reuniões entre os codificadores para calibrar um esquema de codificação enquanto ocorre a codificação de subconjuntos de dados selecionados aleatoriamente (cerca de 10%). Durante a calibração de codificação, os códigos devem ser comparados e as discrepâncias entre os resultados devem ser discutidas. As reuniões devem ocorrer até que nenhuma discordância seja encontrada (ELMQVIST; YI, 2015).

O desenvolvimento de um *software* para visualização é caro, tanto em tempo quanto em recursos. Em ferramentas interativas de visualização, o desenvolvedor precisa tomar muitas decisões no *design* da interface e no *layout*. Logo, implementar todas as alterativas e comparar o desempenho não é prático. Para resolver esse problema, pode-se utilizar um **protótipo** de fidelidade variável. É possível construir um protótipo utilizando recursos baratos e facilmente disponíveis, como papel, canetas coloridas, tesoura e cola, ou, então, ferramentas digitais específicas. Os protótipos podem, assim, ser utilizados para determinar qual das várias alternativas é a ideal e quais alterações devem ser realizadas (ELMQVIST; YI, 2015).

Se você não souber com antecedência quais técnicas de análise estatísticas serão necessárias para avaliar os dados coletados, terá problemas, como, por exemplo, coletar dados desnecessários ou precisar realizar um teste estatístico muito complicado. Você pode utilizar o padrão de **verificação de estatísticas** para solucionar esse problema, projetando os testes estatísticos antes que os dados sejam realmente coletados e escrever os *scripts* para um pacote estatístico, usando, por exemplo, R e SPSS, e executar o teste com dados fabricados para ajudar a projetar o estudo de avaliação. Isso minimizará os problemas encontrados ao realizar a análise dos dados posteriormente (ELMQVIST; YI, 2015).

## Padrões de apresentação

Os padrões de apresentação servem para sugerir como você deve apresentar os dados coletados para os leitores, já que não há sentido em realizar uma avaliação se os resultados não forem apresentados a um público externo. Nesse sentido, os padrões de apresentação têm como objetivo ajudar a comunicar os resultados da avaliação de uma forma clara e eficiente. A seguir, descrevemos os padrões que conseguem auxiliar no processo de apresentação dos resultados da avaliação (ELMQVIST; YI, 2015).

Propor uma nova representação visual ou uma técnica de interação é uma grande contribuição. Se você simplesmente listar todos os novos recursos da representação visual ou técnica pode sobrecarregar os leitores. Por meio do padrão "era uma vez", você pode solucionar esse problema fornecendo um cenário de uso fictício para demonstrar a utilidade da nova técnica ou sistema. Você deve basicamente inventar uma história, como, por exemplo, considerando um personagem com um problema, motivação ou pergunta. Na história, o personagem consegue resolver gradualmente uma série de problemas usando diferentes recursos da nova técnica. O cenário deve ser acompanhado por uma sequência de capturas de tela que destacam como a técnica ajudou o personagem a resolver o problema. Você pode utilizar as capturas de tela para criar um vídeo complementar tornando a apresentação do cenário ainda mais forte (ELMQVIST; YI, 2015).

Um estudo laboratorial tende a ser pontual, simples e necessita de uma validade ecológica por não ter sido realizado em um ambiente real. A solução é realizar um **estudo de caso** utilizando um pequeno conjunto de participantes para validar o estudo laboratorial. Nesse padrão, os pesquisadores coletarão todas as informações disponíveis e relatarão os casos individuais. O fato de o ambiente não ser controlável resultará em ideias que não poderão ser generalizadas e cada caso individual deverá ser analisado profundamente de forma detalhada (ELMQVIST; YI, 2015).

Os dados coletados de um estudo de avaliação são geralmente complicados, podendo ser multidimensionais e até temporais. Você deve, então, utilizar visualizações para relatar os dados da avaliação (**visualizando avaliação**), como gráficos de barras (com intervalos de confiança) e gráficos de caixa para mostrar dados de desempenho para diferentes condições em experimentos quantitativos. Porém, as visualizações mais úteis na prática são cronogramas de eventos, que indicam aos leitores tendências temporais, *outliers* e padrões de como um grupo de participantes utilizou um sistema de visualização. Além disso, você deve selecionar cuidadosamente apenas os dados relevantes, escolher a técnica de visualização mais apropriada para cada caso e fornecer instruções e legendas que facilitem a leitura (ELMQVIST; YI, 2015).

**Fique atento**

*Outliers* são valores discrepantes que ficam fora dos limites de um *boxplot*. O *boxplot* (Figura 2) ou diagrama de caixa é um gráfico que exibe a mediana, a dispersão desenhada como uma caixa entre o primeiro e o terceiro quartil e as amplitudes de mínimo e máximo mostradas como linhas se estendendo a partir da caixa e parecendo-se com bigodes (SHARDA; DELEN; TURBAN, 2019).

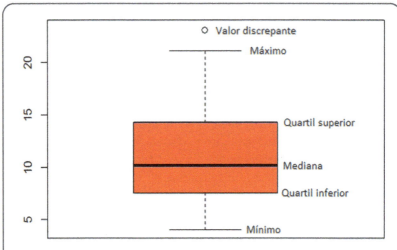

**Figura 2.** Gráfico *boxplot*, ou diagrama de caixa.
*Fonte:* Adaptada de Leoni (2016).

## 2 Componentes necessários para a visualização de dados

Os componentes necessários para a visualização de dados são aqueles essenciais para que você consiga entender os dados representados em um gráfico. Os componentes básicos de um gráfico são os dados de origem, título, legenda, eixos (nome, escala, marcações) e área de fundo (MATTOS, 2015). A Figura 3 indica cada um desses componentes em um gráfico de linhas e apresenta o valor da venda de quatro vendedores nos anos de 2018, 2019 e 2020.

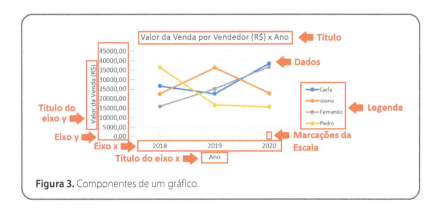

**Figura 3.** Componentes de um gráfico.

Conforme você pode observar no gráfico da Figura 3, os dados que são representados graficamente são chamados de dados de origem. Os gráficos também devem possuir um título contendo uma breve descrição do seu conteúdo — você deve ser capaz de informar um título que seja suficiente para que o leitor consiga entender o conteúdo do gráfico de forma simples (ANJOS, 2006).

Outro componente de um gráfico é a legenda. Observe que, na Figura 3, é possível identificar a linha pertencente a cada vendedor. Sem a informação da legenda, o leitor não teria como saber qual linha representa um determinado vendedor somente a partir da cor da linha, sendo impossível realizar qualquer tipo de análise sobre os dados do gráfico (MATTOS, 2015).

Os eixos são um dos componentes mais importantes do gráfico. Os gráficos geralmente são apresentados em duas dimensões, com um eixo horizontal (eixo $x$) e um eixo vertical (eixo $y$) (MATTOS, 2015). Os eixos influenciam a maneira como a informação é apresentada. No gráfico da Figura 3, o eixo *x* representa o ano, e o eixo *y* representa o valor das vendas em reais. Para deixar claro qual eixo representa qual informação, você sempre deve adicionar nomes ou títulos aos eixos.

A seleção da escala do eixo também influencia a forma como os dados são apresentados no gráfico. A escala do gráfico pode ser linear ou logarítmica. Na escala linear, também chamada de aritmética, a distância entre as marcações da escala/eixo é sempre o mesmo valor. Observe o gráfico em escala linear da Figura 4, em que a distância entre as marcações da escala é sempre igual a 200. Já na escala logarítmica, a distância entre as marcações da escala sempre será igual ao valor da marcação anterior multiplicado por 10. No gráfico em escala logarítmica da Figura 4, a primeira marcação tem valor igual a 1, a segunda tem valor igual a 1 x 10 = 10, a terceira igual a 10 x 10 = 100, e assim por diante (MATTOS, 2015).

Na Figura 4, são apresentados dois gráficos com escala logarítmica. O primeiro apresenta escala semilogarítmica, em que a escala logarítmica é aplicada em apenas um dos eixos (eixo *y* nesse caso). O segundo gráfico apresenta os dois eixos em escala logarítmica (MATTOS, 2015). Logo, você pode optar por ajustar a escala conforme a sua necessidade.

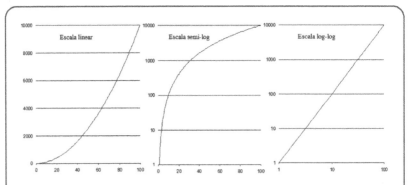

**Figura 4.** O mesmo conjunto de dados representados graficamente com escalas diferentes. Da esquerda para a direita: escala linear, escala logarítmica no eixo *y* e escala logarítmica em ambos os eixos.

*Fonte:* Mattos (2015, documento *on-line*).

Você aprendeu os principais componentes de um gráfico. Porém, você sabe qual tipo de gráfico utilizar para representar os seus dados? A subseção a seguir apresenta o tipo de gráfico adequado para alguns exemplos de dados.

## Escolha do gráfico adequado

Você pode encontrar algumas dificuldades para escolher corretamente o tipo de gráfico que utilizará para representar os seus dados. Alguns tipos de gráficos são melhores para responder certos tipos de perguntas e apresentam um visual superior em relação a outros tipos de gráficos (SHARDA; DELEN; TURBAN, 2019). A seguir, confira alguns exemplos de tipos de gráficos mais utilizados e para que tipos de dados eles são mais adequados.

O **gráfico de linhas** é o tipo de gráfico mais utilizado para representar dados em série temporal. Você pode utilizar esse tipo de gráfico quando desejar mostrar a relação entre duas variáveis e, também, para rastrear mudanças ou tendências ao longo do tempo, com uma das variáveis evoluindo sobre o tempo no eixo $x$. Você pode utilizar um gráfico de linhas para mostrar as alterações no preço de ações específicas ao longo de cinco anos, conforme o exemplo da Figura 5 (SHARDA; DELEN; TURBAN, 2019).

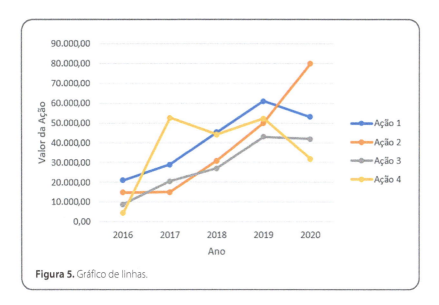

**Figura 5.** Gráfico de linhas.

Os **gráficos de barras** devem ser utilizados quando existem dados nominais ou dados numéricos bem segmentados em diferentes categorias, evidenciando os resultados comparativos e as tendências nos dados. Por meio desse tipo de gráfico, pode-se realizar comparações entre as categorias. Esse tipo de gráfico pode ser orientado tanto na vertical quanto na horizontal e empilhado sobre outro para mostrar múltiplas dimensões em um único diagrama. Você pode utilizar um gráfico de barras para comparar o percentual de gastos publicitários por categorias de produtos, conforme o exemplo da Figura 6 (SHARDA; DELEN; TURBAN, 2019).

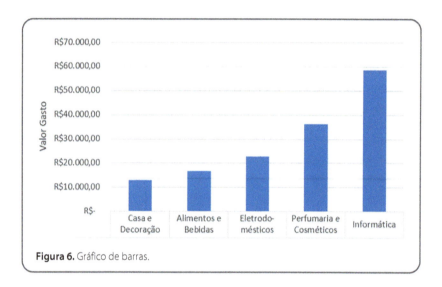

**Figura 6.** Gráfico de barras.

Um tipo de gráfico visualmente atraente é o **gráfico de *pizza*** ou **gráfico de setores**, mas é preciso ter cautela ao utilizá-lo. Só se deve utilizar um gráfico de *pizza* quando se quiser ilustrar proporções relativas de uma medida específica. Se a quantidade de categorias a serem exibidas pelo gráfico ultrapassar muito mais do que quatro, você pode considerar trocar o gráfico de *pizza* por um gráfico de barras. Um gráfico de *pizza*, como mostra a Figura 7, pode ser utilizado para mostrar o percentual relativo de um orçamento publicitário gasto em diferentes linhas de produtos.

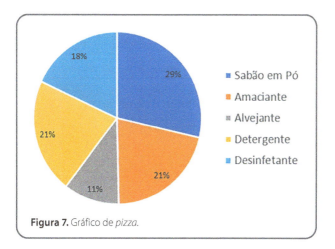

**Figura 7.** Gráfico de *pizza*.

Deve-se utilizar um **gráfico de dispersão** para explorar a relação entre duas ou três variáveis em visuais bidimensionais ou tridimensionais. Esse tipo de gráfico é uma ferramenta de exploração visual. Logo, quando há mais de três variáveis, é difícil traduzi-las para um ambiente com mais de três dimensões. Com um gráfico de dispersão, é possível explorar a existência de tendências, concentrações e discrepâncias de forma eficiente. O exemplo da Figura 8 mostra a utilização de um gráfico de dispersão de duas variáveis para ilustrar as correlações entre idade e peso de pacientes cardíacos.

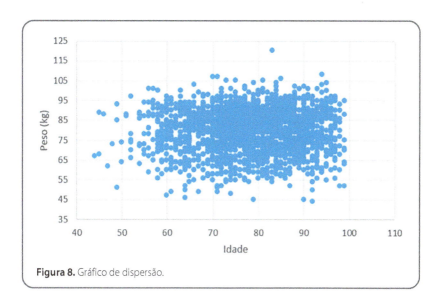

**Figura 8.** Gráfico de dispersão.

**Diagramas de bolhas** podem ser utilizados como uma técnica para enriquecer os dados ilustrados em um gráfico de dispersão. Você consegue adicionar novas dimensões de dados ao variar o tamanho e/ou cor dos círculos, oferecendo um significado mais rico aos dados. Na Figura 9, é apresentado um diagrama de bolhas para mostrar a margem de lucro por tipo de produto e por ano.

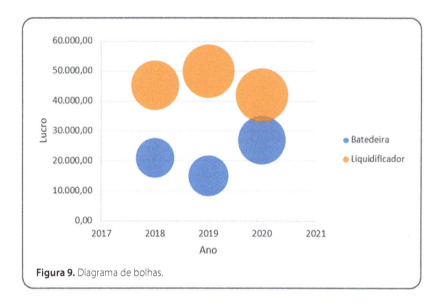

**Figura 9.** Diagrama de bolhas.

Existe um tipo de gráfico visualmente semelhante ao gráfico de barras, mas utilizado para representar informações de forma diferente. Se você deseja mostrar a distribuição de frequência de uma variável, pode utilizar um **histograma**, em que o eixo $x$ representa as categorias ou intervalos, e o eixo $y$ é utilizado para mostrar as medidas/valores/frequências. A partir de um histograma, pode-se examinar visualmente se os dados apresentam uma distribuição normal ou exponencial. Na Figura 10, você confere um histograma que ilustra o desempenho dos alunos em uma prova mostrando a distribuição das notas e uma análise comparativa dos resultados individuais.

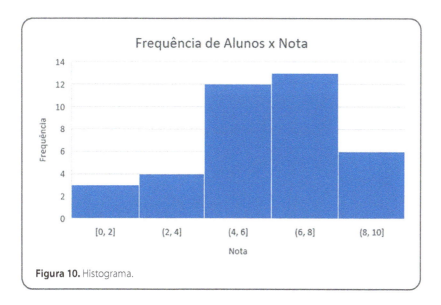

**Figura 10.** Histograma.

## 3 Métricas para avaliação de visualização de dados

Ao projetar uma visualização, é preciso considerar as limitações humanas para evitar a geração de figuras com informações ambíguas, enganosas ou difíceis de interpretar. Por exemplo, quantos comprimentos de linhas e orientações distintas nós, humanos, podemos perceber como precisão? Ou qual é a nossa capacidade de canal ao lidar com cor, sabor, cheiro ou qualquer outro dos nossos sentidos? Muitos experimentos que testam o desempenho humano na mediação e na detecção de fenômenos foram realizados para determinar as limitações humanas. Esta seção apresenta os resultados de trabalhos iniciais sobre medição de capacidades perceptivas em relação à visualização de dados para determinar as métricas para avaliação da visualização, ou seja, o que é necessário para que uma visualização seja facilmente entendida (WARD; GRINSTEIN; KEIM, 2015).

**Fique atento**

Capacidade de canal é uma métrica utilizada para medir e comparar o desempenho perceptivo humano em vários fenômenos. Para cada estímulo visual, auditivo, paladar, tato ou olfato, mede-se o número de níveis distintos que o participante consegue identificar. Esse nível é chamado de capacidade de canal, o qual é medido em bits (WARD; GRINSTEIN; KEIM, 2015).

Algumas das métricas de avaliação são baseadas no que vemos ao tomar um primeiro contato com o gráfico. Ou seja, podemos desenvolver uma espécie de *check-list* para definir quais itens devem estar contidos na visualização que estamos criando. Segundo Mattos (2015), o título do gráfico deve indicar em primeira mão as variáveis que estão sendo representadas. Em vez de colocar como título "Evolução do preço do café", você deve colocar "Preço do café (R$) × Ano de 2099 (semanas)" — dessa forma, as variáveis e suas medidas serão destacadas.

É recomendável que você informe a fonte dos dados de origem do gráfico, geralmente na sua parte inferior (ANJOS, 2006). Se os dados forem produzidos por meio de testes próprios, ou seja, você produziu esses resultados, deve informar que a fonte é de autoria própria.

Para conseguir verificar se o atributo de um item do gráfico é maior que, menor que, ou igual ao atributo de outro item, pode-se utilizar **linhas de grade e marcações de eixos** (ou marcações de escala), que permitem complementar a visualização de um ponto específico do gráfico. A Figura 11 apresenta um gráfico de barras sem o uso de linhas de grade e marcações de eixos. Nesse gráfico, fica difícil identificar a diferença entre dos valores de vendas das vendedoras Amanda e Carla (barras azul e laranja). A Figura 12 apresenta o mesmo gráfico utilizando linhas de grade e marcações de eixos, facilitando a comparação (KNAFLIC, 2015). Porém, você não deve exagerar na quantidade de marcações de eixos, pois tudo que é demais polui e confunde o leitor (MATTOS, 2015).

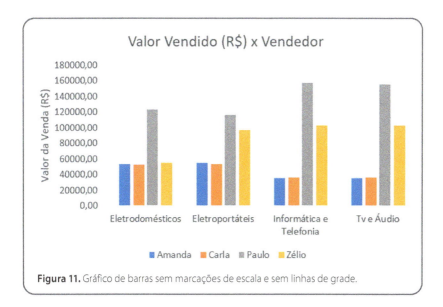

**Figura 11.** Gráfico de barras sem marcações de escala e sem linhas de grade.

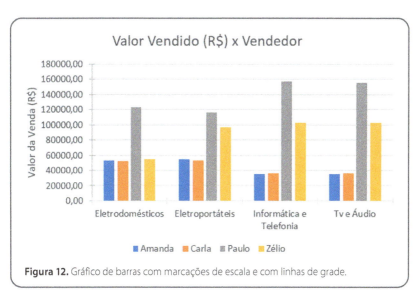

**Figura 12.** Gráfico de barras com marcações de escala e com linhas de grade.

Outra forma para facilitar a comparação de dados em gráficos de barras é cercar as barras por uma caixa, também chamado de **quadro de encapsulamento**. A Figura 13 ilustra a aplicação dessa técnica, e fica muito mais fácil de você detectar e medir a alteração nas alturas quando as barras são cercadas por uma caixa (WARD; GRINSTEIN; KEIM, 2015).

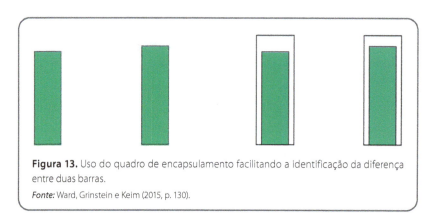

**Figura 13.** Uso do quadro de encapsulamento facilitando a identificação da diferença entre duas barras.
*Fonte:* Ward, Grinstein e Keim (2015, p. 130).

**Gráficos de pontos** são muito mais difíceis de serem entendidos. Na Figura 14, é apresentado um desses gráficos, em que fica difícil identificar a diferença entre os valores das vendas de eletrodomésticos, eletroportáteis e TV e áudio no ano de 2018. Segundo Ward, Grinstein e Keim (2015), nós possuímos o dobro de capacidade para medir a posição de um marcador em uma linha do que um ponto em um plano. Logo, sempre que possível, você deve optar por utilizar gráficos de linhas, como na Figura 15. A partir do uso de linhas, fica mais fácil identificar a diferença entre os valores das vendas de eletrodomésticos, eletroportáteis e TV e áudio.

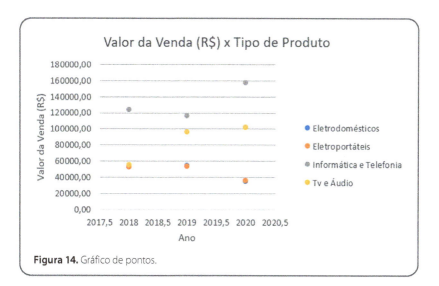

**Figura 14.** Gráfico de pontos.

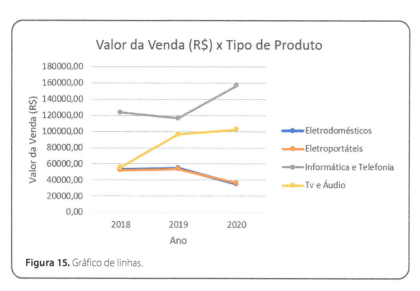

**Figura 15.** Gráfico de linhas.

Ward, Grinstein e Keim (2015) sugerem o uso de linhas também para apresentar gráficos de comparação em relação à proporção de tamanho. A Figura 16 apresenta uma ilustração com três pares de elementos: um par de linhas, um par de quadrados e um par de cubos. Para todos os pares, o tamanho do elemento menor é igual à ¼ do elemento maior. Porém, a diferença fica mais evidente em linhas, mas é facilmente subestimada nos quadrados e cubos.

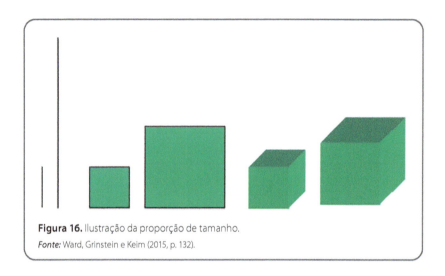

**Figura 16.** Ilustração da proporção de tamanho.
*Fonte:* Ward, Grinstein e Keim (2015, p. 132).

Sempre que for possível, deve-se utilizar a **rotulação direta**, que rotula os valores no próprio gráfico, e **legendas** somente quando os dados forem muito complexos para sempre representados por rotulação direta. Porém, você não deve exagerar em legendas e rotulações ou formatá-las com uma fonte muito grande, de forma a criar um peso visual no gráfico (MATOS, 2015). Sempre que possível, deve-se utilizar **escalas** lineares. Escalas logarítmicas não são de fácil entendimento para o público geral, sendo mais utilizadas por cientistas e engenheiros — utilize escalas logarítmicas somente quando os dados apresentam uma faixa de valores muito larga (DE MATTOS, 2015).

**Cores** são frequentemente utilizadas para transmitir informações em visualizações, mas é preciso utilizá-las com moderação. Muita variedade de cores impede que qualquer coisa se destaque — as cores do seu gráfico devem possuir contraste suficiente para fazer algo chamar a atenção do seu público (KNAFLIC, 2015; WARD; GRINSTEIN; KEIM, 2015). A Figura 17 apresenta um gráfico de barras do número de vendas de um produto *versus* o ano da venda. Esse gráfico apresenta 10 produtos e possui muita variação de cores.

A Figura 18 apresenta o mesmo gráfico, só que agora com saturação de cor. Dessa forma, o gráfico fica mais elegante e fica mais fácil de destacar alguma informação relevante. Além disso, Ward, Grinstein e Keim (2015) sugerem que você utilize em uma única cor até 10 níveis de matiz e 5 níveis de brilho.

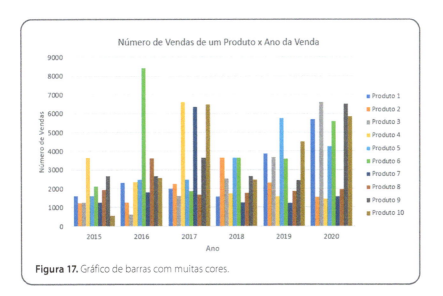

**Figura 17.** Gráfico de barras com muitas cores.

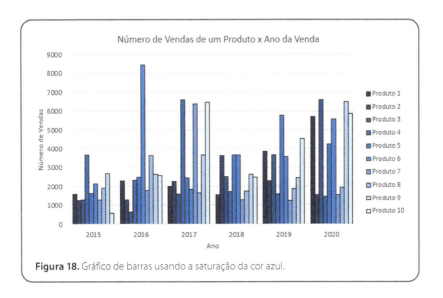

**Figura 18.** Gráfico de barras usando a saturação da cor azul.

Neste capítulo, você aprendeu sobre padrões para a avaliação de sistemas de visualização, vendo exemplos de padrões para cada uma das categorias (exploração, controle, generalização, validação e apresentação) e quando se deve utilizar cada um deles. Além disso, conheceu os componentes necessários para visualização de dados em um gráfico, como título, legenda, eixos, escalas, etc. Cada um desses componentes é essencial para que o leitor consiga interpretar os dados que estão sendo transmitidos através de um gráfico. Finalmente, as métricas discutidas devem ser adotadas no momento de criação do seu gráfico, para que as informações possam ser transmitidas da melhor maneira, de forma clara e eficiente.

## Referências

ALEXANDER, C. et al. *A pattern language:* towns, buildings, construction. New York: Oxford University, 1977.

ANJOS, A. *Análise gráfica com uso do R*. 2006. Material de aula da disciplina CE-231 Análise Gráfica, do Departamento de Estatística, da Universidade Federal do Paraná. Disponível em: https://docs.ufpr.br/~aanjos/CE231/web/apostila.html#x1-550002.2.5. 2006. Acesso em: 3 set. 2020.

ELMQVIST, N.; YI, J. S. Patterns for visualization evaluation. *Information Visualization*, v. 14, n. 3, p. 250–269, 2015.

KNAFLIC, C. N. *Storytelling with data:* a data visualization guide for business professionals. Hoboken: Wiley, 2015.

LEONI, R. C. *Tema:* descrevendo uma base de dados: estatísticas descritivas. 2016. Disponível em: https://rpubs.com/rcleoni/estdescritiva. Acesso em: 3 set. 2020.

MATTOS, A. N. *Como mentir sutilmente com gráficos e estatísticas*. [S. l.]: Alessandro Nicoli de Mattos, 2015.

SHARDA, R.; DELEN, D.; TURBAN, E. *Business intelligence e análise de dados para gestão do negócio*. 4. ed. Porto Alegre: Bookman, 2019.

WARD, M. O.; GRINSTEIN, G.; KEIM, D. *Interactive data visualization:* foundations, techniques, and applications. 2nd ed. Boca Raton: CRC, 2015.

**Fique atento**

Os *links* para *sites* da *web* fornecidos neste capítulo foram todos testados, e seu funcionamento foi comprovado no momento da publicação do material. No entanto, a rede é extremamente dinâmica; suas páginas estão constantemente mudando de local e conteúdo. Assim, os editores declaram não ter qualquer responsabilidade sobre qualidade, precisão ou integralidade das informações referidas em tais *links*.

# Pré-processamento e qualidade dos dados para visualização

## Objetivos de aprendizagem

Ao final deste texto, você deve apresentar os seguintes aprendizados:

- Descrever as principais características relativas à qualidade dos dados.
- Reconhecer os problemas de dados mais comuns e suas possíveis soluções.
- Identificar a importância do pré-processamento para a qualidade dos dados.

## Introdução

Os dados representam o principal ingrediente para qualquer iniciativa de análise de dados, pois é por meio deles que podemos produzir novas informações e gerar conhecimento. Logo, a etapa de pré-processamento é fundamental para a visualização de dados, não só pela necessidade de termos dados que possam ser utilizados para o mapeamento das representações visuais que serão criadas, mas também para o entendimento e para a correção de possíveis problemas de qualidade de dados, já que é a qualidade dos dados que levará à qualidade das informações. Mas, afinal, o que é pré-processamento de dados? Quais tarefas fazem parte dessa etapa?

Podemos observar variações na concepção de quais tarefas são consideradas parte da etapa de pré-processamento devido às particularidades dos diferentes fluxos de trabalho para a preparação dos dados em análise. Contudo, de maneira geral, o pré-processamento pode ser definido como a transformação de dados de entrada brutos em um formato apropriado para análise subsequente, de acordo com Tan, Steinbach e Kumar (c2006). Isso significa que diferentes estratégias poderão ser utilizadas para que os analistas compreendam os dados e consigam transformá-los aos formatos necessários. Por sua vez, essas estratégias a serem usadas durante a fase de pré-processamento devem ser baseadas no tipo de dados, na qualidade dos dados e nos objetivos da atividade em andamento.

Portanto, as combinações resultantes trazem complexidade ao processo, principalmente porque não existe uma única técnica ou ferramenta para resolver todas essas questões automaticamente.

Neste capítulo, você vai conhecer algumas características relativas à qualidade dos dados, vendo quais são os problemas de dados mais comuns, suas possíveis soluções e a importância do pré-processamento para a qualidade dos dados.

# 1 Qualidade de dados

Os dados podem ter características variadas e podem ser gerados por variadas fontes, como, por exemplo, sensores, sistemas corporativos ou redes sociais. Portanto, mecanismos para capturar e manter esses dados de maneira automatizada avançaram nos últimos anos. Na Figura 1, você encontra uma ilustração de diferentes elementos que podem compor a análise de dados. Esse processo contínuo inicia pelos dados, que são coletados, armazenados e seguidos de análise para, então, produzirem informações práticas (padrões, tendências ou conhecimento) a serem utilizadas por usuários finais ou outras aplicações.

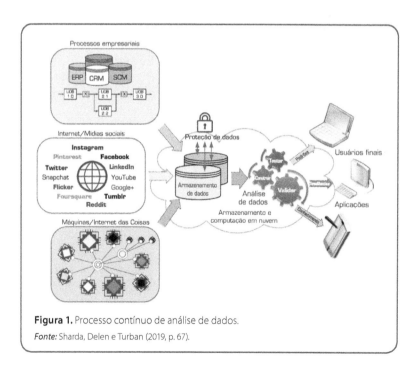

**Figura 1.** Processo contínuo de análise de dados.
*Fonte:* Sharda, Delen e Turban (2019, p. 67).

Apesar de encontrarmos referências como Sharda, Delen e Turban (2019) mencionando que sistemas automatizados de coleta de dados estão melhorando a qualidade de dados e sua integridade, o que, de fato, ocorre em muitos cenários, ainda é importante considerar que isso não significa que esses dados estão necessariamente prontos para uso. Com a evolução no processo de análise desses dados brutos, alguns problemas podem ser observados. Portanto, uma avaliação quanto à qualidade desses dados ainda será necessária.

Com esse intuito, há referências que revisam os conceitos, as ferramentas e técnicas para criar uma abordagem bem-sucedida da qualidade dos dados. Iniciando por Jugulum (2014), por exemplo, declara quatro dimensões principais da qualidade dos dados a serem consideradas, como você vê a seguir.

- **Completude (ou integridade):** medida da presença dos elementos de dados principais que devem estar presentes para concluir um determinado processo de negócios.
- **Conformidade:** medida da aderência de um elemento de dados aos formatos necessários (tipos de dados, comprimentos de campo, máscaras de valor, composição de campo, etc.) conforme especificado na documentação de metadados (a informação sobre os dados) ou em padrões de dados externos ou internos.
- **Validade:** medida em que os dados de referência correspondem às tabelas, listas de referências de valores dos metadados.
- **Acurácia (ou precisão):** medida para saber se o valor de um determinado elemento de dados está correto e reflete o mundo real conforme visto por uma fonte válida do mundo real (cliente, registro em papel, etc.).

De maneira similar, Mannino (2008) também destaca que a qualidade de dados pode ter diferentes dimensões ou características, que poderão variar quanto a seu nível de importância dependendo da aplicação ou do escopo ao qual os dados se referem. Por exemplo, a atualidade e a consistência para os preços dos produtos serão duas características de extrema importância para a qualidade dos dados de um banco de dados de uma empresa do ramo varejista. A seguir, você pode conferir a lista de características comuns definida por Mannino (2008).

- **Completude:** o banco de dados representa todas as partes importantes do sistema de informação.
- **Ausência de ambiguidade:** cada parte do banco de dados tem somente um significado.

- **Corretude:** o banco de dados contém valores reconhecidos pelos usuários.
- **Atualidade:** as alterações no negócio são inseridas no banco de dados sem atrasos excessivos.
- **Confiabilidade:** falhas ou interferências não corrompem o banco de dados.
- **Consistência:** diferentes partes do banco de dados não entram em conflito.

Já Turban *et al.* (2013) mencionam cinco dimensões, que combinam diferentes características apresentadas pelas duas referências anteriores:

- precisão;
- acessibilidade;
- relevância;
- temporalidade;
- completude.

Independentemente de como essas dimensões ou características são descritas para auxiliar na mensuração da qualidade dos dados, elas ainda mantêm princípios em comum. Em especial, os autores reconhecem que coletar os dados pode ser um processo complexo e que pode gerar problemas com relação à qualidade desses conjuntos de dados. Logo, é fundamental que os dados sejam validados para que possam tornar-se confiáveis e prontos para o uso. Na próxima seção, você conhecerá alguns exemplos de problemas de dados mais comuns e algumas possíveis soluções.

**Fique atento**

Tamraparni Dasu e Theorodre Johnson, no livro *Exploratory data mining and data cleaning*, alertam para o fato de que algumas decisões sobre a preparação de dados são feitas durante o estágio inicial de coleta, integração e processamento dos dados. Essas decisões são tomadas por técnicos cujo objetivo final não é necessariamente uma análise precisa dos dados. Como resultado, vieses irrecuperáveis são muitas vezes introduzidos inadvertidamente no conjunto de dados. Embora a maioria das escolhas ainda sejam sensatas, às vezes são escolhidos padrões ruins que só um especialista com conhecimento de domínio ou das regras de negócio associadas a tais dados poderiam ter considerado.

## 2 Problemas mais comuns e possíveis soluções

Diferentes problemas com a qualidade dos dados podem ser observados. Eles podem ser causados por erros humanos, como, por exemplo, dados faltando por omissão de registro por parte do usuário do sistema, mas também por mecanismos de coleta automatizados, como dados duplicados devido a falha dos sensores que realizaram o registro. No Quadro 1, a seguir, você pode conferir quatro exemplos de problemas e suas respectivas soluções.

**Quadro 1.** Problemas comuns com os dados e suas soluções

| Problemas | Soluções |
| --- | --- |
| Erros de dados | Utilizar entrada de dados automatizada, formulários *web* para entrada de dados individuais, com checagem de integridade de dados, menus de localização e botões de opção |
| Dados duplicados | Redesenhar o modelo de dados e normalizar o banco de dados relacional |
| Dados comprometidos | Implementar uma abordagem de defesa profunda à segurança de dados |
| Dados faltando | Tornar campos obrigatórios nos formulários de entrada de dados |

*Fonte:* Adaptado de Turban *et al.* (2013).

Essas soluções apresentadas são de ações para resolver os problemas na origem. Mas o que fazer se você já tiver um conjunto de dados que apresente problemas de qualidade nos dados e que você não tenha como corrigi-los na fonte? Com base em Ward, Grinstein e Keim (2015), que explicam os fundamentos dos dados no escopo da visualização de dados, algumas estratégias comumente usadas são introduzidas a seguir.

- **Descartar o registro ruim:** essa medida de jogar fora qualquer registro de dados que contenha um campo ausente ou incorreto pode parecer radical, mas é uma das mais aplicadas. Alguns analistas defendem que a qualidade das entradas de dados restantes nesse registro pode estar comprometida; no entanto, essa estratégia também pode levar a uma perda de informações. Além disso, para alguns cenários, esses registros com dados ausentes podem ser ocorrências que também indicam algum evento interessante que deveria ser observado — por exemplo, um sensor com defeito ou a uma resposta excessivamente alta a um medicamento.

- **Atribuir um valor de sentinela:** outra estratégia popular é ter um valor sentinela designado para cada variável no conjunto de dados que possa ser atribuído quando o valor real estiver em questão. Por exemplo, em uma variável que possui um intervalo de 0 a 100, pode-se usar um valor como "-1" para designar uma entrada incorreta ou ausente. Então, quando os dados são visualizados, os registros com entradas de dados problemáticas serão claramente visíveis. Obviamente, se essa estratégia for escolhida, deve-se tomar cuidado para não realizar análises estatísticas sobre esses valores sentinela.

- **Atribuir um valor médio ou mais frequente:** uma estratégia simples para lidar com dados ruins ou ausentes é substituí-los pelo valor médio dessa variável, considerando o caso de um dado do tipo numérico, ou pelo valor mais frequente, considerando dados do tipo numérico ou categóricos. Uma vantagem de usar essa estratégia é que ela afeta minimamente as estatísticas gerais dessa variável. A média, no entanto, pode não ser uma boa alternativa para alguns casos, pois pode mascarar ou obscurecer discrepâncias. Então, em vez da média, a próxima estratégia deve ser considerada.

- **Calcular um valor substituto:** entre alternativas da estatística descritiva, complementar ao caso anterior, a mediana poderia ser utilizada para atribuir o valor problemático. No entanto, há um vasto conjunto de métodos (estatísticos) que podem ser utilizados para substituir dados ausentes ou incorretos. O processo, conhecido como imputação, procura encontrar valores com alta confiança estatística.

- **Atribuir um valor com base no vizinho mais próximo:** uma melhor aproximação para um valor substituto é encontrar o registro que tem a maior semelhança com o registro em questão com base na análise das diferenças em todas as outras variáveis. Diferentes mecanismos da estatística ou de aprendizagem de máquina podem ser utilizados para ajudar nesse processo. Contudo, essa abordagem ainda corre o risco de não resolver o problema adequadamente: a variável-alvo para substituição pode ser mais dependente apenas de um subconjunto das outras dimensões, e não de todas as dimensões, e, portanto, o melhor vizinho mais próximo com base em todas as dimensões pode não ser o melhor substituto para esse caso particular.

Dasu e Johnson (2003) explicam que nenhuma técnica ou ferramenta única pode resolver todos os problemas de qualidade de dados. Os problemas encontrados precisarão ser cuidadosamente avaliados para que se possa decidir qual é a melhor estratégia a ser aplicada. Devido a essa complexidade, a etapa de pré-processamento de dados é considerada como uma das mais trabalhosas. Dasu e Johnson (2003) chegam a indicar que essas atividades constituem 80% do esforço dos analistas de dados e que podem determinar 80% do valor dos resultados finais gerados.

Depois, continuando com as descrições apresentadas por Ward, Grinstein e Keim (2015), ainda podem ser identificadas diferentes estratégias como parte da etapa de pré-processamento para auxiliar com outras situações, que não estão necessariamente relacionadas com a questão de limpeza e qualidade de dados. A seguir, são listados dois exemplos também frequentemente necessários no contexto da visualização de dados.

- **Normalização:** trata-se do processo de transformar um conjunto de dados para que os resultados satisfaçam uma propriedade estatística específica. Um exemplo é transformar o intervalo de valores de uma variável para que todos os números fiquem no intervalo de 0,0 a 1,0. Dessa maneira, diferentes variáveis podem ser comparadas dentro de uma mesma escala. É importante na visualização, pois alguns atributos gráficos têm um intervalo de valores possível e, portanto, para mapear dados para esses atributos, precisaremos converter o intervalo de dados para que seja compatível com o mesmo intervalo desses atributos gráficos.
- **Redução de dimensão:** existem diferentes entendimentos do que constitui dimensões. Para simplificar, você pode entendê-las como variáveis (ou colunas, considerando um caso de conjunto de dados tabulares). Nas situações em que a dimensionalidade dos dados excede os recursos da técnica de visualização, é necessário investigar maneiras de reduzir a dimensionalidade dos dados. Isso pode ser feito manualmente, permitindo que o usuário selecione as dimensões consideradas mais importantes, ou com técnicas computacionais. Essa é uma situação frequente especialmente quando se está analisando grandes volumes de dados. Entre os principais desafios, está a questão de realizar essa redução de maneira a manter as características mais importantes para esses dados sob análise. Assim como a primeira estratégia de limpeza de dados que vimos nessa seção, também corremos o risco de excluir informações que sejam interessantes de serem analisadas.

Por fim, Ward, Grinstein e Keim (2015) ressaltam que, embora essas estratégias tenham a intenção de corrigir problemas de qualidade dos dados ou de melhorar a eficácia da visualização, ainda é importante comunicar ao usuário que esses processos foram aplicados aos dados. Os autores defendem que uma compreensão dos tipos de transformação pelos quais os dados foram submetidos pode ajudar a interpretá-los adequadamente. Da mesma forma, erros de interpretação ou conclusões errôneas podem ser extraídas de dados pré-processados sem o conhecimento do usuário.

**Saiba mais**

Alguns métodos comuns para o pré-processamento de dados são brevemente discutidos neste capítulo. Para uma cobertura mais aprofundada, você pode consultar livros e materiais relacionados aos temas de qualidade de dados (*data quality*), mineração de dados (*data mining*) e aprendizagem de máquina (*machine learning*). Muitos deles apresentam seções explorando a taxonomia de qualidade dos dados e mecanismos para resolução de problemas durante a etapa de pré-processamento dos seus processos de análise de dados, que serão similares às necessidades do processo de visualização de dados.

## 3 Importância do pré-processamento para qualidade dos dados

Você já deve ter compreendido que dados precisos são um requisito fundamental de bons sistemas de informação. No entanto, a maioria dos sistemas de informação contém quantidades significativas de dados imprecisos, e a maioria das empresas carece de um entendimento básico dos conceitos de qualidade da informação para reconhecer ou mudar a situação (OLSON, c2003).

Complementarmente, Mannino (2008, p. 27) indica que "[...] a importância da qualidade dos dados é análoga à importância da qualidade do produto na indústria. Uma má qualidade do produto pode levar a perda de vendas, processos judiciais e insatisfação do cliente". Além disso, o autor indica que uma má qualidade dos dados pode levar à tomada de decisões equivocadas. Tal situação pode causar impactos variados em diferentes contextos de negócio, desde no envio de uma comunicação incorreta com o cliente por erro no registro de endereços até em decisões financeiras equivocadas, baseadas em relatório de desempenho de vendas gerado de maneira errônea devido a inconsistência nos dados.

Turban *et al.* (2013) apresentam alguns exemplos de prejuízos causados por falhas na análise de dados em diferentes organizações. A seguir, você confere três exemplos aplicados ao contexto dos Estados Unidos e do Canadá, mas que não seriam muito diferentes do que ocorre em outros países.

- No setor de geração de energia, uma empresa canadense comprou contratos de transmissão de energia por preços mais altos por falta de informações precisas. Esse erro nos dados custou à empresa 24 milhões de dólares.
- No setor de varejo, o custo de erros por causa de dados incorretos e não confiáveis é estimado em mais de 40 bilhões de dólares anualmente.
- No setor de saúde, os erros nos dados aumentam os custos com saúde em bilhões de dólares. Mais que isso, acabam implicando em infelizes desfechos para milhares de vidas.

Apesar do reconhecimento quanto à necessidade de se manter dados de qualidade, segundo Olson (c2003), a maioria das empresas desconhece a magnitude dos custos e da extensão dos dados imprecisos em seus sistemas. Existem diferentes razões por trás disso, mas, em geral, ter um conjunto de dados precisos não é tarefa fácil: requer um conjunto de esforços (como iniciativas ou programas de avaliação e garantia de precisão de dados) nos quais nem todos estão dispostos a investir.

Como possibilidade para identificarmos esses problemas de qualidade de dados, entra o escopo das tarefas da etapa de pré-processamento de dados, que deverá não só se preocupar em realizar a limpeza e a transformação desses dados para um formato em que possam ser utilizados nas etapas seguintes, mas que também sejam realizadas avaliações que permitam um maior entendimento desse conjunto de dados e o apropriado endereçamento dos possíveis problemas. Por essa razão, essa etapa pode ser considerada como fundamental no processo de análise de dados.

Por fim, Sharda, Delen e Turban (2019, p. 67) destacam ainda que "[...] projetos de análise de dados que ignoram tarefas de adequação de dados (algumas das etapas mais cruciais) muitas vezes acabam gerando respostas erradas para o problema certo, e essas respostas aparentemente boas, criadas sem querer, podem levar a decisões imprecisas e inoportunas". Logo, a etapa de pré-processamento dos dados será uma oportunidade de qualificar esses dados de maneira a atingir um patamar que permita uma maior eficiência e eficácia das visualizações de dados construídas — de nada adiantará construir visualizações com técnicas elaboradas se os dados utilizados não têm qualidade.

Como as técnicas de pré-processamento de dados são frequentemente utilizadas para melhorar a qualidade dos dados por meio da eliminação ou da minimização de problemas, diferentes bibliotecas no escopo da análise de dados oferecem métodos para auxiliar nessas atividades. A seguir, é apresentado um exemplo para o desenvolvimento em Python.

## Exemplo

O pacote sklearn.preprocessing (Python) fornece várias funções utilitárias comuns e classes para alterar os dados brutos em uma representação mais adequada para que possam ser utilizados nos outros métodos que também oferece para análise de dados (PREPROCESSING DATA, 2020).

Entre os exemplos de aplicação, apresentam um conjunto de dados habitacionais da Califórnia. Ao analisar diretamente esses dados brutos, dois problemas são observados:

- os atributos disponíveis têm escalas muito diferentes entre si;
- alguns valores discrepantes aparecem (*outliers*).

Essas duas características levam a dificuldades de visualização dos dados e podem degradar o desempenho preditivo de muitos algoritmos de aprendizado de máquina.

Na visualização de dados a seguir (Figura 2), um gráfico de dispersão apresenta esse conjunto de dados originais. No eixo x, está a renda mediana das famílias, que está compactada em faixas. No eixo y, o número de domicílios/famílias. No topo, aparece um histograma apresentando a distribuição de valores para x e a direita o equivalente para y. Entretanto, como os valores estão todos muito próximos de 0, fica impossível de observar uma distribuição desses valores. Note que há alguns pontos bem fora do padrão (por exemplo, em 1200 e 600) (PREPROCESSING DATA, 2020).

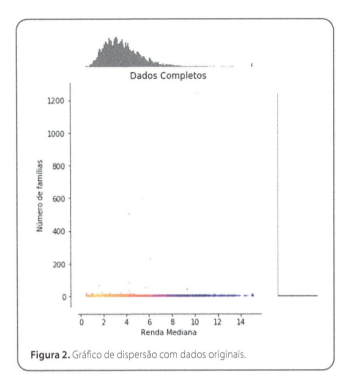

**Figura 2.** Gráfico de dispersão com dados originais.

Uma alternativa para resolver a questão e continuar com a análise seria alterar as escalas desses atributos como parte da tarefa de normalização dos dados. Então, a função `StandardScaler` (sklearn.preprocessing) é utilizada — ela faz o cálculo para remover a média e dimensionar os dados para a variação da unidade. No entanto, os valores discrepantes (*outliers*) têm uma influência ao calcular a média empírica e o desvio padrão, o que diminui a faixa dos valores do recurso. Observe especialmente que, como os *outliers* em cada atributo têm magnitudes diferentes, a distribuição dos dados transformados em cada atributo é diferente: a maioria dos dados está no intervalo [-2, 4] para a renda mediana transformada, embora os mesmo os dados sejam comprimidos no intervalo menor [-0,2, 0,2] para o número transformado de domicílios (PREPROCESSING DATA, 2020).

Note que, agora (Figura 3), é possível observar a distribuição de valores que antes ficavam inviabilizadas pela presença de poucos pontos discrepantes.

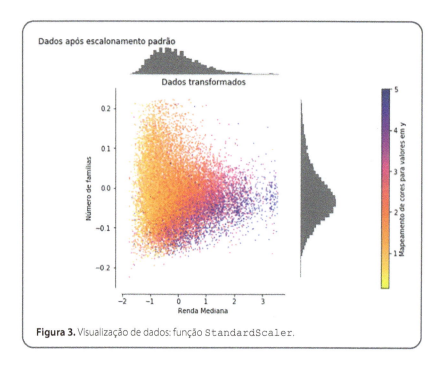

**Figura 3.** Visualização de dados: função `StandardScaler`.

Além da `StandardScaler`, muitas outras funções estão disponíveis dentro da mesma biblioteca com o mesmo propósito de auxiliar na transformação dos dados para que sejam padronizados com o uso de escalas. A avaliação de qual é o melhor mecanismo depende muito de qual conjunto de dados está sob análise e de quais outros mecanismos você deseja utilizar para realizar a análise na sequência. Portanto, é importante avaliar esses recursos disponíveis e fazer comparações entre os resultados obtidos para tomar essa decisão.

Vimos, portanto, uma contextualização das atividades que envolvem essa importante etapa do processo de visualização de dados que é o pré-processamento, conhecendo os problemas de qualidade de dados que são comumente encontrados e algumas possíveis estratégias para resolvê-los.

## Referências

DASU, T.; JOHNSON, T. *Exploratory data mining and data cleaning*. New York: Wiley, 2003.

JUGULUM, R. *Competing with high quality data*: concepts, tools, and techniques for building a successful approach to data quality. New York: Wiley, 2014.

MANNINO, M. V. *Projeto, desenvolvimento de aplicações e administração de banco de dados*. 3. ed. São Paulo: McGraw-Hill, 2008. E-book.

OLSON, J. E. *Data quality*: the accuracy dimension. San Francisco: Morgan Kaufmann, c2003.

PREPROCESSING DATA. *Scikit learn*: Machine Learning in Python, 2020. Disponível em: https://scikit-learn.org/stable/modules/preprocessing.html. Acesso em: 22 ago. 2020.

SHARDA, R.; DELEN, D.; TURBAN, E. *Business intelligence e análise de dados para gestão do negócio*. 4. ed. Porto Alegre: Bookman, 2019. E-book.

TAN, P.; STEINBACH, M.; KUMAR, V. *Introduction to data mining*. Boston: Pearson Addison Wesley, c2006.

TURBAN, E. *et al. Tecnologia da informação para gestão*: em busca de um melhor desempenho estratégico e operacional. 8. ed. Porto Alegre: Bookman, 2013. E-book.

WARD, M.; GRINSTEIN, G.; KEIM, D. *Interactive data visualization*: foundations, techniques, and applications. AK Peters/CRC Press, 2015.

## Leitura recomendada

COMPARE THE EFFECT of different scalers on data with outliers. *Scikit learn*: Machine Learning in Python, 2020. Disponível em: https://scikit-learn.org/stable/auto_examples/preprocessing/plot_all_scaling.html#sphx-glr-auto-examples-preprocessing-plot-all-scaling-py. Acesso em: 22 ago. 2020.

## Fique atento

Os *links* para *sites* da *web* fornecidos neste capítulo foram todos testados, e seu funcionamento foi comprovado no momento da publicação do material. No entanto, a rede é extremamente dinâmica; suas páginas estão constantemente mudando de local e conteúdo. Assim, os editores declaram não ter qualquer responsabilidade sobre qualidade, precisão ou integralidade das informações referidas em tais *links*.

# Efeitos visuais para apresentação dos dados

## Objetivos de aprendizagem

Ao final deste texto, você deve apresentar os seguintes aprendizados:

- Definir os principais tipos de dados.
- Descrever exemplos de efeitos visuais para os diferentes tipos de dados.
- Discutir a apresentação de dados textuais.

## Introdução

A visualização de dados é muito importante na compreensão das informações que consumimos diariamente. No mundo de *big data* em que vivemos, em que uma imensa quantidade de dados está sendo gerada em alta velocidade, não temos como extrair informações úteis sem a ajuda de técnicas estatísticas e de visualização.

Contudo, para tirar maior proveito dos dados, é importante termos conhecimento dos tipos de dados e de quais visualizações são as mais adequadas de acordo com as características desses dados. Com a evolução da computação gráfica para a visualização de dados, todos os dias surgem novas técnicas.

Neste capítulo, você vai conhecer uma classificação com os principais tipos de dados e vai ver exemplos de efeitos visuais e técnicas de visualização mais usados para cada tipo de dados. Além disso, vai conferir a visualização de dados textuais, que está sendo amplamente utilizada como auxílio na análise de textos.

## 1 Principais tipos de dados

Existem diversas classificações de tipos de dados, e cada uma aborda um aspecto dos dados. Por exemplo, quanto à estrutura, os dados podem ser estruturados, semiestruturados ou não estruturados. Os dados também podem ser classificados de acordo com seu tamanho: há dados que são considerados passíveis de serem processados por bancos de dados relacionais, enquanto outros apresentam um volume e uma diversidade muito altos, o que impossibilita o uso de técnicas tradicionais para seu armazenamento. Esses dados fazem parte de *big data* e pedem técnicas e ferramentas específicas para seu processamento.

Ward, Grinstein e Keim (2015) também afirmam, que, de forma simples, os dados podem ser categorizados como ordinais (dados numéricos) e nominais (dados não numéricos). Os dados ordinais podem ser discretos (valores inteiros), contínuos (valores reais) ou binários (0 ou 1). Por sua vez, os dados nominais podem ser arbitrários (variáveis com possibilidade infinita de valores sem ordenação), classificados (variáveis ordenadas) ou categóricos (lista finita de opções).

Neste capítulo, vamos focar em uma classificação de tipos de dados muito usada para visualização, também apresentada por Ward, Grinstein e Keim (2015). Basicamente, esses autores dividem os dados em dados espaciais, geoespaciais, orientados ao tempo, multivariados, árvores, grafos e redes, texto e documentos.

## Dados espaciais

Visualizações de dados espaciais apresentam atributos espaciais ou espaço-temporais. Ao desenvolver esse tipo de visualização, precisamos, primeiro, mapear os atributos reais dos dados para os espaços na tela a ser visualizada. As visualizações mais comuns possuem uma, duas ou três dimensões, mas algumas técnicas específicas podem apresentar mais dimensões (WARD; GRINSTEIN; KEIM, 2015). Nessa categoria, também se enquadram dados dinâmicos, e, adicionalmente, é possível usar uma combinação de técnicas para a representação de dados espaciais.

- **Dados unidimensionais:** usualmente resultam da leitura ou do mapeamento de uma ocorrência durante um caminho em um espaço ou de um conjunto de amostras acumuladas. Um exemplo de dados unidimensionais é um gráfico de linhas. Uma visualização unidimensional poderia ter altura ou largura — somente um dos dois atributos.
- **Dados bidimensionais:** podem ter altura e largura, como, por exemplo, um gráfico de barras.
- **Dados tridimensionais:** apresentam um terceiro atributo de profundidade, adicional aos de altura e largura. Também podemos incluir, aqui, os dados com quatro, cinco ou mais dimensões (3D, mais um atributo temporal e outros). Os dados tridimensionais permitem a geração dos tipos de visualização que você confere a seguir.

- Imagem: por exemplo, uma renderização de uma série de imagens de uma tomografia computadorizada.
- Folha de borracha: uma folha recebe um relevo para representar os dados.
- Paisagem urbana: objetos 3D são representados em cima de uma visualização plana para destacar informações específicas sobre determinada localização.
- Gráfico de dispersão: representam a correlação entre duas ou mais variáveis, onde cada dado é representado por um ponto. Em n dimensões, se cada dado puder alterar o formato, cor ou tamanho de um marcador, estamos utilizando gráficos de dispersão em 3D.
- Mapa: é uma representação gráfica, em escala reduzida, de toda ou de parte da superfície da Terra, de uma região específica ou da esfera celeste.
- Mapa de contorno (isolinhas): pode exibir uma informação a mais sobre um fenômeno contínuo, como, por exemplo, representação de altura ou temperatura sobre um mapa.
- **Dados dinâmicos:** são exibidos em visualizações de fluxos, em que se pode, mostrar, por exemplo, o comportamento dinâmico de líquidos e gases.
- **Combinação de técnicas:** a combinação de duas ou mais das visualizações descritas pode dar origem a um terceiro tipo de visualização. Por exemplo, é possível utilizar uma representação visual do tipo folha de borracha e acrescentar isolinhas para melhor visualização do relevo de um terreno.

## Dados geoespaciais

Dados geoespaciais representam fenômenos que podem ser mapeados para uma localização exata no mundo real. Segundo Longley et al. (2013), o sufixo "geo" remete a geográfico e se relaciona à superfície da Terra ou ao que está próximo a essa superfície; esse tipo de dado serve como base para o desenvolvimento de sistemas de informações geográficas.

Ward, Grinstein e Keim (2015) subdividem essa categoria em dados espaciais, dados de pontos, dados de linhas e dados de áreas. Grandes conjuntos de dados espaciais podem ser vistos como leituras de fenômenos no mundo real, enquanto esse fenômeno se movimenta ao longo de duas dimensões no espaço; normalmente, são amostras discretas de fenômenos contínuos.

Já dados de pontos são dados discretos, mas que podem descrever um fenômeno contínuo. Dados de linhas, por sua vez, descrevem fenômenos que podem ser visualmente representados como segmentos de linhas entre dois pontos, em que, para cada ponto, especifica-se a latitude e a longitude. Por fim, dados de área podem ser representados em mapas temáticos. Exemplos de mapas temáticos são mapas coropléticos, em que as superfícies são representadas por áreas coloridas ou sombreadas de maneira diferente, e cartogramas, nos quais as áreas do mapa são distorcidas para que exibam proporcionalmente os valores estatísticos.

## Dados orientados ao tempo

Segundo Aigner *et al.* (2011), dados orientados ao tempo, ou dados temporais, são todos aqueles que possuem, em adição aos dados, um atributo relacionado ao tempo: horas, dias, meses, anos, duração. Essa característica faz com que seja importante trabalhar esses dados com técnicas de visualizações específicas. Aigner *et al.* (2011) também afirmam que alguns aspectos genéricos, como escala, escopo, arranjo e pontos de vista, devem ser observados em visualizações temporais. Em relação à escala, os dados podem ser ordinais, discretos ou contínuos. Em relação ao escopo, podem ser baseados em pontos específicos ou em intervalos preestabelecidos. O arranjo dos dados pode ser linear ou cíclico, e, quanto ao ponto de vista, podem ser ordenados, ramificados ou, ainda, apresentar múltiplas perspectivas.

Para desenvolver esse tipo de visualização, precisamos mapear algumas características dos dados e responder as seguintes perguntas:

- A escala dos dados é quantitativa (dados discretos ou contínuos) ou qualitativa (dados nominais ou ordinais)?
- Os dados são abstratos (mais genéricos) ou espaciais?
- Estamos tratando eventos (marcadores de estados específicos) ou estados?
- Quantas variáveis (valores de dados) temos por primitiva temporal?

Além disso, precisamos ter em mente que, em visualizações de dados orientados ao tempo, temos que apresentar tempo e data para satisfazer alguma ação ou intenção de um usuário — para tanto, usando técnicas de visualização.

## Dados multivariados

São dados que não possuem um atributo espacial explícito e se dividem em técnicas baseadas em pontos, em linhas, regiões e combinações de técnicas.

Nas técnicas baseadas em pontos, cada valor ou registro é representado como um ponto. Exemplos de visualizações geradas com essas técnicas são diagramas de dispersão (*scatterplots*, gráfico de dispersão) e matrizes de dispersão.

Já nas técnicas baseadas em linhas, os pontos que correspondem a determinado valor ou registro são conectados com linhas retas ou curvas. Os gráficos de linhas do Microsoft Excel são exemplos de visualizações de linhas. Outros exemplos são visualizações de coordenadas paralelas, curvas de Andrews e gráficos de radar.

Por sua vez, as técnicas baseadas em regiões utilizam polígonos e suas variações de valores, cores, tamanhos, formatos ou outros atributos para representação dos valores ou registros. Exemplos dessas técnicas compreendem gráficos de barras (histogramas), exibições tabulares (como *heatmaps* e *table lens*) e empilhamento dimensional.

Adicionalmente, têm-se técnicas híbridas, ou combinação de técnicas, que podem associar técnicas baseadas em pontos, em linhas e em regiões. Como exemplos, tem-se glifos, que são representações visuais de parte de um dado ou informação, em que uma entidade gráfica e seus atributos são controlados por um ou mais atributos de dados. Outro exemplo é uma exibição de densidade de pixels, ou técnica orientada a pixel, que é uma mistura de métodos baseados em região e em pontos em que cada valor é mapeado para pixels individuais e é gerado um polígono preenchido para a representação de cada dimensão dos dados.

## Árvores, grafos e redes

As técnicas de visualização aplicadas em árvores, grafos e redes procuram mostrar a relação entre os dados e seus atributos. Essas relações podem ser de parte e subparte, pai e filho, conexões (por exemplo, cidades conectadas por ruas), derivação, classificação compartilhada, similaridade nos valores ou nos atributos. Classificam-se em estruturas hierárquicas e grafos e redes arbitrários.

As estruturas hierárquicas também são conhecidas como árvores. Exemplos de visualizações geradas com essas técnicas são organogramas, *treemaps* e *sunbursts*. Adicionalmente, existem muitos tipos de grafos e redes arbitrários, como, por exemplo, grafos com valores nos nós, grafos não dirigidos, não conectados, com ciclos, etc.

## 2 Efeitos visuais de acordo com o tipo de dado

Nesta seção, vamos ver exemplos de técnicas de visualizações para os tipos de dados apontados anteriormente. Começando pelos dados espaciais, a Figura 1a mostra uma renderização de um estudo de tomografia computadorizada do pé. Para formar essa renderização em três dimensões, foram utilizados vários cortes (imagens individuais) de imagens do pé de uma pessoa. Já a Figura 1b mostra uma visualização de dados dinâmicos, com a representação de uma tempestade e glifos que indicam a força e a direção dos ventos.

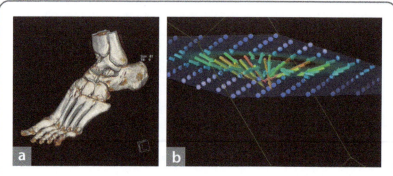

**Figura 1.** Visualização de dados espaciais: (a) dados em 3 dimensões; (b) dados dinâmicos.
*Fonte:* (a) Creativity lover/Shutterstock.com; (b) Ward, Grinstein e Keim (2015, p. 207).

Existem diversos sistemas de informações geográficas que são muito úteis para fazermos as mais diversas consultas relacionadas aos mais diferentes pontos do globo terrestre. O mais utilizado é certamente o Google Maps (c2020a), um serviço que disponibiliza consulta interativa de mapas da Terra gratuitamente e pela *web*. A Figura 2 ilustra um exemplo de visualização de dados geoespaciais, mostrando o Brasil em formato de mapa e usando fotos de satélite.

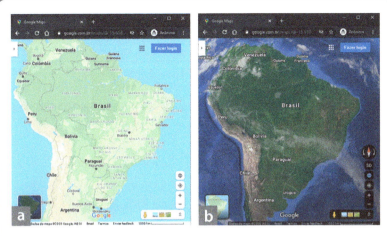

**Figura 2.** Visualização de dados geoespaciais no Google Maps: (a) mapa e (b) satélite em 3D.
*Fonte:* (a) Google Maps (c2020b, documento *on-line*); (b) Google Maps (c2020c, documento *on-line*).

Em relação aos dados temporais, Longley *et al.* (2013) trazem um exemplo que mistura dados temporais sobre dados geoespaciais. A Figura 3 ilustra o monitoramento de poços de águas subterrâneas, com seus respectivos dados de concentração química, de acordo com o passar dos anos. Na Figura 3a, temos a visualização ampla sobre os poços distribuídos no terreno, e, na Figura 3b, temos a ampliação dos resultados referentes a um dos poços.

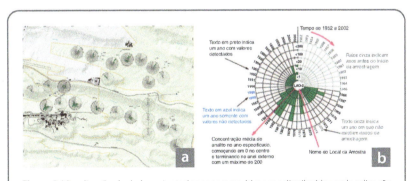

**Figura 3.** Visualização de dados orientados ao tempo: (a) poços distribuídos na localização geográfica; (b) dados sobre um poço específico.
*Fonte:* Longley *et al.* (2013, p. 316).

Em relação aos dados multivariados, um *dataset* público bastante explorado para a geração de visualizações é o Iris, que apresenta dados de comprimento e largura da pétala e da sépala para três diferentes tipos de flores: íris setosa, íris versicolor e íris virginica. Na Figura 4a, podemos ver uma visualização de pontos que mostra a distribuição das flores de acordo com o tamanho e largura da sépala. Na Figura 4b, os mesmos dados são representados usando uma visualização baseada em regiões.

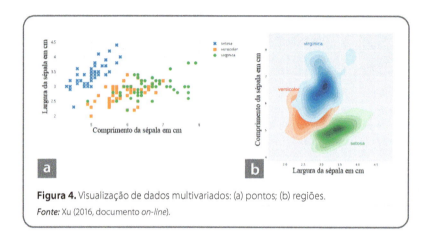

**Figura 4.** Visualização de dados multivariados: (a) pontos; (b) regiões.
*Fonte:* Xu (2016, documento *on-line*).

### Saiba mais

O *dataset* Iris está disponível para *download* de forma gratuita na internet. Você pode baixar e analisar o conjunto de dados e gerar suas próprias visualizações usando ferramentas como o Microsoft Excel ou linguagens de programação como R e Python.

Quanto a árvores, grafos e redes, na Figura 5a, podemos ver uma árvore hierárquica, ilustrada de forma tradicional, e os mesmos dados sendo representados usando uma técnica chamada *sunburst*. A Figura 5b mostra dois exemplos de grafos: um onde não há direção definida, e outro direcionado de acordo com as setas ilustradas. Por fim, Barcelos e Barcelos (2016) mostram o uso de diagramas de PERT (Program Evaluation and Review Technique) para a simulação do processo industrial. Diagramas de PERT são exemplos de visualização de redes, muito utilizados no gerenciamento de projetos para visualizar a interrelação entre as atividades — neste caso, foi útil para estabelecer um caminho ótimo de produção continuada segundo os autores.

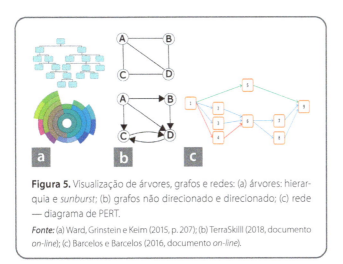

**Figura 5.** Visualização de árvores, grafos e redes: (a) árvores: hierarquia e *sunburst*; (b) grafos não direcionado e direcionado; (c) rede — diagrama de PERT.
*Fonte:* (a) Ward, Grinstein e Keim (2015, p. 207); (b) TerraSkilll (2018, documento *on-line*); (c) Barcelos e Barcelos (2016, documento *on-line*).

## 3 Apresentação de dados textuais

Visualizações de dados textuais possibilitam e facilitam a análise de dados de redes sociais, como o Twitter, além de *sites*, *blogs*, *e-mails*, dados pessoais, etc. A tarefa mais recorrente em visualizações de textos e documentos é a busca por uma palavra, frase ou tópico. Nesse tipo de dados, procura-se por relacionamentos entre as palavras, frases, tópicos e documentos. Já em textos que estão mais bem estruturados ou em coleções de documentos, normalmente, busca-se por ocorrências fora do normal (*outliers*) e padrões que são diferentes em relação aos dados. A seguir, vamos falar sobre os níveis de representação textual, sobre o modelo de espaço vetorial, a visualização de documentos únicos e de coleções e a visualização de texto estendido.

Ward, Grinstein e Keim (2015) definem três níveis de representação textual: léxica, sintática e semântica. O nível léxico se ocupa da transformação de uma *string* de caracteres em uma sequência de entidades atômicas, chamadas *tokens*, enquanto o nível sintático cuida da identificação e da anotação de cada função de *tokens*. No nível semântico, ocorre a extração de significado e relacionamentos entre pedaços de conhecimento derivados da estrutura identificada no nível sintático.

Existem diferentes técnicas para a visualização de dados textuais. Na técnica baseada em modelo de espaço vetorial, é feito um vetor de termos para um objeto de interesse (parágrafo, documento ou coleção de documentos), em que cada dimensão representa o peso de uma determinada palavra nesse objeto de interesse. Um exemplo de visualização desse tipo pode ser visualizado Figura 6a, em que, na primeira coluna, temos o nome de diversos documentos .txt, e, nas colunas seguintes, temos o vetor de termos correspondentes a cada documento.

Outro exemplo de visualização para espaços vetoriais aplica a lei de Zipf, que prevê a frequência em que utilizamos as palavras, e é aplicável a qualquer língua (ZIPF, 1949). No caso, as palavras mais utilizadas no documento dão uma importante dica sobre o seu assunto, de forma geral, e, em média, a palavra mais usada aparece o dobro de vezes da segunda palavra mais repetida em um texto, o triplo de vezes da terceira colocada, o quádruplo em relação à quarta, e assim por diante. A Figura 6b ilustra um exemplo da aplicação da lei de Zipf, onde são listadas as 100 palavras que mais aparecem na versão original em inglês de Moby Dick. No eixo horizontal, temos a colocação da palavra, e, no eixo vertical, a quantidade de vezes em que ela aparece — podemos perceber que os termos mais comuns são *the*, *of* e *and*.

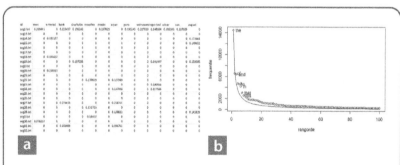

**Figura 6.** Técnicas baseadas em modelo de espaço vetorial: (a) ilustração de um vetor de termos para muitos documentos; (b) as 100 palavras mais frequentes de Moby Dick.
*Fonte:* (a) Ward, Grinstein e Keim (2015, p. 344); (b) Radboud University (2017, documento *on-line*).

Documentos únicos podem gerar visualizações do tipo *tag clouds*, *word trees* e diagramas de arco, por exemplo. Para a elaboração da Figura 7a, onde temos uma *tag clouds* ou *word cloud* (nuvem de palavras), foi utilizado o discurso de Dom Pedro I na abertura da Assembleia Geral, Constituinte e

Legislativa em 3 de maio de 1823 (DISCURSO de Dom Pedro I, 2020), e o *software* Wordclouds (GERADOR Wordcloud..., c2020). O texto foi copiado da fonte, colado na ferramenta e, então, foi escolhido o formato de nuvem para a representação visual das palavras, onde o tamanho aparece de acordo com sua frequência no texto.

Já a Figura 7b apresenta uma árvore de palavras partindo da palavra "tradutor". A representação mostra os resultados de uma pesquisa em que o autor (PIMENTEL, 2018) perguntava a crianças que jogam *on-line* o que elas faziam para se comunicar quando estavam jogando com pessoas em outro idioma.

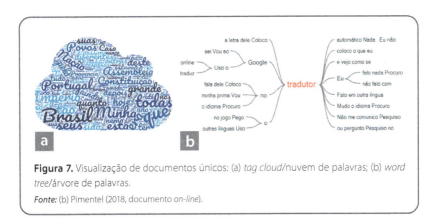

**Figura 7.** Visualização de documentos únicos: (a) *tag cloud*/nuvem de palavras; (b) *word tree*/árvore de palavras.
Fonte: (b) Pimentel (2018, documento *on-line*).

Já nas visualizações de coleção de documentos, o uso mais comum é no agrupamento de documentos semelhantes. Alguns exemplos de visualizações voltadas a esse tipo de resultado são os mapas de auto-organização, os *themescapes* e os cartões de documentos. Ilustrações de exemplo são mostradas na Figura 8a, em que é apresentada uma visualização que classifica 675 documentos de acordo com seu tipo.

As visualizações de texto estendido normalmente utilizam técnicas que envolvem metadados. Exemplos de visualizações geradas a partir de texto estendido são aquelas criadas em cima do código fonte do *software*, resultados de pesquisas em buscadores *web*, visualização temporal de documentos (ThemeRiver, também conhecidos por gráfico de *stream*) e representações de relações. Um exemplo é ilustrado na Figura 8b, com uma representação em 3D relacionada a linhas de código, desenvolvida por Gao e Liu (2015). Nessa figura, é mostrado (a) o menu principal da aplicação, (b) os dados do usuário e da seção, (c) a lista de repositórios de código aos quais o usuário tem acesso,

(d) um resumo das informações do diretório selecionado, (e) informações detalhadas sobre o *commit*, (f) nome e número de arquivos do repositório, (g) controles para a interação com a visualização e (h) a visualização do repositório em três dimensões.

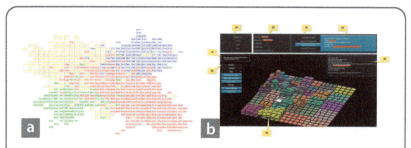

**Figura 8.** Exemplo de visualizações baseadas em texto e documentos: (a) visualização de coleção de documentos; (b) visualização de linhas de código.
*Fonte:* (a) Pinho, Oliveira e Lopes (2009, p. 1761); (b) Gao e Liu (2015, p. 14).

Neste capítulo, você aprendeu que os diferentes tipos de dados pedem técnicas de visualização específicas para que possam ser melhor representados. Além disso, vimos que existem diferentes técnicas para dados do mesmo tipo, e cabe a quem está desenvolvendo a visualização escolher a técnica que melhor representará os dados em questão.

 **Referências**

AIGNER, W. *et al.* Visualization of time-oriented data. London: Springer, 2011.

BARCELOS, A.; BARCELOS, M. Simulação de processo industrial utilizando redes de PERT, mínimos quadrados e decomposição em valores singulares. *In*: CONGRESSO NACIONAL DE EXCELÊNCIA EM GESTÃO, 12., 2016, Rio de Janeiro; INOVARSE - RESPONSABILIDADE SOCIAL APLICADA, 3., 2016, Rio de Janeiro. *Anais* [...]. 2016. Rio de Janeiro: UFF, 2016. Disponível em: https://www.inovarse.org/sites/default/files/T16_152.pdf. Acesso em: 8 set. 2020.

DISCURSO de Dom Pedro I: discurso, que S. M. o Imperador recitou na abertura da Assembleia Geral Constituinte, e Legislativa a 3 de maio de 1823. Disponível em: http://www.dominiopublico.gov.br/download/texto/ws000041.pdf. Acesso em: 8 set. 2020.

GAO, M.; LIU, C. TeamWatch demonstration: a web-based 3d software source code visualization for education. *In*: INTERNATIONAL WORKSHOP ON CODE HUNT ON EDUCATIONAL SOFTWARE ENGINEERING, 1st, 2015. *Proceedings* [...]. Baltimore, MD: ISSTA, 2015. Disponível em: https://dl.acm.org/doi/pdf/10.1145/2792404.2792408?casa_token=NKyQuG__bToAAAAA:DjVJIN6Pqo37qIiQNTdmctiUbKx0S1TPEoDFA3PBg66YNsn28fVr706s4mwzOxnBn7JGxpdAs9axzg. Acesso em: 8 set. 2020.

GERADOR Wordcloud online grátis. c2020. Disponível em: https://www.wordclouds.com/. Acesso em: 8 set. 2020.

GOOGLE MAPS. *Mapa*: [América do Sul]. c2020b. Disponível em: https://www.google.com.br/maps/@-15.6920462,-56.1854514,4z. Acesso em: 8 set. 2020.

GOOGLE MAPS. *Mapas*. c2020a. Disponível em: https://www.google.com.br. Acesso em: 8 set. 2020.

GOOGLE MAPS. *Satélite*: [América do Sul]. c2020c. Disponível em: https://www.google.com.br/maps/@-15.6585656,-56.1090246,6342544m/data=!3m1!1e3. Acesso em: 8 set. 2020.

LONGLEY, P. A. *et al*. *Sistemas e ciência da informação geográfica*. 3. ed. Porto Alegre: Bookman, 2013.

PIMENTEL, F. S. C. *Estratégias de aprendizagem com games*: o que dizem as crianças? 2018. Disponível em: https://encuentros.virtualeduca.red/storage/ponencias/bahia2018/mic90k9VXjeD2LUpFpFThGa1HcXFMCzOI5Xm3ui6.pdf. Acesso em: 8 set. 2020.

PINHO, R.; OLIVEIRA, M. C. F.; LOPES, A. A. Incremental board: a grid-based space for visualizing dynamic data sets. *In*: ANNUAL ACM SYMPOSIUM ON APPLIED COMPUTING, 24th, 2009, Honolulu. *Proceedings* [...]. New York: ACM, 2009. Disponível em: https://dl.acm.org/doi/pdf/10.1145/1529282.1529679. Acesso em: 8 set. 2020.

RADBOUD UNIVERSITY. *Descompactando a Lei de Zipf*: solução para um problema linguístico centenário. 2017. Disponível em: https://phys.org/news/2017-08-unzipping-zipf-law-solution-century-old.html. Acesso em: 8 set. 2020.

TERRASKILLL. *Ajuda em grafo*: matriz de adjacência direcionado e não direcionado. 2018. Disponível em: https://www.guj.com.br/t/ajuda-em-grafo-matriz-de-adjacencia-direcionado-e-nao-direcionado/365088. Acesso em: 8 set. 2020.

WARD, M. O.; GRINSTEIN, G.; KEIM, D. *Interactive data visualization*: foundations, techniques, and applications. 2nd ed. Boca Raton, FL: CRC Press, 2015.

XU, H. *Iris dataset visualization and machine learning*. 2016. Disponível em: https://www.kaggle.com/xuhewen/iris-dataset-visualization-and-machine-learning. Acesso em: 8 set. 2020.

ZIPF, G. K. *Human behavior and the principle of least effort*: an introduction to human ecology. Cambridge, MA: Addison-Wesley Press,1949.

**Fique atento**

Os *links* para *sites* da *web* fornecidos neste capítulo foram todos testados, e seu funcionamento foi comprovado no momento da publicação do material. No entanto, a rede é extremamente dinâmica; suas páginas estão constantemente mudando de local e conteúdo. Assim, os editores declaram não ter qualquer responsabilidade sobre qualidade, precisão ou integralidade das informações referidas em tais *links*.

# Análise de desordem gráfica

## Objetivos de aprendizagem

Ao final deste texto, você deve apresentar os seguintes aprendizados:

- Identificar os principais problemas apresentados no desenvolvimento de visualizações de dados.
- Reconhecer possíveis soluções para problemas no desenvolvimento de visualizações de dados.
- Descrever casos de resolução de problemas na visualização de dados.

## Introdução

A visualização de dados é a reprodução de dados em gráficos e mapas. Por meio dos elementos visuais utilizados na visualização, é possível compreender de um jeito mais simples os padrões e tendências de um conjunto de informações, trazendo inúmeros benefícios para as organizações. Porém, ainda existem alguns problemas envolvendo o desenvolvimento de visualização de dados.

Neste capítulo, você vai conhecer os principais problemas apresentados nesse contexto, vendo possíveis soluções e alguns casos de resolução de problemas na visualização de dados.

## 1 Problemas na visualização de dados

A visualização de dados é a ação de pegar informações e colocá-las em contexto visual, como mapa ou gráfico. Por meio desse processo, torna-se mais fácil a compreensão de dados grandes e pequenos para o cérebro humano, assim como a detecção de padrões, tendências e discrepâncias em grupos de dados.

A visualização de dados tem se tornado cada vez mais importante em função do aumento de dados diários gerados seja em *e-commerce*, mídias sociais, aplicativos de mensagens, entre outros. As visualizações facilitam a digestão de grandes quantidades de dados e trazem inúmeros benefícios, mas o desenvolvimento de visualização apresenta alguns problemas e existem muitas pesquisas que se dedicam a prever direções futuras. Esses problemas são citados por Ward, Grinstein e Keim (2015) e descritos a seguir.

## Problemas de dados

Em relação aos dados, os problemas estão centrados no grande crescimento dos dados e suas diferentes características, o que pode trazer alguns percalços durante a geração da visualização. Veja, a seguir, alguns desses problemas de acordo com Ward, Grinstein e Keim (2015).

- **Escala:** a geração de dados está em constante crescimento, o que leva à existência de conjuntos de dados cada vez maiores. O que antes era medido em kB (kilobytes), ou no máximo em alguns MB (megabytes), agora chega a muitos TB (terabytes), e nem todo *software* de visualização consegue lidar com volume de dados tão grandes, não sendo possível gerar a visualização.
- **Dados estáticos *versus* dinâmicos:** as técnicas de visualizações foram desenvolvidas principalmente para dados estáticos, mas o aumento da geração de dados dinâmicos torna necessária a existência de técnicas de visualização para esse tipo de dados também.

Os grandes responsáveis por esse aumento são os dados de *streaming*, que chegam continuamente, o que torna a análise em tempo real uma necessidade, principalmente pela sua constante mudança. Além disso, dados de *streaming* geram enormes volumes de dados, não sendo possível armazená-los permanentemente, já que exigiriam estruturas de armazenamento muito robustas. Dessa forma, o problema encontrado no desenvolvimento dessa visualização é justamente a quantidade de dados que estão sendo gerados, que, por serem tão volumosos e voláteis, dificultam a geração e a manutenção das visualizações.

- **Dados espaciais *versus* não espaciais:** dados espaciais são qualquer dado relacionado ou contendo informações sobre um local específico da Terra. Eles podem existir em vários formatos e contêm mais do que apenas informações específicas de um local. Os dados não espaciais são os que não se referem a um local e descrevem o que se encontra naquele determinado local, por exemplo. As áreas de aplicação que incluem esses dois tipos de dados estão crescendo, incluindo campos

como o da engenharia. O problema relacionado a esse item é como fazer com que técnicas de visualização espaciais e não espaciais se integrem de maneira eficiente.
- **Nominal *versus* ordinal:** variáveis nominais são variáveis cujos valores não têm uma ordenação natural ou distância. Variáveis nominais de alta cardinalidade são aquelas com um grande número de valores distintos e são comuns em conjuntos de dados do mundo real, como códigos de produtos e nomes de espécies, por exemplo (ROSARIO *et al.*, 2004). Os dados são mapeados para atributos gráficos e sua natureza é principalmente quantitativa. Rosario *et al.* (2004) afirmam que métodos de visualização projetados especificamente para dados nominais não são tão usados quanto os projetados para dados numéricos. A questão é que é muito comum ter dados nominais, então, caso seja necessário sua utilização na visualização, é preciso fazer um mapeamento. O problema aqui relacionado é como integrar esses tipos de dados de maneira efetiva, de modo a gerar boas visualizações.
- **Estruturado *versus* não estruturado:** os dados estruturados são aqueles organizados em um padrão fixo e constante, que seguem uma estrutura mais rígida, como tabelas e números. Os dados não estruturados, como o próprio nome já diz, não possuem estrutura de organização, como um artigo de jornal, por exemplo, e entre eles existem os semiestruturados, como um *e-mail*, que possui dados estruturados, como remetente, horário, destinatário, e também o corpo do *e-mail*, que são dados não estruturados. Os principais problemas relacionados a esse tópico são a dificuldade em extrair informações úteis de dados que não são estruturados, do mesmo modo que são encontrados problemas em utilizar dados estruturados para indexação e registros de dados.
- **Tempo:** esse elemento tem se tornado uma nova variável para a visualização de dados. Alguns indicadores, como os relacionados à educação, por exemplo, precisam considerar não apenas os dados para a identificação de padrões, mas, igualmente, o tempo. Essa variável tem usabilidade em dados dinâmicos, em que visualizações de volume utilizam o tempo como representação física e a interativa utiliza como controle. O problema relacionado a esse tópico é justamente como integrar e fazer o uso do tempo como variável nas visualizações.

■ **Qualidade variável:** a grande maioria das fontes de dados não entregam dados completamente confiáveis e apresentam problemas como campos ausentes e formulários incompletos. Muitas informações geradas podem encontrar-se desatualizadas; além disso, quando a entrada dos dados é feita de maneira manual, as chances de erros aumentam muito. Todos esses pontos são considerados como problemas relacionados aos dados, pois podem causar a geração de informações incertas, já que se configuram como dados de baixa qualidade.

## Problemas de cognição, percepção e raciocínio

A visualização de dados está completamente relacionada à compreensão da percepção, principalmente quando referente aos aspectos utilizados para atributos gráficos, como cor, tamanho e textura. Contudo, Ward, Grinstein e Keim (2015) afirmam que são poucos os esforços relacionados aos conhecimentos de processos de cognição e raciocínios humanos, com exceção das leis de Gestalt, uma teoria que busca entender em detalhes como o cérebro humano percebe e organiza os estímulos visuais que recebe.

Os autores ainda afirmam que a visualização deve estudar a maneira como os humanos resolvem questões com o suporte de exibições interativas e como esse conhecimento pode ser aproveitado para a projeção de ferramentas de visualizações ainda mais eficazes. Nesse caso, a visualização deve ser utilizada como modelo mental do que está sendo estudado. O problema é que essa ferramenta deve disponibilizar suporte à combinação e ao sequenciamento dessas tarefas, o que permitiria ao analista lidar com escala e complexidade dos dados coletados.

Outra questão relacionada a isso é que diferentes pessoas têm diferentes percepções. Cada indivíduo visualiza e analisa de acordo com aquilo que conhece, e isso deve ser levado em consideração pelas ferramentas de visualização, em que diferentes mecanismos devem lidar com as variáveis de conhecimento.

## Problemas de *design* de sistema

Realizar a integração entre as análises computacional e visual interativa é um dos problemas enfrentados ao desenvolver os sistemas para visualização. Ward, Grinstein e Keim (2015) afirmam que sistemas de visualização comportam uma pequena quantidade de ferramentas computacionais, como *clustering*, por exemplo, enquanto a análise computacional suporta a visualização como resultado de análise. Entretanto, ainda é necessário um único sistema que seja capaz de integrar de maneira eficiente ambas as técnicas.

As ferramentas de *hardware* e os métodos de visualização evoluíram muito, mas as estratégias de interação não evoluíram com a mesma velocidade; dessa forma, surgiu a necessidade de desenvolver ferramentas que melhorassem a interação dos usuários com seus dados e pudessem executar tarefas típicas. O maior problema é que grande parte dos sistemas desenvolvidos para visualização requerem um usuário especializado para execução dos processos.

## Problemas de *hardware*

Quando a tecnologia de dispositivos computacionais avança, as aplicações que foram desenvolvidas para tal tecnologia têm de ser revisadas, de modo a verificar como esses avanços podem ser úteis. Para a visualização de dados, várias novas tecnologias podem gerar impactos.

Grande parte dos sistemas desenvolvidos para a visualização foram projetados para monitores *desktop*, porém, atualmente, as pessoas utilizam outras formas para exibição, como *smartphones* e *tablets*. Dessa forma, é necessário observar as oportunidades para esse campo e buscar o aperfeiçoamento de soluções visuais, de maneira que seja possível a usabilidade de forma eficiente nesses dispositivos, considerando que os recursos de espaço, exibição e interatividade são limitados, já que a facilidade desses dispositivos de mão faz com que seu uso aumente cada dia mais.

Monitores de grande escala também são cada vez mais utilizados, não só em grandes centros de controles, mas, também, com a finalidade de investigação de grandes volumes de dados. Porém, nesse caso, também existem problemas, já que as visualizações gráficas que foram projetadas para *desktop*, quando são transferidas para tais monitores, surgem com baixa resolução. Assim, observa-se a necessidade de ambientes de visualizações que suportem as exibições desses dados em ambientes de grande escala e, principalmente, em alta resolução.

A realidade virtual aumentada é uma tecnologia consumida com frequência na visualização de dados. Porém, um dos principais problemas impasses dessa tecnologia, de acordo com Ward, Grinstein e Keim (2015), é a necessidade de renderizar visualizações com latência mínima, ou seja, o processo pelo qual se obtém o produto final de um processamento digital das visualizações deve ocorrer no menor tempo possível entre o ao vivo e a transmissão dos dados.

A projeção para *hardware* gráfico ultrapassou o aumento no desempenho de unidades centrais de processamento (CPUs — *central process unit*), em geral, estimuladas especialmente pelo desenvolvimento ascendente do mercado de jogos; dessa forma, as pesquisas voltadas à visualização se concentram no aproveitamento dessa potência computacional. O principal problema são os algoritmos já existentes, pois eles foram concebidos para CPUs, o que faz com que não sejam exatamente suportados pela unidade de processamento gráfico (GPU — *graphics processing unit*) devido a sua arquitetura, necessitando, muitas vezes, de uma total reestruturação.

Sempre que surgem novos dispositivos que podem ser utilizados para o usuário interagir com dispositivos computacionais, abre-se uma extensa cadeia de oportunidades para serem utilizados na visualização. As pesquisas podem focar nesses pontos para aprimorar ainda mais as visualizações de dados, como vemos em alguns exemplos citados por Ward, Grinstein e Keim (2015):

- entrada e saída de voz e som, embora usados raramente para fins de visualização;
- *feedback* tátil, mecanismos que respondem ao toque em dispositivos equipados com *touch screen*;
- controladores usados em consoles de jogos, como o controle sem fio do Nintendo Wii, que poderia ser empregado em especificações de ações por meio de gestos.

Muitas são as oportunidades para pesquisar sobre interação na visualização de dados, sendo a principal dificuldade, nesse caso, desenvolver uma interação entre esses dispositivos e a visualização.

## Problemas de aplicativos

No ambiente da visualização, muitos avanços foram impulsionados pela necessidade de um domínio de aplicativo específico. Ward, Grinstein e Keim (2015) declaram que, geralmente, os avanços são generalizados, ou seja, podem ser aplicados em outros domínios.

Para desenvolver mecanismos de visualização que sejam úteis para um domínio, é necessário que o responsável pelo desenvolvimento da visualização entenda tanto o domínio quanto tarefas que estão sendo realizadas. Ferramentas inúteis e confusas são geradas quando os *designers* focam somente na sintaxe ou no formato dos dados que serão analisados, o que dificulta a compreensão dos analistas dos domínios. Da mesma forma, quando apenas analistas projetam os sistemas de visualização, fabricam ferramentas com interfaces ruins e *designs* pobres. Assim, a dificuldade enfrentada nesse caso é desenvolver estratégias que criem colaborações entre *designer* e analistas, de forma que os trabalhos de um complementem os trabalhos do outro.

Uma medida excessiva de dados é gerada ao mesmo tempo e, por isso, é necessário ampliar a quantidade de aplicativos para visualizações de dados. Nesse sentido, equipamentos em que são possíveis as visualizações se tornaram onipresentes e, em diversas aplicações, a comunicação textual está sendo substituída pela apresentação visual, como nos boletins meteorológicos, por exemplo — atualmente, a visualização de dados é aplicável em praticamente qualquer área onde dados são gerados.

Uma das questões nesse ponto, afirmam Ward, Grinstein e Keim (2015), é encontrar representações visuais adequadas e as metáforas de interação tanto para novos domínios quanto para as tarefas. Outro desafio é a conversão de dados em formatos pertinentes às técnicas de visualização que já existem. A maior parte dos dados gerados atualmente está em formatos não estruturados, sendo necessários esforços para a criação de visualização desses dados e sua conversão para dados estruturados.

## 2 Soluções para problemas na visualização de dados

Diante dos problemas citados, existem alguns métodos que podem ser realizados para solucioná-los. Dessa forma, nesta seção, serão apresentadas essas soluções de acordo com os desafios enfrentados no desenvolvimento da visualização.

Como citado anteriormente, nos últimos anos, tem-se verificado um grande crescimento na quantidade de dados gerados e armazenados. Portanto, foram necessários avanços nas tecnologias de armazenamento de dados, no aumento na velocidade e na capacidade dos sistemas, na redução dos valores dos dispositivos de armazenamento e melhoria dos sistemas que gerenciam bancos de dados. Esses avanços permitem a transformação dessa enorme quantidade de dados em grandes bases de dados e sua utilização para visualização.

Goldschmidt e Passos (2005) afirmam que a quantidade de informações disponíveis ultrapassa a capacidade humana de compreensão, sendo inviável a análise dessa quantidade sem o auxílio de ferramentas computacionais apropriadas. Além disso, os bancos de dados são suscetíveis a ruídos, a ausência de dados e dados inconsistentes devido ao seu tamanho, que pode ser de vários terabytes, e a sua provável origem — que pode ser de múltiplas fontes heterogêneas. Por consequência, a qualidade dos dados pode ser comprometida, de forma que dados de baixa qualidade possivelmente levarão a resultados de baixa qualidade.

O pré-processamento é uma possível solução para esses problemas e se refere a um conjunto de atividades que envolvem preparação, organização e estruturação dos dados. Trata-se de um processo importante, pois determina a qualidade final dos dados que serão analisados. O objetivo dessa etapa é a transformação de dados brutos em formatos úteis e eficientes. Veja, a seguir, as etapas envolvidas no pré-processamento segundo Silva (2014).

- **Limpeza dos dados:** etapa de limpeza que objetiva eliminar problemas como registros incompletos, dados inconsistentes e valores errados, para que não influenciem no resultado dos algoritmos usados. Nessa etapa, podem ser usadas fases de remoção de registro com problemas, atribuição de valores padrões e aplicações de técnicas de agrupamento (*clustering*), em que os dados são agrupados de acordo com a sua similaridade.
- **Integração dos dados:** os dados geralmente são de origens de fontes heterogêneas, como banco de dados, arquivos de textos, planilhas, vídeos, entre outros. Assim, é necessário integrar esses dados, de modo produzir um repositório único e consistente. Para esse fim, é preciso uma análise aprofundada dos dados considerando redundâncias, dependências entre as variáveis e valores conflitantes, como categorias diferentes para os mesmos valores, por exemplo.
- **Redução dos dados:** o volume dos dados costuma ser alto, podendo chegar a tamanhos tão grandes a ponto de tornar o processo de análise de dados impraticável. Assim, técnicas de redução de dados podem ser aplicadas para converter a massa de dados original em uma massa de dados menor, sem perder a representatividade dos dados originais, permitindo que os algoritmos sejam executados com maior eficiência e mantendo a qualidade do resultado. Nessa etapa, são criadas estruturas otimizadas para os dados, seleção de um subconjunto dos atributos, redução da sua dimensão e discretização, que é o particionamento dos dados em partes com menor complexidade.
- **Transformação dos dados:** alguns algoritmos trabalham exclusivamente com valores numéricos e outros com valores nominais, sendo, nesses casos, necessário transformar os valores numéricos em nominais e vice-versa. Para isso, não existe critério único para transformação dos dados e podem ser utilizadas diversas técnicas de acordo com o objetivo pretendido, como suavização, agrupamento e a criação de novos atributos a partir de outros já preexistentes.

Outra questão a ser considerada é a definição prévia de sistemas de visualização que suportem o tamanho dos dados a serem visualizados. Ou seja, a organização deve ter consciência dos tipos e tamanhos dos dados que serão visualizados e, assim, avaliar as ofertas de ferramentas para determinar os pontos fortes e fracos de acordo com as necessidades e expectativas da empresa antes de efetivar a compra.

Ferramentas de visualização são parte de um ecossistema de dados maior e saber como ela se encaixa no seu negócio torna possível a maximização de seu investimento, otimização de implementação e minimização de surpresas durante os processos. Para isso, é necessária a elaboração de um plano de visão dos dados que serão manipulados, de modo a garantir que as ferramentas sejam avaliadas conforme a necessidade real.

O *design* de sistemas enfrenta desafios ao desenvolver ferramentas de visualização, sendo um deles, como já citado, a busca pela melhor maneira de integrar análise computacional à análise visual interativa. Ward, Grinstein e Keim (2015) afirmam que existem inúmeras tarefas nas quais a percepção e a cognição humanas são os meios mais eficazes para uma solução, porém, provavelmente, há também um grande número de tarefas em que as soluções computacionais são muito superiores. Os autores sugerem que podem ser usadas visões gerais de visuais de dados para tomar a decisão sobre padrões apropriados para algoritmos de filtragem e *clustering*, tornando possível que o analista examine um *cluster* decorrente de modo que ajude a selecionar o melhor modelo computacional para adaptação às características do subconjunto de dados. Dessa forma, tanto as táticas visuais quanto as computacionais poderiam ser empregadas para a verificação de qualidade do ajuste do modelo.

Como os dados fazem parte do dia a dia das pessoas, um dos elementos que se tornou evidente é a enorme variação nos níveis de entendimento, o que significa que alguns usuários entendem gráficos mais complexos, enquanto outros conseguem entender apenas gráficos básicos, com poucas informações. Corresponder ao amplo entendimento de dados e visualizações de dados se torna algo extremamente difícil para quem projeta essas visualizações, pois criar várias visualizações para diferentes níveis de conhecimento, além de não ser uma solução prática, é um desperdício de recursos. Portanto, a criação de visualização interativa é a solução mais viável, já que os gráficos podem ser alimentados com informações completas, sendo mais complexos, mas, ao mesmo tempo, é possível visualizá-los de forma mais básica, com menos informações, quando for necessário.

Além disso, nesse contexto, é preciso muito entendimento para obter dados na forma correta e para que possam ser utilizados como parte da análise de dados, ou seja, é necessário reconhecer de onde esses dados estão vindo e quem é o público-alvo dessa visualização. Sem algum tipo de contexto, ferramentas de visualização provavelmente terão menor valor para o usuário. Dessa forma, é importante possuir uma experiência adequada em domínio, de modo a poder compreender se as pessoas que vão analisar os dados terão uma compreensão profunda de onde os dados provêm, qual público os consumirá e como esse público interpretará as informações recebidas por meio da visualização (SAS INSTITUTE, 2013).

À medida que evoluem as tendências mais interativas e complexas para visualizações de dados, maior é a habilidade técnica necessária para um analista de dados, que deve, primeiramente, entender e traduzir os dados para poder criar visualizações eficientes em torno dos resultados. Essa é uma área em constante evolução, portanto, a solução para esse problema é que as organizações invistam em seus talentos e procurem qualificá-los para que se tornem cientistas de dados e possam estar evoluindo com o que o mercado exige.

No mercado extremamente competitivo em que nos encontramos, as empresas não apenas precisam encontrar e analisar dados relevantes: é fundamental, sobretudo, que os encontrem rapidamente. A visualização ajuda as organizações a realizar análises e tomar decisões muito mais rapidamente, mas o desafio é, além de atravessar os grandes volumes de dados, acessar o nível do detalhe necessário em alta velocidade. Uma solução possível para isso é o *hardware*, em que alguns fornecedores usam como alternativa o aumento de memória e processamento paralelo que suporte grandes volumes de dados com extrema rapidez (SAS INSTITUTE, 2013).

Muita complexidade é adicionada quando é preciso lidar com entradas de dados em tempo real, o que requer ferramentas de análise de dados que possam lidar com dados de alto volume e velocidade. Essas ferramentas incluem mecanismos ETL (*extract, transform and load* — em português, extração, transformação e carga) e tratam da sistematização do tratamento e da limpeza dos dados oriundos de diversas fontes — visualização, computação, estruturas e bibliotecas de banco de dados.

Atualmente, existem dispositivos de diversos tamanhos e estruturas, desde *smartphones* a monitores enormes. O usuário tem a necessidade de visualizar os dados a qualquer momento e, para isso, é necessário investir em projetos de visualização que contemplem tantos os dispositivos com menos recursos e telas pequenas quanto os monitores gigantes utilizados para análise dos dados, de modo que suas visualizações sejam realizadas com alta qualidade.

## 3 Casos de resolução de problemas

Nesta seção, serão apresentados alguns casos relacionados às soluções de problemas de visualizações de dados.

Conforme mostra a Figura 1, a empresa X resolveu realizar uma pesquisa em várias cidades no estado do Rio Grande do Sul para verificar o nível de desemprego do estado. Essa pesquisa foi divulgada em jornais e revistas digitais estaduais e municipais, de modo a ter um maior alcance, e foi respondida de maneira *on-line* pelos usuários que desejaram participar da pesquisa.

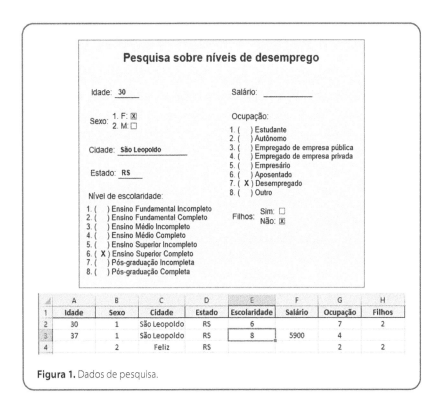

**Figura 1.** Dados de pesquisa.

Foi realizado um questionário muito simples, com poucas questões, para não desestimular quem o estivesse respondendo. No exemplo da Figura 1, vemos que os dados obtidos no formulário foram exportados ao Microsoft Excel. Por possuir poucas entradas, a visualização na tabela é possível, mas podemos observar que temos dados ordinais, nominais e dados ausentes.

Considerando que a pesquisa obteve inúmeras respostas e que a empresa X quer utilizar esses resultados para gerar visualização de dados por meio de gráficos, será necessário, antes de qualquer outra ação, realizar o pré-processamento de dados. No caso desse exemplo, a primeira ação é realizar a limpeza dos dados para eliminar os registros incompletos, de modo que não venham a influenciar no resultado da visualização. Após a limpeza desses dados, como todos estão vindo da mesma fonte, não é necessária a etapa de integração, assim como a etapa da redução não é considerada no exemplo citado por não haver um tamanho tão grande de dados a ponto de prejudicar o processo de análise. Como existem tipos de dados distintos, é preciso realizar a transformação dos dados nominais em ordinais. Então, ao término do processo de pré-processamento, os dados estão prontos para a realização da visualização.

Outro exemplo seria sobre a empresa Y, que possui filiais em todo o país e gostaria de gerar uma visualização de dados sobre seus lucros financeiros nos últimos 12 meses para conhecimento de novos sócios que deseja conquistar. Para isso, é necessária a escolha correta do gráfico que será utilizado, pois definir o tipo de gráfico errado pode confundir os visualizadores e levar a interpretações erradas, o que poderia causar problemas para a organização em questão.

Um dos erros mais comuns que os *designers* cometem é se concentrar apenas na criação de gráficos com belos visuais e acabar deixando a transmissão da mensagem em segundo plano. Para atingir o público-alvo, é necessário conhecer o contexto do uso daqueles gráficos gerados; caso contrário, torna-se impossível criar visualizações de dados úteis. Dessa forma, os *designers* da empresa Y buscaram informações que pudessem guiá-los ao objetivo para entender o propósito daquela visualização e quais dados o visualizador precisa para a tomada de decisão.

Ao possuir todas as informações, chegou-se à conclusão de que a melhor maneira de apresentar os valores positivos seria colocando-os lado a lado aos valores dos custos que a empresa teve durante o mesmo período. Após, é possível escolher o melhor gráfico para representar essas informações. A Figura 2 apresenta as opções de gráficos e orienta sobre qual deve ser o gráfico ideal para essa necessidade da empresa Y.

Análise de desordem gráfica | 171

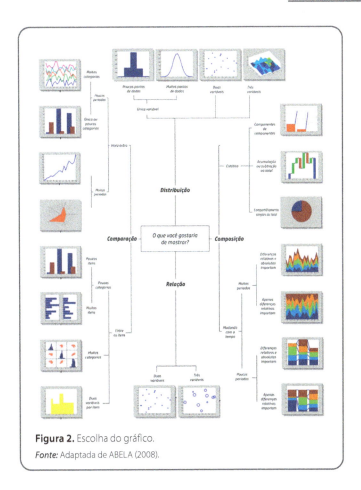

**Figura 2.** Escolha do gráfico.
*Fonte:* Adaptada de ABELA (2008).

Portanto, para a reunião com os possíveis sócios e exibição de lucros *versus* custos que o gráfico deve apresentar, podemos chegar à conclusão de que a escolha ideal seria o gráfico de colunas, que possibilita fazer a comparação entre os itens em questão.

Enfim, a visualização de dados pode apresentar problemas durante o seu desenvolvimento, principalmente pelo número de dados gerados diariamente e em função da evolução tecnológica como um todo, já que os dados mudam muito rapidamente, necessitando de ferramentas que suportem sua visualização em tempo real. Outros fatores, como os dispositivos utilizados atualmente para visualizar dados, *smartphones*, por exemplo, também podem apresentar desafios para a área da visualização, já que são necessárias adequações para uma visualização efetiva nesses equipamentos.

Para esses e outros desafios enfrentados, existem soluções que sempre devem ser analisadas antes de se contratar uma ferramenta que talvez não seja útil para as necessidades da organização em relação à visualização de dados. Essa é uma área que ganha cada vez mais espaço e é extremamente útil para todo e qualquer negócio que queira identificar padrões e tendências e utilizar essas informações como vantagem competitiva.

## Referências

ABELA, A. V. *Advanced presentations by design*: creating communication that drives action. San Francisco: Pfeiffer, 2008.

GOLDSCHMIDT, R.; PASSOS, E. *Data mining:* um guia prático, conceitos, técnicas, ferramentas, orientações e aplicações. Rio de Janeiro: Campus, 2005.

ROSARIO, G. E. *et al.* Mapping nominal values to numbers for effective visualization. *Information Visualization*, v. 3, n. 2, 2004. Disponível em: https://journals.sagepub.com/doi/10.1057/palgrave.ivs.9500072. Acesso em: 31 ago. 2020.

SAS INSTITUTE. *Five big data challenges*: and how to overcome them with visual analytics. 2013. Disponível em: https://4instance.mobi/16thCongress/five-big-data-challenges-106263.pdf. Acesso em: 31 ago. 2020.

SILVA, M. A. *O pré-processamento em mineração de dados como método de suporte à modelagem algorítmica*. 2014. 84 f. Dissertação (Mestrado) - Universidade Federal do Tocantins, Palmas, 2014. Disponível em: http://download.uft.edu.br/?d=42f33aee-e6e1-4ff7-b93e-8266fa41782e;1.0:O%20Pr%C3%A9-Processamento%20em%20Minera%C3%A7%C3%A3o%20de%20Dados%20como%20m%C3%A9todo%20de%20suporte%20%C3%A0%20modelagem%20algor%C3%ADtmica.%20Dissert.%20SILVA,%202014.pdf. Acesso em: 31 ago. 2020.

WARD, M. O.; GRINSTEIN, G.; KEIM, D. *Interactive data visualization*: foundations, techniques, and applications. Florida: CRC Press, 2015.

**Fique atento**

Os *links* para *sites* da *web* fornecidos neste capítulo foram todos testados, e seu funcionamento foi comprovado no momento da publicação do material. No entanto, a rede é extremamente dinâmica; suas páginas estão constantemente mudando de local e conteúdo. Assim, os editores declaram não ter qualquer responsabilidade sobre qualidade, precisão ou integralidade das informações referidas em tais *links*.

# Fontes para projetos visuais de gráficos

## Objetivos de aprendizagem

Ao final deste texto, você deve apresentar os seguintes aprendizados:

- Identificar diferentes fontes de dados para visualização.
- Descrever possíveis ferramentas para consulta dos dados.
- Apontar as relações entre as fontes de dados e as ferramentas de visualização.

## Introdução

Os rápidos avanços tecnológicos levam a aumentos de tráfego de informações. Todos os dias são gerados trilhões de dados de fontes diversas, que estão em todo lugar. Os dados se manifestam de várias formas diferentes e podem ter muito valor para os negócios. Algumas formas são mais fáceis de extrair e interpretar, enquanto outras necessitam de soluções diferentes.

Portanto, neste capítulo, você vai conhecer diferentes fontes de dados, ferramentas utilizadas para suas visualizações e qual é a relação das fontes com essas ferramentas.

## 1 Fontes de dados

Os dados são a menor partícula de uma informação, ou seja, dado é a representação usada para gerar uma informação. Um dado isolado pode não apresentar nenhum significado. Imagine, por exemplo, uma tabela com informações sobre alunos de um certo curso: se você observar apenas a coluna que apresenta as idades, não é possível chegar a alguma conclusão precisa sobre algum aluno em questão, mas, com a linha completa da tabela, que possui todos os dados, como nome completo, idade, turma, é possível identificar o aluno com facilidade. Dados soltos, portanto, não possuem valor.

Os dados brutos devem ser processados e organizados para que gerem uma informação. Para que uma informação seja recuperada, é necessário saber como os dados são armazenados e gerenciados. Assim, dados podem ser classificados em três estruturas diferentes: estruturados, não estruturados e semiestruturados (Figura 1).

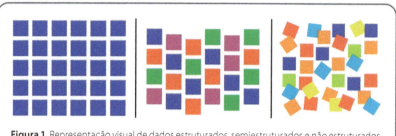

**Figura 1.** Representação visual de dados estruturados, semiestruturados e não estruturados.

## Dados estruturados

Os dados estruturados são altamente organizados e representados com uma estrutura rígida. São dados armazenados dentro de uma estrutura que pode ser compreendida sem auxílio de ferramentas. Eles aderem a um modelo de dados predefinido, sendo fáceis de analisar, ou seja, dependem da existência de um modelo de como podem ser armazenados, processados e acessados. Arquivos do Excel ou banco de dados SQL (*structured query language* — linguagem de consulta estruturada) são exemplos comuns desse tipo de dados.

Geralmente, os dados estruturados residem em bancos de dados relacionais, que modelam os dados de uma forma que sejam percebidos pelo usuário como tabelas. Cada um dos campos presentes no modelo de dados pode ser acessado separadamente ou em conjunto com outros campos; assim, é possível agregar rapidamente dados de vários locais no banco de dados. Esses bancos de dados normalmente são gerenciados pelo SGDB (sistema de gerenciamento de banco de dados), onde são executados comandos SQL e tarefas importantes de armazenamento e manipulação dos dados, como inserção e alteração de registros, por exemplo.

## Dados não estruturados

Os dados não estruturados não podem ser processados e analisados com a utilização de ferramentas e métodos convencionais. Esses dados não possuem um modelo predefinido, o que significa que não podem ser organizados em bancos de dados relacionais. Os dados não estruturados possuem uma estrutura dinâmica e flexível, ou seja, permitem uma variedade maior de formatos de arquivos, porque os dados que podem ser armazenados não são restringidos por um formato específico, podendo conter diferentes tipos no mesmo documento. A maior parte dos dados utilizados são não estruturados: textos diversos, como páginas da internet e mensagens em aplicativos como WhatsApp, imagens, arquivos de áudio, vídeo, dados de redes sociais no geral.

## Dados semiestruturados

Os dados semiestruturados são uma combinação entre estruturados e não estruturados, ou seja, não possuem estrutura totalmente rígida e nem totalmente flexível — trata-se de uma estrutura heterogênea. Esses dados não são armazenados em um banco de dados relacional ou em qualquer outra tabela de dados, mas possuem propriedades internas organizadas, como *tags* ou outros marcadores para separar elementos semânticos e aplicar hierarquias de registros e campos dentro dos dados, como um arquivo do tipo JSON, por exemplo.

Uma fonte de dados é o local de origem dos dados que estão sendo usados. Pode ser o local onde os dados nascem ou onde as informações físicas são digitalizadas pela primeira vez. Uma fonte de dados pode ser um banco de dados, um arquivo simples, medições ao vivo de dispositivos físicos, dados da *web* ou qualquer um dos inúmeros serviços de dados estatísticos e de *streaming* muito presentes na internet.

Por meio da coleta de dados, uma empresa pode compreender melhor seus clientes, concorrentes e processos comerciais. Com isso, também é possível a busca da descoberta de conhecimento, pois são os dados coletados que são transformados em informações e poderão gerar previsões, análises, gráficos e relatórios. Nesse contexto, a maioria dos dados pode ser armazenada em bancos de dados relacionais ou não relacionais, além de usar outros sistemas proprietários.

- **Bancos de dados relacionais:** um banco de dados relacional, como citado anteriormente, é um tipo de banco de dados que armazena e fornece acesso a pontos de dados relacionados entre si. Esses itens são organizados como um conjunto de tabelas com colunas e linhas que são utilizadas para reter informações sobre os objetos a serem representados no banco de dados. Cada linha da tabela é um registro com um ID exclusivo, chamado chave. As colunas da tabela contêm atributos dos dados, e cada registro geralmente possui um valor para cada atributo, facilitando o estabelecimento de relacionamento entre pontos de dados. Os dados presentes nos bancos de dados relacionais são estruturados, altamente organizados, e a principal preocupação é com a sua consistência. Sistemas ERP são exemplos desse tipo de banco de dados. Exemplos de bancos de dados relacionais incluem Oracle, Microsoft SQL Server, PostgreSQL.
- **Bancos de dados não relacionais:** os bancos de dados não relacionais são soluções para situações em que os bancos de dados relacionais não atendem de forma satisfatória. Esse tipo de banco de dados é útil para qualquer tipo de dados que não utiliza necessariamente o esquema tabular de linhas e colunas. Seu modelo de armazenamento é otimizado para o tipo de dados que está armazenando; dessa forma, as estruturas de dados são mais flexíveis se comparadas ao banco de dados relacional. Esses bancos de dados são ideais para grandes demandas, com diversas soluções, como *e-mails*, armazenamento de imagens, entre outros. Os tipos mais comuns de bancos de dados não relacionais são: orientado a colunas, chave-valor, grafo e documentos.
- **Sistemas proprietários:** adicionalmente, algumas empresas fabricam seus próprios sistemas ERP, com seus bancos de dados proprietários. Um exemplo é a SAP, que possui o SAP Business One Hana, uma tecnologia própria da SAP cuja principal característica é a capacidade de suportar grandes volumes de dados, de maneira rápida, pois utiliza a tecnologia "*In memory*", o que significa processamento em memória (LEITE, 2020).

Além disso as principais arquiteturas para o armazenamento e análise dos dados são os *data warehouses* e *data lakes*, descritos a seguir.

- ***Data warehouse***: embora os *data warehouses* sejam tradicionalmente mais adequados para o armazenamento de dados estruturados, onde o esquema dos dados é predefinido, também há soluções para *big data*. A partir desses dados, é possível tomar decisões mais adequadas em um negócio. Ele pode conter vários bancos de dados dentro dos quais os dados são armazenados em tabelas e colunas. Os dados armazenados em um *data warehouse* vêm de sistemas transacionais, bancos de dados relacionais, entre outras fontes. O Big Query é um exemplo de *data warehouse*.

- **Data lake:** "[...] pode ser definido como armazenamento centralizado, consolidado e persistente de dados brutos, não modelados e não transformados de múltiplas fontes, sem um esquema pré definido explícito e sem metadados definidos externamente" (MATOS, 2020a, documento *on-line*) — trata-se de uma estratégia para armazenar *big data*. Um *data lake* pode armazenar dados estruturados e não estruturados, não possuindo um esquema predeterminado. Dessa forma, é necessário um nível de habilidade para classificar o grande número de dados brutos e extrair seus significados. *Data lakes* recebem dados de dispositivos de Internet das Coisas (IoT, do inglês Internet of Things), mídia social, aplicativos móveis e aplicativos corporativos.

Também podemos encontrar diversas outras fontes de dados, como dados pessoais, de IoT e *datasets* públicos, que podem servir como base para a visualização dos dados.

- **Dados pessoais:** algumas empresas, como Netflix, Twitter, Spotify, armazenam informações de usuários como nome, telefone, data de nascimento, *e-mail*, além de suas preferências de acordo com os conteúdos acessados para geração de padrões dentro das aplicações. A relação com as fontes de dados é que essas empresas permitem que sejam extraídos os dados pessoais do usuário para que sejam criadas visualizações. No Spotify, por exemplo, quando se utiliza a função para extração, o usuário recebe vários arquivos e cada um contém um tipo diferente de dados pessoais, em formato JSON (acrônimo para JavaScript Object Notation), que é um formato estruturado e muito usado, podendo ser entendido tanto por computadores quanto por seres humanos (SPOTIFY, 2020).
- **Dados de IoT:** o conceito de IoT impulsiona uma nova realidade que ajuda a gerar cada vez mais dados. Todos possuem sensores que emitem e recebem dados. Isso é possível devido à conectividade de rede e eletrônica embarcada nesses dispositivos, o que faz com que eles sejam responsivos. Bancos de dados relacionais são eficientes em diversos cenários, mas não em IoT, pois bancos de dados relacionais foram projetados para processar dados estruturados e uniformes. Em IoT, a maior parte dos dados são não estruturados, como textos, vídeos, *e-mails*, entre outros. Os bancos de dados da Internet das Coisas devem

ser projetados para armazenar e processar grandes volumes de dados com velocidade e flexibilidade. Em IoT, as empresas podem coletar informações de valor por meio da análise dos dados gerados pelos dispositivos em tempo real (SONDA, 2017).

- **Datasets públicos:** os *datasets* são o principal insumo dos processos de análise de dados. Trata-se de um arquivo que contém centenas ou milhares de dados sobre um determinado assunto. É um conjunto de dados organizados em linhas e colunas, podendo vir em formatos de planilha XLS ou arquivos CSV, TXT, JSON e até XML. No *site* do Portal da Transparência, é possível encontrar *datasets* em formatos JSON que fornecem diversas informações de investimentos, despesas e receitas relacionadas aos diversos setores do Brasil.

A Figura 2 representa a coleta de informações de diversas fontes de dados, como processos empresariais, internet e mídias sociais e IoT que são armazenadas em uma tecnologia de repositório de dados (*data lake*) não estruturado. Depois, quando os desenvolvedores solicitam, os dados passam por tratamento adequado para, então, serem visualizados pelas partes que solicitaram as informações em forma compreensível.

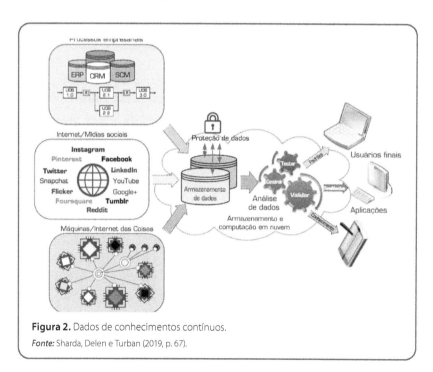

**Figura 2.** Dados de conhecimentos contínuos.
*Fonte:* Sharda, Delen e Turban (2019, p. 67).

Para que seja gerada a visualização dos dados, é necessário que eles sejam estruturados ou, no mínimo, semiestruturados devido à sua estrutura organizada e rígida de representação, o que facilita a sua análise, otimizando os resultados. Para que os dados não estruturados, que são os dados mais gerados atualmente, sejam analisados e visualizados, devem passar por um pré-processamento de dados, que pode ser considerado como um processo de limpeza, baseado em consolidação para coletar e selecionar os dados, limpeza, para eliminar dados desnecessários, transformação, para normalizar e criar atributos, e redução, para reduzir dimensão, volume e equilibrar os dados (SHARDA; DELEN; TUBAN, 2019).

## 2 Ferramentas para visualização de dados

A visualização de dados é uma forma de arte visual que capta o interesse do usuário e mantém o foco na mensagem transmitida. Quando se olha para um gráfico, é fácil identificar tendências e exceções. Com a chegada em alta velocidade do *big data*, a visualização se torna cada vez mais relevante para a interpretação e para o entendimento de trilhões de linhas de dados que são geradas todos os dias. Uma boa visualização conta uma história, eliminando elementos irrelevantes dos dados e ressaltando as informações úteis, tornando a compreensão das informações muito mais simples para usuários (TABLEAU, [2020a]).

Para a coleta, a análise e a visualização de dados, é necessária a utilização de ferramentas, que são essenciais para a análise de enormes quantidades de informações e para a tomada de decisões impulsionadas por dados. Veja, a seguir, alguns exemplos das ferramentas mais utilizadas para esses fins.

- **Tableau:** a plataforma de análise do Tableau (Figura 3) permite análises interativas e visuais que ajudam a desembaraçar questões comerciais e a obter rapidamente *insights* que impulsionam os negócios. A ferramenta possibilita ao usuário a transformação de dados em mapas, gráficos, tabelas, entre outros, e pode ser utilizada em *desktops* e em dispositivos móveis, sendo instalada nos equipamentos ou hospedada na nuvem. A facilidade dessa plataforma é que não necessita do recurso da programação, o que significa que não é necessário digitar linhas de código para montar seus gráficos. O Tableau pode manipular milhões de linhas e dados e se integra com diferentes tipos de fontes de dados. Ele foi projetado para criar imagens visuais interativas, e seus recursos foram implementados de modo que o usuário pode fazer uma pergunta sobre seus dados e receber a resposta quase imediatamente, manipulando as ferramentas disponíveis. A Figura 3 apresenta a tela inicial do Tableau *on-line*. Um ponto negativo dessa plataforma é o seu valor, que é alto, sendo inacessível para muitas organizações. Por outro lado, estudantes de instituições conveniadas podem ter acesso a uma licença de um ano, bastando acessar o *site* da ferramenta e solicitar a licença.

**Figura 3.** Tableau *on-line*.
*Fonte:* Tableau ([2020b], documento *on-line*).

- **Power BI:** é uma ferramenta de visualização de dados da Microsoft, um serviço de análise de negócios baseado em nuvem que fornece exibição única dos dados de negócios mais críticos e possui capacidade para se comunicar com diversas fontes externas. O Power BI (Figura 4) oferece preparação de dados, descoberta de dados com base visual, painéis interativos e análises aumentadas. Está disponível como opção SaaS (*Software as a Service*) em execução na nuvem do Azure ou como opção local. Pode ser utilizado por meio do Power BI Desktop ou com aplicativos de Power BI Mobile. Um benefício do Power BI é que, por se tratar de uma ferramenta da Microsoft, possui integração com outras ferramentas da Microsoft.

**Figura 4.** Power BI *desktop*.
*Fonte:* O que... (2020, documento *on-line*).

- **R:** ferramenta gratuita que possibilita a criação de modelos estatísticos com poucas linhas, mas requer conhecimentos em programação. É uma linguagem de programação dinâmica, voltada a manipulação, análise e visualização de dados. A programação R oferece um conjunto satisfatório de funções e bibliotecas incorporadas, como, por exemplo, ggplot2, um esquema geral para visualização de dados que divide gráficos em componentes semânticos, como escalas e camadas. R é recomendado para análises estatísticas pesadas ou gráficas.
- **Python:** linguagem de programação que pode ser usada para coleta, engenharia e análise de dados. Não possui um conjunto de pacotes e bibliotecas tão abrangentes quanto os disponíveis para R, mas ferramentas como Pandas, Numpy, Scipy, Scikit-learn e Seaborn são uma combinação que fazem o Python se tornar uma das principais escolhas dos cientistas de dados. Essa linguagem é principalmente usada quando a análise de dados precisa ser integrada com aplicativos *web* ou quando o código estatístico precisa ser integrado em um servidor em ambiente de produção, ou seja, que pode servir a muitos usuários (MATOS, 2020b).
- **Google Analytics:** devido ao grande número de recursos, o Google Analytics é considerado uma das principais ferramentas de gerenciamento de decisões na *web*. A plataforma fornece informações como número total de visitantes, visitantes únicos e visitantes que retornam ao *site*, comportamento dos visitantes durante navegação ao *site*, origens

de tráfego, quais metas traçadas foram atingidas, quais ações em redes sociais trazem maior acesso ao *site*. É uma ferramenta essencial para que seja compreendida a interação dos usuários com um *site*. O Google Analytics gera dados e tabelas por meio das informações colhidas e, assim, é possível analisar os resultados obtidos pela ferramenta.

- **Microsoft Excel:** é a ferramenta de análise de dados mais popular entre as existentes e pode ser utilizada para estatísticas descritivas. O recurso de estatísticas, chamado Analysis ToolPak, vem disponível de fábrica no Excel e basta ser ativado para começar a ser utilizado. No entanto, após a utilização da ferramenta e da geração de resultado pelo Descriptive Statistics, não será possível fazer alterações. Para alterar a resposta, a análise deverá ser refeita, pois não atualiza de forma automatizada como as demais funções do Excel. Os *dashboards* gerados no Excel são mais básicos, diferente das demais ferramentas, que apresentam uma gama maior de modelos e interatividade (SHARDA; DELEN; TUBAN, 2019).

**Saiba mais**

Pesquise na internet e saiba mais sobre o IBM Watson Analytics, que traz a análise de dados e *big data* cada vez mais próximas do nosso dia a dia.

## 3 Relação entre fontes de dados e ferramentas de visualização

O processo decisório nas organizações se tornou extremamente dinâmico, e os responsáveis precisam tomar decisões com precisão e agilidade. Para isso, ter em mãos sistemas e documentos que permitam o entendimento da situação real traz uma base mais assertiva ao processo. Para tal, pode-se utilizar da ciência de dados para gerar relatórios de forma "mastigada", que tragam um entendimento mais fácil para a gestão baseada em visualização de dados, que, de acordo com Sharda, Delen e Turban (2019), pode ser definida como o uso de representações visuais para explorar, dar sentido e comunicar dados, ou seja, visualizar informações, que são o resultado do tratamento dos dados brutos, e, assim, a agregação, o resumo e a contextualização de dados.

Sharda, Delen e Turban (2019), nesse sentido, afirmam que infográficos, visualização de informações, visualização científica e gráficos estatísticos estão intimamente relacionados à visualização de dados. As principais formas de visualização de dados disponíveis em aplicações *business intelligence*, até pouco tempo atrás, incluíam diagramas e gráficos, assim como outros tipos de elementos visuais utilizados para a criação de *scoreboards* e *dashboards*.

Devido ao interesse cada vez maior pelas informações geradas por meio dos dados, de forma mais compreensiva, houve a necessidade da utilização de ferramentas com efeitos visuais. Diversos aplicativos, ferramentas de *software* e bibliotecas de códigos surgiram para auxiliar na coleta, organização, manipulação e visualização, que permitem entender dados advindos de qualquer fonte. De acordo com Sharda, Delen e Turban (2019), a internet acabou servindo como um fantástico canal de distribuição para visualizações, em que um grupo de profissionais começou a disseminar um manancial de novas ideias e ferramentas para trabalhar com dados de formas visuais ou não visuais.

Então, esse grande interesse por transformar os dados em informações de mais fácil compreensão fez a busca por ferramentas de visualização de dados aumentar a partir da ideia de comunicar relações, adicionando contexto histórico e revelando correlações ocultas por meio de histórias persuasivas, esclarecendo e motivando ações. Ferramentas como Tableau Software, QlinkTech, Power BI, SAS Visual Analytics, entre outras, voltam cada vez mais seus esforços para melhorar a visualização de informações e análise de dados visual.

Assim, ferramentas visuais de análise e extração de dados como o Tableau podem facilitar a tomada de decisão de forma rápida e eficiente, criando e compartilhando informações como *insights* que impulsionam o negócio. Sua representação pode ser feita em formato dinâmico com *dashboards* e análises interativas e visuais, possibilitando ao usuário a transformação de dados em mapas, gráficos, tabelas, entre outros.

O SAS Visual Analytics proporciona aos usuários técnicas de exploração de dados e análise de dados acessíveis com o intuito de melhorar o processo decisório. Esse programa permite que qualquer usuário conduza explorações rápidas por todos os dados disponíveis.

Na Figura 5, você pode ver o processo de decisão gerencial baseado em informações. A organização gera dados para o repositório de dados, e as ferramentas de visualização de dados buscam dados do repositório de banco de dados para gerar informações visuais para que o responsável pela decisão tenha uma base confiável como apoio. Essa decisão vai gerar uma ação que impactará na organização, e esse ciclo nunca cessa, de modo que um passo é consequência do outro.

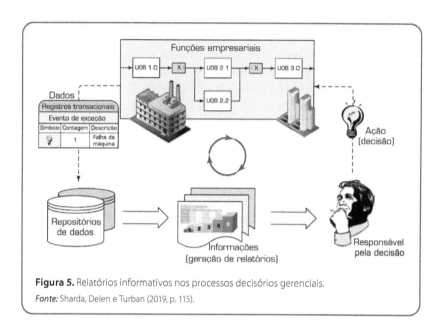

**Figura 5.** Relatórios informativos nos processos decisórios gerenciais.
*Fonte:* Sharda, Delen e Turban (2019, p. 115).

Usualmente, os dados não podem ser visualizados diretamente de fontes de dados brutos ou não estruturados, mas podem ser coletados e ficam armazenados como futura fonte de informação. Caso esse dado seja solicitado, a ferramenta de análise e visualização de dados buscará esse dado bruto no repositório e realizará o tratamento adequado, em que o dado será organizado, limpo e transformado, passando a ser estruturado. Tratado pela ferramenta, esse dado será transformado em informação, apresentada em forma compreensível e dinâmica para o tomador de decisão.

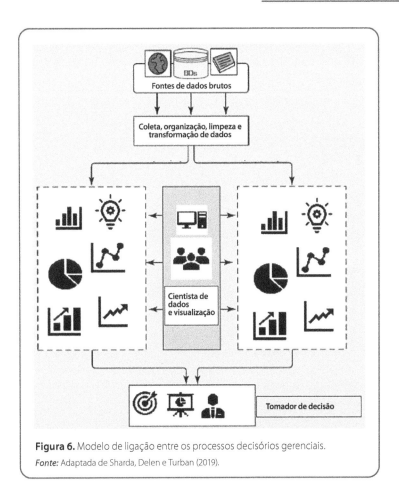

**Figura 6.** Modelo de ligação entre os processos decisórios gerenciais.
*Fonte:* Adaptada de Sharda, Delen e Turban (2019).

O grande volume de dados gerados diariamente somente será útil após serem transformados em informação; antes disso, serão apenas dados soltos, sem lógica e tratamento, ou seja, dados não estruturados. Esses dados não podem ser utilizados para gerar visualização de informações, apenas os estruturados e semiestruturados. No entanto, é possível transformar os dados não estruturados em estruturados, após passá-los por um tratamento adequado de dados, com o uso de ferramentas adequadas para isso, como o Tableau, por exemplo. Quanto mais variados e mais formatos esses dados possuírem, mais integrações serão necessárias para se obter informações, o que pode dificultar um pouco a busca e exigir mais recurso das máquinas. No entanto, ao mesmo tempo, uma quantidade maior de dados possibilita uma melhor e mais assertiva visualização de dados para ajudar a tomada de decisão das empresas.

## Referências

LEITE, M. Qual a diferença do SAP Business One Hana para a Versão SQL? *In:* ARTSOFT. São Paulo: ArtSoft, 2020. Disponível em: https://www.artsoftsap.com.br/blog/qual-a-diferenca-do-sap-business-one-hana-para-a-versao-sql. Acesso em: 11 ago. 2020.

MATOS, D. Data Lake: a evolução do armazenamento e processamento de dados. *In:* CIÊNCIA e Dados. [*S. l.: s. n.*], 2020a. Disponível em: https://www.cienciaedados.com/data-lake-a-evolucao-do-armazenamento-e-processamento-de-dados/. Acesso em: 11 ago. 2020.

MATOS, D. R ou Python para Análise de Dados. *In:* CIÊNCIA e Dados. [*S. l.: s. n.*], 2020b. Disponível em: http://www.cienciaedados.com/r-ou-python-para-analise-de-dados/. Acesso em: 11 ago. 2020.

O QUE é o power BI desktop? *In:* MICROSOFT. [*S. l.: s. n.*], 2020. Disponível em: https://docs.microsoft.com/pt-br/power-bi/fundamentals/desktop-what-is-desktop. Acesso em: 11 ago. 2020.

SHARDA, R.; DELEN, D.; TURBAN, E. *Business intelligence e análise de dados para gestão do negócio.* 4. ed. Porto Alegre: Bookman, 2019.

SONDA. *Data base of things*: o que é e por que se tornou uma tendência? [*S. l.: s. n.*], 2017. Disponível em: https://blog.sonda.com/database-of-things/. Acesso em: 11 ago. 2020.

SPOTIFY. *Como interpretar meus dados.* [*S. l.: s. n.*], 2020. Disponível em: https://support.spotify.com/br/account_payment_help/privacy/understanding-my-data/. Acesso em: 11 ago. 2020.

TABLEAU. *Guia prático da visualização de dados*: definição, exemplos e recursos de aprendizado. Seattle: Tableau, [2020a]. Disponível em: https://www.tableau.com/pt-br/learn/articles/data-visualization. Acesso em: 11 ago. 2020.

TABLEAU. *Produtos:* Tableau online. Seattle: Tableau, [2020b]. Disponível em: https://www.tableau.com/pt-br/products/cloud-bi. Acesso em: 11 ago. 2020.

**Fique atento**

Os *links* para *sites* da *web* fornecidos neste capítulo foram todos testados, e seu funcionamento foi comprovado no momento da publicação do material. No entanto, a rede é extremamente dinâmica; suas páginas estão constantemente mudando de local e conteúdo. Assim, os editores declaram não ter qualquer responsabilidade sobre qualidade, precisão ou integralidade das informações referidas em tais *links*.

# Visualização de gráficos

## Objetivos de aprendizagem

Ao final deste texto, você deve apresentar os seguintes aprendizados:

- Descrever os principais aspectos de visualização dos gráficos estáticos.
- Reconhecer as características de visualização dos gráficos dinâmicos.
- Identificar as propriedades de visualização dos gráficos interativos.

## Introdução

Existem diferentes tipos de gráficos para representar graficamente diferentes tipos de dados, e a escolha do melhor gráfico depende do tipo de dado que se tem. Se os dados não mudam com o passar do tempo, pode-se utilizar um gráfico estático para representá-los. Se os dados podem mudar com o passar do tempo ou sofrer algum tipo de atualização, é possível optar por utilizar um gráfico do tipo dinâmico. Além disso, existem algumas interações que podem ser aplicadas em alguns gráficos.

Neste capítulo, portanto, você vai ver a diferença entre gráficos estáticos, dinâmicos e interativos a partir de definições, classificações e exemplos.

## 1 Visualização dos gráficos estáticos

Gráficos estáticos são os gráficos mais comuns e utilizados atualmente de acordo com Rao, Wegman e Solka (2005). Um gráfico estático é criado a partir de um objeto de dados (ou tabela de dados) normais, também chamados de estáticos (MCFEDRIES, 2020). Nesse tipo de gráfico, se você alterar ou incluir novos dados ao objeto de dados, o gráfico se manterá igual; ou seja, o gráfico não será atualizado se você acrescentar novos dados.

Existem diferentes tipos de gráficos estáticos: além dos gráficos mais comumente utilizados como gráficos de linhas e gráficos de barras, existem gráficos de dispersão, gráficos de coordenadas paralelas, gráfico de treliça e gráficos de densidade (RAO, WEGMAN e SOLKA, 2005). Nesta seção, você verá alguns exemplos de uso de gráficos estáticos.

## Gráficos de linhas

O gráfico de linhas é um dos tipos de gráficos estáticos mais comum e é o tipo de gráfico mais utilizado para representar dados em série temporal, conforme Rao, Wegman e Solka (2005) e Sharda, Delen e Turban (2019). Esse tipo de gráfico é muito utilizado para rastrear mudanças ou tendências ao longo do tempo, em que uma das variáveis evolui sobre o tempo no eixo x.

Considere o Quadro 1, em que é apresentado o rendimento das vendas de uma multinacional no período entre 2017 e 2020, nos estados do Rio Grande do Sul, Santa Catarina e Paraná. Você pode utilizar um gráfico de linhas para mostrar as mudanças dependentes do tempo nos valores das vendas. A Figura 1, a seguir, apresenta o gráfico de linhas para esse Quadro. O eixo x apresenta o ano da venda, o eixo y apresenta o valor e cada linha representa um dos estados.

**Quadro 1.** Registro de vendas de uma multinacional entre os anos de 2017 e 2020 na região sul

| Valor da venda | Ano | Estado |
|---|---|---|
| 20.984,99 | 2017 | RS |
| 14.889,99 | 2017 | SC |
| 8.930,44 | 2017 | PR |
| 28.943,56 | 2018 | RS |
| 14.999,88 | 2018 | SC |
| 20.484,44 | 2018 | PR |
| 39.839,33 | 2019 | RS |
| 30.833,00 | 2019 | SC |
| 26.940,44 | 2019 | PR |
| 60.898,33 | 2020 | RS |
| 49.993,33 | 2020 | SC |
| 42.945,55 | 2020 | PR |

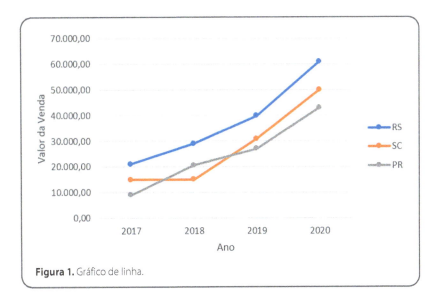

**Figura 1.** Gráfico de linha.

## Gráficos de barras

Outro tipo de gráfico estático muito comum é o gráfico de barras, que é muito utilizado quando há dados nominais ou dados numéricos bem segmentados entre diferentes categorias, evidenciando os resultados comparativos e as tendências nos dados (SHARDA; DELEN; TURBAN, 2019).

Considere como exemplo o Quadro 2, a seguir, que apresenta as vendas de uma loja de eletrodomésticos nos estados do Rio Grande do Sul, Santa Catarina e Paraná. Você pode criar um gráfico de barras para apresentar os dados dessa tabela.

**Quadro 2.** Registro de vendas de uma loja de eletrodomésticos na região sul do Brasil

|  | RS | SC | PR |
|---|---|---|---|
| Cafeteira | 10 | 20 | 22 |
| Batedeira | 12 | 18 | 20 |
| Liquidificador | 8 | 14 | 12 |
| Multiprocessador | 25 | 24 | 4 |

A Figura 2 apresenta um exemplo de gráfico de barras. Nesse gráfico, o eixo x apresenta as categorias, os estados do Rio Grande do Sul, Santa Catarina e Paraná. O eixo y apresenta o número de vendas, e as barras representam cada um dos eletrodomésticos: cafeteira, batedeira, liquidificador e multiprocessador.

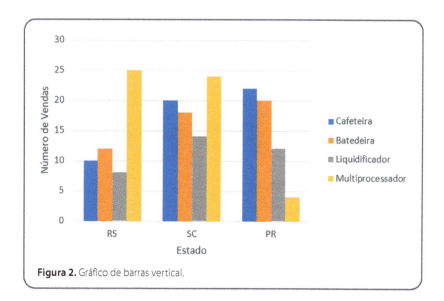

**Figura 2.** Gráfico de barras vertical.

### Fique atento

Você pode mudar a orientação de um gráfico de barras, que pode ser disposto na vertical ou na horizontal. Além disso, você também pode criar gráficos de barras empilhadas para mostrar múltiplas dimensões em um único diagrama, conforme mostra o livro *Business intelligence e análise de dados para gestão do negócio*, de Ramesh Sharda, Dursun Delen e Efraim Turban (2019).

## Gráfico de *pizza*

Também é possível criar um gráfico estático do tipo *pizza* para ilustrar proporções relativas de uma medida específica. Por exemplo, considere o Quadro 3, que apresenta os cursos de graduação escolhidos por calouros. Você pode utilizar um gráfico de *pizza* para mostrar a proporções relativas de cursos de graduação escolhidos, segundo Sharda, Delen e Turban (2019), demonstrado na Figura 3.

**Quadro 3.** Registro de cursos de graduação escolhidos por calouros

| Curso de graduação | Escolha |
|---|---|
| Análise e Desenvolvimento de Sistemas | 2 |
| Ciência da Computação | 5 |
| Engenharia Civil | 26 |
| Engenharia da Computação | 7 |
| Engenharia de Produção | 10 |
| Engenharia de Telecomunicações | 12 |
| Engenharia Elétrica | 3 |
| Engenharia Mecânica | 4 |

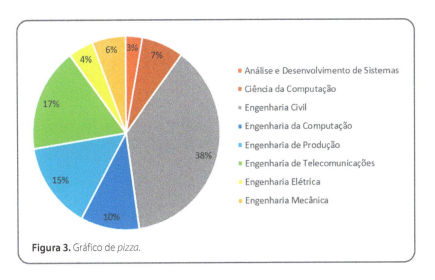

**Figura 3.** Gráfico de *pizza*.

## 2 Visualização dos gráficos dinâmicos

Como você já viu anteriormente, um gráfico estático é uma representação gráfica de um intervalo de dados normais ou estáticos. Se, por exemplo, você deseja criar um gráfico para uma tabela baseada no mercado financeiro, os dados subjacentes vão mudar com o passar do tempo conforme novos resultados são encontrados. Logo, esses dados não serão estáticos e precisam de outro tipo de gráfico para representá-los graficamente, como o gráfico dinâmico (MCFEDRIES, 2020).

Ao contrário de um gráfico estático, um gráfico dinâmico é uma representação gráfica de dados em uma tabela dinâmica, de acordo com McFedries (2020). Em um gráfico dinâmico, os dados subjacentes podem ser interagidos, e é possível filtrar os resultados para mostrar apenas os dados necessários e transpor os dados de uma área do gráfico para outra, conforme Rao, Wegman e Solka (2005) e McFedries (2020).

Os gráficos dinâmicos podem ser de vários tipos, como gráfico de barras, gráfico de linhas, gráfico de suavização, segundo Rao, Wegman e Solka (2005). O Excel, por exemplo, permite criar vários tipos de gráficos dinâmicos, com exceção de gráficos de bolha, gráficos de dispersão e estoque (MCFEDRIES, 2020).

A seguir, você verá alguns exemplos do uso de gráficos dinâmicos.

### Tabela dinâmica

Uma tabela dinâmica é criada a partir de uma fonte de dados como, por exemplo, um banco de dados como Oracle ou SQL Server, constatado em Microsoft ([2019]). Ao contrário de uma tabela normal ou estática, a tabela dinâmica permite que novos dados sejam adicionados. Primeiro, você deverá adicionar os novos dados à sua fonte de dados da tabela dinâmica e, logo em seguida, a tabela dinâmica deverá ser atualizada. Alguns *software* como Power BI não atualizam os dados automaticamente, de modo que é preciso atualizá-los manualmente clicando em um botão da ferramenta.

As tabelas dinâmicas funcionam como um resumo gerencial de uma tabela maior. Por exemplo, se você tem uma tabela como a do exemplo apresentado no Quadro 1, em que se apresenta o registro de vendas de uma multinacional entre os anos de 2017 e 2020 na região sul do Brasil. A partir dos dados dessa tabela, você poderia criar uma tabela dinâmica, como a da Figura 4, que apresenta a tabela dinâmica que apresenta o total de vendas por ano em cada um dos estados, o total de vendas geral e o total de vendas geral por estado.

| Soma de Valor da Venda Rótulos de Linha | Rótulos de Coluna PR | RS | SC | Total Geral |
|---|---|---|---|---|
| 2017 | 8930,44 | 20984,99 | 14890 | 44805,42 |
| 2018 | 20484,44 | 28943,56 | 14999,9 | 64427,88 |
| 2019 | 26940,44 | 39839,33 | 30833 | 97612,77 |
| 2020 | 42945,55 | 60898,33 | 49993,3 | 153837,21 |
| **Total Geral** | **99300,87** | **150666,2** | **110716** | **360683,28** |

**Figura 4.** Tabela dinâmica total de vendas por ano, por estado e o total geral.

Uma funcionalidade da tabela dinâmica é a de agrupar dados. Os dados da tabela da Figura 4 poderiam ser agrupados por ano, criando uma tabela como a demonstrada na Figura 5. Essa tabela apresenta a soma do valor da venda por ano em cada um dos estados e a soma total geral.

| Rótulos de Linha | Soma de Valor da Venda |
|---|---|
| **2017** | **44805,42** |
| PR | 8930,44 |
| RS | 20984,99 |
| SC | 14889,99 |
| **2018** | **64427,88** |
| PR | 20484,44 |
| RS | 28943,56 |
| SC | 14999,88 |
| **2019** | **97612,77** |
| PR | 26940,44 |
| RS | 39839,33 |
| SC | 30833 |
| **2020** | **153837,21** |
| PR | 42945,55 |
| RS | 60898,33 |
| SC | 49993,33 |
| **Total Geral** | **360683,28** |

**Figura 5.** Tabela dinâmica total de vendas agrupadas por ano.

## Filtro

Em um gráfico dinâmico, existe uma técnica chamada filtragem em que você pode mostrar algum dado no gráfico condicionalmente. Isso quer dizer que você pode escolher os conteúdos a serem representados graficamente mediante condições especificadas em uma consulta. Os dados que não satisfazem a condição que você especificou ficarão escondidos ou poderão ser apresentados de uma forma diferente. A técnica de filtragem é aplicada sem alterar os dados; logo, você poderá voltar a apresentar os dados do gráfico como um todo (BERNARDO, 2015).

A Figura 6 apresenta um gráfico dinâmico, em que são apresentados os valores de venda totais de três vendedores de uma multinacional na região sul do Brasil. A partir do uso de uma tabela dinâmica, é possível utilizar filtros para mostrar somente as informações desejadas. A Figura 7 apresenta os mesmos dados, com exceção do estado do Rio Grande do Sul. Dessa forma, você não precisa excluir esses dados da tabela de origem, ao contrário de um gráfico estático.

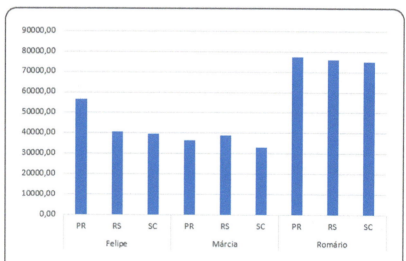

**Figura 6.** Gráfico dinâmico que apresenta os valores totais de vendas em uma multinacional pelos vendedores Felipe, Márcia e Romário nos estados do Rio Grande do Sul, Santa Catarina e Paraná.

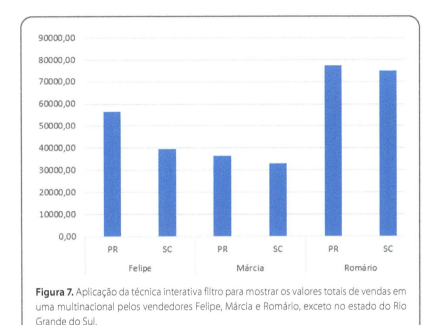

**Figura 7.** Aplicação da técnica interativa filtro para mostrar os valores totais de vendas em uma multinacional pelos vendedores Felipe, Márcia e Romário, exceto no estado do Rio Grande do Sul.

Se uma tabela dinâmica fosse criada sobre os dados apresentados na subseção gráfico de *pizza* da seção no Quadro 3, um filtro poderia ser utilizado para apresentar apenas os cursos de graduação em engenharia, conforme a Figura 8. A partir da utilização da técnica de filtragem, o gráfico dinâmico resultante pode ser visualizado na Figura 9.

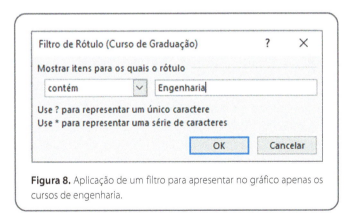

**Figura 8.** Aplicação de um filtro para apresentar no gráfico apenas os cursos de engenharia.

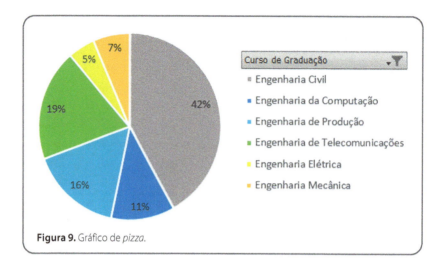

**Figura 9.** Gráfico de *pizza*.

## 3 Visualização dos gráficos interativos

Nos gráficos interativos, você é capaz de manipular um objeto de dados do gráfico. Porém, esse objeto de dados não são necessariamente os dados subjacentes utilizados para criar o objeto de dados do gráfico. Para ilustrá-lo, você pode pensar, por exemplo, nos dados como a parte localizada no servidor e no objeto de dados como a parte localizada no cliente (computador). Os gráficos interativos podem ser criados a partir de um conjunto de dados relativamente grande, mas o objeto de dados resultante será relativamente muito menor, de acordo com Rao, Wegman e Solka (2005). A seguir, são apresentados alguns exemplos de técnicas interativas para a visualização de dados.

## Selecionar

A técnica interativa de seleção permite que você marque ou selecione dados de interesse nos gráficos para manter o foco nesses dados. É difícil analisar um dado específico se muitos dados estiverem sendo representados por um gráfico ou se as representações forem alteradas. Para isso, existe a técnica de seleção, em que se pode destacar visualmente o dado selecionado e, assim, localizá-lo facilmente na representação gráfica mesmo que o gráfico mude ou que existam muitos dados nele (BERNARDO, 2015).

## Reconfigurar

A técnica interativa de reconfiguração permite que você mostre uma composição diferente dos dados no gráfico. Essa técnica permite reconfigurar o gráfico alterando o arranjo espacial do gráfico e criando uma perspectiva. Ao utilizar essa técnica, você consegue detectar características dos dados e das relações entre eles que antes estavam ocultas.

Existem técnicas que permitem uma movimentação dos dados mais livre como rotação. Além disso, também há uma técnica conhecida como Jitter, que se baseia na deslocação aleatória do gráfico por meio de um pequeno incremento espacial. Essa técnica oferece uma noção melhor da densidade dos dados na região selecionada. A Figura 10 apresenta um exemplo da aplicação da técnica de Jitter.

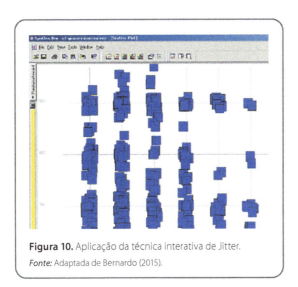

**Figura 10.** Aplicação da técnica interativa de Jitter.
*Fonte:* Adaptada de Bernardo (2015).

## Zoom

Em um gráfico interativo, você pode abstrair ou detalhar a representação gráfica mostrando mais ou menos detalhes por meio de uma técnica interativa chamada *zoom*. Essa técnica serve para que você possa controlar o nível de abstração do seu gráfico, mostrando-o como um todo, com mais detalhes de uma área ou de um conjunto de dados específico. O *zoom* permite que você altere a escala do seu gráfico sem que ele seja alterado ou distorcido. Essa técnica apenas replica a ação de aproximação ou afastamento como a utilizada em imagens estáticas (BERNARDO, 2015).

As Figuras 11 e 12 ilustram o uso da técnica interativa *zoom*. A Figura 11 apresenta um gráfico na escala normal de uma simples série temporal, em que vemos no eixo x o tempo e no eixo y o fluxo mensal médio de um rio. Esse gráfico apresenta algumas grandes lacunas verticais entre os pontos que estão no topo e no meio do gráfico. Para deixar essa lacuna mais evidente, você pode utilizar o *zoom* para ampliar o gráfico, conforme mostra a Figura 12.

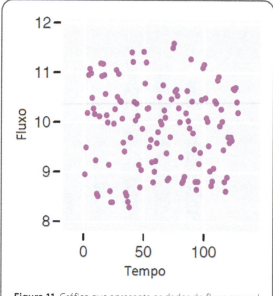

**Figura 11.** Gráfico que apresenta os dados do fluxo mensal médio de um rio com o passar do tempo.
*Fonte:* Adaptada de Cook e Swayne (c2007).

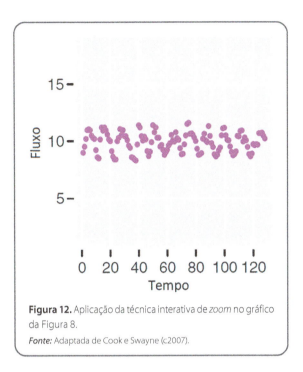

**Figura 12.** Aplicação da técnica interativa de *zoom* no gráfico da Figura 8.
*Fonte:* Adaptada de Cook e Swayne (c2007).

## *Brushing*

A técnica interativa *brushing* consiste em destacar associações ou relações entre os dados apresentados no gráfico. Quando existem vários pontos de plotagens visíveis em um gráfico, pode surgir alguma dificuldade na identificação de um ponto específico. Se existe algum mecanismo de ligação entre os pontos, você pode utilizar a técnica *brushing* para conectar esses pontos. Com essa técnica, você consegue destacar visualmente um dado ponto em duas perspectivas, conforme Bernardo (2015) e Cook e Swayne (c2007).

As Figuras 13 e 14 ilustram o uso da técnica de *brushing* e apresentam dois gráficos de dispersão. A Figura 13 apresenta um gráfico com os dados de caranguejos australianos de espécie (eixo x) *versus* sexo (eixo y). A Figura 14 apresenta um gráfico com dados de caranguejos australianos de lóbulo frontal (eixo x) *versus* largura traseira (eixo y). A técnica de *brushing* foi aplicada no canto superior esquerdo do primeiro gráfico de dispersão, em que estão localizados os dados de caranguejos fêmeas da espécie azul. Ao aplicar o *brushing* no primeiro gráfico, você consegue ver no segundo gráfico onde esses pontos aparecem, pois existe uma relação entre eles.

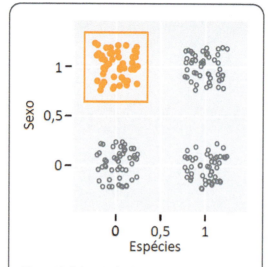

**Figura 13.** Aplicação da técnica interativa de *brushing* no gráfico sexo *versus* espécies.
*Fonte:* Adaptada de Cook e Swayne (c2007).

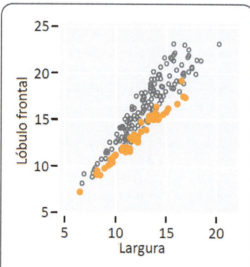

**Figura 14.** Resultado da aplicação da técnica interativa de *brushing* no gráfico lóbulo frontal *versus* largura.
*Fonte:* Adaptada de Cook e Swayne (c2007).

## Referências

BERNARDO, D. S. T. *Novos paradigmas de visualização de dados em larga escala*. 2015. Dissertação (Design e Multimédia) – Faculdade de Ciências e Tecnologia da Universidade de Coimbra, Coimbra, 3026. Disponível em: http://hdl.handle.net/10316/35653. Acesso em: 24 ago. 2020.

COOK, D.; SWAYNE, D. F. *Interactive and dynamic graphics for data analysis*: with R and GGobi. New York: Springer Verlag, c2007

MCFEDRIES, P. *Análise de dados com Excel para leigos*. Rio de Janeiro: Alta Books, 2020.

MICROSOFT. Atualizar os dados da tabela dinâmica. *Microsoft*: suporte, [2019]. Disponível em: https://support.microsoft.com/pt-br/office/atualizar-os-dados-da-tabela-din%C3%A2mica-6d24cece-a038-468a-8176-8b6568ca9be2#ID0EAADAAA=Web>. Acesso em: 24 ago. 2020.

RAO, C. R.; WEGMAN, E. J.; SOLKA, J. L. (ed.). *Data mining and data visualization*. North Holland: Elsevier, 2005.

SHARDA, R.; DELEN, D.; TURBAN, E. *Business intelligence e análise de dados para gestão do negócio*. 4. ed. Porto Alegre: Bookman, 2019.

## Fique atento

Os *links* para *sites* da *web* fornecidos neste capítulo foram todos testados, e seu funcionamento foi comprovado no momento da publicação do material. No entanto, a rede é extremamente dinâmica; suas páginas estão constantemente mudando de local e conteúdo. Assim, os editores declaram não ter qualquer responsabilidade sobre qualidade, precisão ou integralidade das informações referidas em tais *links*.

# Visualização de mapas

## Objetivos de aprendizagem

Ao final deste texto, você deve apresentar os seguintes aprendizados:

- Descrever as propriedades de visualização dos mapas estáticos.
- Reconhecer os principais aspectos de visualização dos mapas dinâmicos.
- Identificar as características de visualização dos mapas interativos.

## Introdução

Os mapas podem ser utilizados para comunicação, localização e para medir áreas e pontos. Antigamente, os mapas eram apenas representados em desenhos em papéis, mas, com a evolução da tecnologia, sua elaboração foi modificada e evoluiu. A observação dos dados no espaço, por exemplo, faz com que a compreensão de padrões dos fenômenos facilite as tomadas de decisões por meio de dados geoespaciais.

Neste capítulo, você vai conhecer a visualização dos mapas, vendo as características de mapas estáticos, dinâmicos e interativos e o que os diferencia.

## 1 Visualização de mapas e mapas estáticos

Mapas são modelos da realidade e, por meio deles, é possível obter informações sobre o mundo real. A sua utilização é um processo de comunicação visual, em que os mapas são a representação visual de uma região e são formados por dados geoespaciais. Os dados geoespaciais são informações que possuem um aspecto geográfico e, por meio dos mapas, os usuários conseguem compreender de maneira mais simples as relações geoespaciais.

Layton e Watters (2016) afirmam que dados geoespaciais são dados que se referem a objetos, eventos ou fenômenos que possuem uma localização na superfície da Terra. Os autores ainda completam afirmando que os dados geoespaciais são uma combinação de informações de localização, atributos dos dados em questão e, em muitos casos, de informações temporais.

São muitas as aplicações em que devem ser analisadas as relações envolvendo localização geográfica, como, por exemplo, análise de clientes, dados criminais, chamadas telefônicas, medição de temperatura, nível de poluição, taxas de desempregos, entre outros. MacEachren *et al.* (1992) definem a visualização geográfica como a aplicação de representações visuais, de modo a fazer com que fiquem visíveis os contextos espaciais e seus problemas para abranger as habilidades de processamento humano associadas à visão.

Conjunto de pontos, linhas e áreas pode ser uma definição da visualização dos mapas, que são determinados por suas características espaciais e não espaciais. Ward, Grinstein e Keim (2015) afirmam que esses fenômenos podem ser diferenciados de acordo com dimensão ou extensão espacial.

- **Fenômenos pontuais:** não têm extensão espacial, podem ser identificados como zerodimensionais e caracterizados por coordenadas de longitude e latitude, juntamente com atributos, como uma cidade representada em um mapa, por exemplo.
- **Fenômenos lineares:** identificados como unidimensionais, possuem comprimento, mas não largura, e podem ser caracterizados por uma série não fechada de coordenadas de longitude e latitude para cada um dos fenômenos. Os atributos relacionados aos fenômenos lineares incluem capacidades, nível de tráfego e nomes. As fronteiras entre países são um exemplo.
- **Fenômenos de área:** são identificados como bidimensionais, possuem comprimento e largura e podem ser caracterizados por uma série de coordenadas de longitude e latitude, abrangendo toda uma região, acompanhados de um conjunto de atributos para cada um dos fenômenos. Um exemplo é a representação de estados e lagos.

Os mapas são utilizados de variadas formas, como para gerar dados sobre determinados locais, dados referentes aos padrões espaciais ou para realizar a comparação de padrões em diversos mapas. As variáveis visuais são as responsáveis por mostrar as relações dos fenômenos mapeados. A Figura 1 apresenta as variáveis utilizadas para dados espaciais de acordo com a classificação de Ward, Grinstein e Keim (2015).

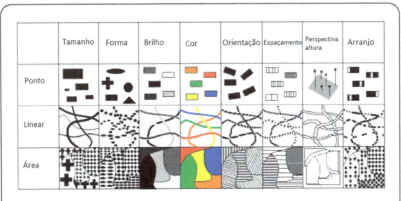

**Figura 1.** Variáveis visuais.
*Fonte:* Adaptada de Ward, Grinstein e Keim (2015).

A Figura 1 mostra as variáveis visuais associadas a cada fenômeno, descritas a seguir de acordo com Ward, Grinstein e Keim (2015).

- **Tamanho:** refere-se ao tamanho de símbolos individuais, à largura das linhas ou dos símbolos nas áreas. Sua utilização é eficaz, porque a percepção humana diferencia facilmente as alterações de tamanho.
- **Forma:** diz respeito às formas de símbolos individuais ou aos padrões em fenômenos lineares e de área.
- **Brilho:** relativo ao brilho de linhas, símbolos ou áreas.
- **Cor:** referente à cor dos símbolos, linhas ou áreas. Essa variável auxilia a distinguir entre diferentes tipos de feições.
- **Orientação:** relativa às orientações dos símbolos ou aos padrões individuais em fenômenos lineares e de área.
- **Espaçamento:** indicar a textura dos padrões em símbolos, linhas ou áreas.
- **Perspectiva de altura:** refere-se à visão tridimensional da perspectiva de fenômenos com o valor dos dados mapeados para a altura de perspectivas de fenômenos pontuais, lineares ou de áreas.
- **Arranjo:** relativo a padrões de símbolos individuais, para fenômenos pontuais, padrões de pontos e traços, para fenômenos lineares, e distribuição regular ou aleatória de símbolos, para fenômenos de área. É melhor utilizado como variável redundante, de forma a representar as diferenças visuais entre as demais categorias.

Os mapas consistem em um importante meio de comunicação e disseminação de informações. Dessa forma, é de extrema importância a perfeita comunicação cartográfica, que possibilite ao usuário a interpretação das informações de forma adequada. Assim, os mapas podem ser classificados em estático, dinâmico e interativo. A seguir, confira o que configura os mapas estáticos.

## Mapas estáticos

Mapas estáticos são imagens independentes que podem ser exibidas na *web* e em dispositivos móveis sem o auxílio de uma biblioteca de mapeamento ou API (*application programming interface* — interface de programação de aplicação). Esse tipo de mapa é utilizado apenas para visualização de um determinado fenômeno. Um exemplo seriam os velhos conhecidos mapas de papel, nos quais é possível visualizar apenas as informações ali contidas diretamente.

Nos mapas estáticos, é possível identificar padrões de tendências pelos usuários por meio das variáveis visuais, que representam as mudanças a serem interpretadas. Nesse tipo de mapa, a ilustração das informações pode ser apenas a partir das variáveis em um mesmo mapa (Figura 2).

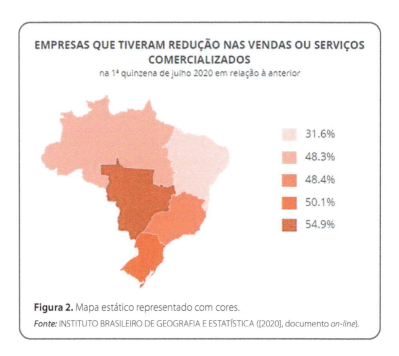

**Figura 2.** Mapa estático representado com cores.
*Fonte:* INSTITUTO BRASILEIRO DE GEOGRAFIA E ESTATÍSTICA ([2020], documento *on-line*).

A Figura 2 apresenta um mapa que contém informações referentes a empresas que tiveram redução nas vendas ou serviços comercializados na primeira quinzena do mês de julho de 2020, dados do IBGE. Nesse mapa estático, cada região é apresentada por uma cor diferente, e a legenda mostra os resultados das quedas por região, facilitando a interpretação dos usuários ao visualizar o mapa.

Os dados também podem ser apresentados a partir de vários mapas estáticos, em que cada um dos mapas representa um determinado ponto do tempo (Figura 3).

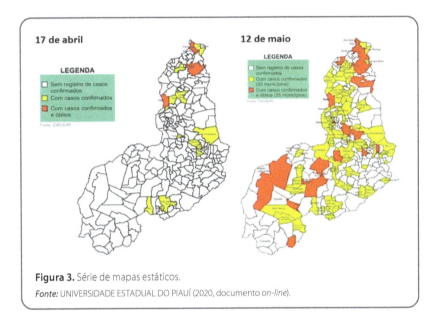

**Figura 3.** Série de mapas estáticos.
*Fonte:* UNIVERSIDADE ESTADUAL DO PIAUÍ (2020, documento *on-line*).

O Observatório de Vigilância Sanitária e Epidemiológica da Universidade Estadual do Piauí (UESPI, 2020) apresenta a expansão territorial da pandemia de Covid-19 no Piauí, de 17 de abril a 12 de maio de 2020, representada na Figura 3. A partir de dois mapas estáticos diferentes, é possível interpretar a evolução da pandemia de um período a outro. Juntos, os mapas constituem um evento e a mudança é percebida observando-se ambos os mapas, que representam o evento em instantâneos sucessivos.

Por meio desses exemplos, é possível entender como os mapas estáticos funcionam e como é possível interpretá-los a partir de variáveis visuais em mapas estáticos individuais ou de uma série de mapas estáticos, que também utilizam as variáveis para representação dos fenômenos. Esse tipo de mapas permite determinar quais padrões existem, onde existem, como existem e identificar como eles se comparam a outros padrões espaciais.

## 2 Mapas dinâmicos

Os mapas dinâmicos são usados para representar fenômenos espaciais dinâmicos ou para apresentar informações espaciais de forma dinâmica. A partir do mapeamento dinâmico, são resumidos vários métodos de apresentação cartográfica que incorporam a dimensão do tempo em um mapa. Esses mapas são compostos de tempo, mudanças ambientais, gráficos relacionados ao tempo, mapas vetoriais e de fluxo.

O mapeamento dinâmico aprofunda a compreensão dos dados adicionando o domínio temporal, por meio do qual é possível investigar quando e onde os fenômenos ocorrem, por quanto tempo ou onde persistem, além de identificar as diferenças em seus padrões espaço-temporais; ou seja, com esse dinamismo, é possível interpretar os fenômenos pelas alterações no tempo e pelos movimentos no espaço. A Figura 4 apresenta um exemplo de um mapa dinâmico.

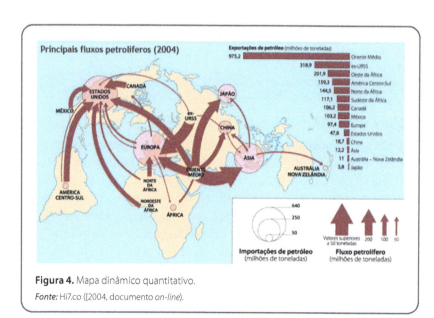

**Figura 4.** Mapa dinâmico quantitativo.
*Fonte:* Hi7.co ([2004, documento *on-line*]).

Na Figura 4, as setas fazem a ligação das áreas, expressando uma dinâmica de movimento, onde há uma relação entre a espessura das setas e o volume de fluxo que elas representam de acordo com a legenda declarada no mapa, o que significa que o deslocamento de quantidades de elementos, no caso o petróleo, segue variado percurso no período determinado. É possível perceber, por meio da Figura 4, que a representação do globo não utiliza a projeção cilíndrica — que utiliza um cilindro como base para a representação plana do globo terrestre como um todo —, com a qual estamos mais acostumados, mas, sim, a projeção azimutal — projeção de um ponto qualquer do globo terrestre, ocupando o centro do mapa — centrada no Oriente Médio, por se tratar da principal origem do petróleo, que é o foco da visualização na imagem.

As variações qualitativas, ordenadas e quantitativas são transformações de estados de um fenômeno que ocorrem durante um período no mesmo local. As transformações ordenadas, apresentadas na Figura 5, tratam das etapas de um processo que se sucede no tempo. As mudanças são representadas em cores diferentes para cada período de tempo sobre o mesmo mapa. Como a noção do tempo é ordenada, deve ser transcrita por uma ordem visual, indo das cores mais claras no primeiro estágio até as mais escuras.

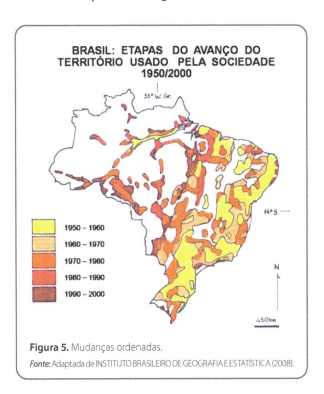

**Figura 5.** Mudanças ordenadas.
*Fonte:* Adaptada de INSTITUTO BRASILEIRO DE GEOGRAFIA E ESTATÍSTICA (2008).

A Figura 5 mostra o avanço territorial da sociedade no Brasil, desde 1950 até o ano 2000, considerando-se que cada período de 10 anos é representado por uma cor diferente. Essa representação ordenada do mapa dinâmico pode ser utilizada para o mapeamento da sequência de fases de diferentes processos, em que cada um deles é representado por uma ordem visual diferente. Esse tipo de representação pode evidenciar muitos padrões e ser bastante revelador para o usuário, pois permite a visualização de informações em diferentes períodos sobre um determinado fenômeno e a avaliação de maneira eficiente da sua evolução.

Os mapas dinâmicos também podem ser representados com animações, muito úteis para o esclarecimento de tendências e processos, assim como para explicar ou fornecer informações sobre as relações espaciais. Nos mapas animados, de acordo com Kraak e Ormeling (2010), a mudança é percebida em um quadro único, onde são exibidas algumas imagens, uma após a outra, que apresentam informações diversas sobre determinado fenômeno. A Figura 6 é a representação de um globo terrestre girando, em que um único esquema deve funcionar com mapas múltiplos, de modo a estabelecer uma continuidade da série de mapas por intervalos predefinidos de tempo.

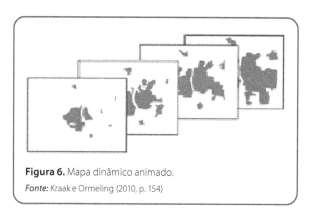

**Figura 6.** Mapa dinâmico animado.
*Fonte:* Kraak e Ormeling (2010, p. 154)

Para um mapeamento dinâmico animado eficaz, é importante que a escolha da escala temporal não seja muito pequena, pois isso poderá causar muitas mudanças esporádicas, o que dificultaria a interpretação do usuário em relação às informações que estão sendo passadas. É importante, também, a escolha correta do esquema de cores e das legendas, de modo a minimizar os esforços dos espectadores em localizar e comparar as principais informações nos mapas dinâmicos. Os mapas animados podem ser usados para representar o comportamento de um determinado fenômeno, apresentando suas mudanças ao longo de um tempo para o mesmo lugar. Os mapas dinâmicos fornecem aos espectadores uma capacidade analítica visual, permitindo considerações mais atentas das particularidades dos dados e, assim, devem ser simples e informativos.

## 3 Mapas interativos

Os mapas interativos são ferramentas de mapeamento flexíveis que facilitam a apresentação de dados ao usuário, pois possuem pontos para serem clicados e exibem informações detalhadas sobre os pontos geográficos, que podem ser números relacionados, fotos e textos informativos, vídeos e áudios, *links* para outros conteúdos, formulários, entre outros. Por meio de mapas interativos, é possível lidar com informações e fornecer visualização de dados situacionais e contextuais em tempo real.

A interatividade dos mapas deve ser baseada em usabilidade, facilitando a compreensão e o uso dos usuários. Lauesen (2005) afirma que os projetos de interfaces interativas podem ser guiados seguindo seis fatores que resumem a usabilidade; confira-os a seguir.

- **Funcionalidade:** o sistema deve suportar as tarefas que os usuários executam na vida real.
- **Facilidade de aprendizado:** o sistema deve ser simples de aprender para diferentes grupos de usuários.
- **Eficiência da tarefa:** o sistema deve ser eficiente para usuários frequentes.
- **Facilidade de lembrar:** os usuários ocasionais devem conseguir lembrar da interface e de detalhes observados.
- **Satisfação subjetiva:** o usuário deve apresentar satisfação com a utilização do sistema.
- **Compreensibilidade:** o usuário deve ser capaz de entender exatamente o que o sistema faz para poder identificar caso algum resultado seja apresentado com erro, por exemplo.

Isso significa que o usuário deve ser o ponto de partida para a criação de mapas interativos, em que o objetivo final não seja simplesmente a exibição do mapa, mas também o que o usuário poderá fazer com ele. Quando o usuário consegue realizar alterações no mapa, adequando-o à sua visão de realidade e necessidade, como, por exemplo, efetuar movimentos e escolher a visualização dos dados em escalas variáveis, é porque está lidando com um mapa interativo, que pode ser controlado.

> **Exemplo**
>
> No *site* do IBGE, você encontra um mapa interativo em que pode selecionar as informações que deseja visualizar, com os resultados preliminares do mapeamento dos Aglomerados Subnormais referentes ao ano de 2019, além de informações de saúde atualizadas.

Peterson (1995) declara que um mapa interativo é um meio de apresentar a cartografia a partir de computadores que tentam imitar a reprodução de mapas mentais, que são a representação pessoal similar a um mapa, mas com origem em recordações visuais. A diferença é que os mapas interativos incluem mais características e não contêm distorções ou enganos que podem ocorrer nos mapas mentais. A Figura 7 apresenta o processo desde o mapa mental até a geração do mapa digital.

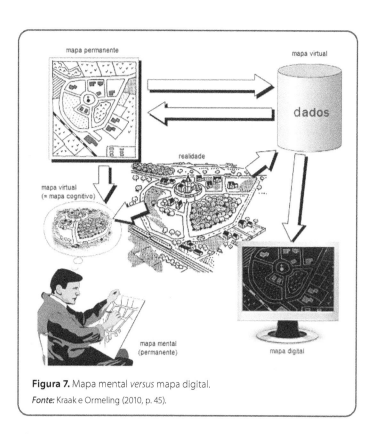

**Figura 7.** Mapa mental *versus* mapa digital.
*Fonte:* Kraak e Ormeling (2010, p. 45).

Peterson (1995) ainda afirma que os mapas interativos podem ser divididos em três grupos, de acordo com o seu nível de interatividade, como você vê a seguir.

- **Atlas eletrônico:** combinação de recursos multimídia com visualização dos mapas. Permite tanto a escolha de imagens variadas quanto recursos de *hot-spot*, que podem ser *links* para outros mapas ou até a explicação sobre determinado elemento contido no mapa.
- **Mapas para navegação pessoal:** seu objetivo é a substituição de guias rodoviários de papel. Permitem que o usuário consiga informações sobre percursos e recursos como aumento e diminuição do *zoom*. Se interligados a um GPS, tornam-se sistemas de navegação automática.
- **Mapas para análise de dados:** sistemas para mapeamento interativo que possibilitam a criação de mapas com classificações distintas, observação de valores máximos e mínimos de fenômenos, dentre outras funções.

A interação com mapas é primordial. Em comparação com mapas tradicionais, a classificação e o mapeamento dos dados suportam a adaptação interativa pelo usuário, além de consultas interativas, da mesma forma que é possível manipular os *displays*. Ward, Grinstein e Keim (2015) afirmam que diversas técnicas foram desenvolvidas para tornar possível o uso das interações, como, por exemplo, possibilitar a ligação de múltiplos mapas ou uma fusão de mapas com visualizações como gráficos de barras e gráficos de linhas.

Foi a inclusão da tecnologia da computação para produzir mapas que passou a permitir que o utilizador possa interagir com os mapas, proporcionando, por exemplo, que o usuário visualize diferentes pontos de determinado fenômeno, uma única informação por diferentes escalas ou diferentes detalhes exibidos no mapa. Os mapas interativos podem apresentar os dados de uma maneira que facilite identificar, localizar, manipular, formatar e comunicar informações de forma eficiente. Os dados são consolidados nesses mapas e, com base nas preferências do usuário, apenas as informações necessárias são apresentadas, conforme mostra a Figura 8.

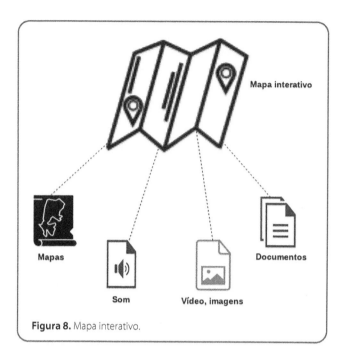

**Figura 8.** Mapa interativo.

O exemplo representado na Figura 8 mostra uma ideia sobre as ligações que podem existir em um mapa interativo. Seguindo o apresentado na figura, o mapa principal tem ligações com outros mapas, arquivos de som, vídeo, imagens e de documentos, em que, a partir de botões clicáveis, o usuário pode escolher qual interação acessar e a informação que deseja ver.

Enfim, para comunicar dados complexos, criar visualizações atraentes se tornou de extrema importância, de modo que os mapas interativos dão vida aos dados de localização, permitindo a fácil identificação de padrões e tendências e agregando maior valor às ferramentas de visualização de dados existentes. Mapas estáticos podem ser transformados em dinâmicos, caso seja adicionado algum tipo de movimento para representação, assim como estáticos e dinâmicos podem ser transformados em mapas interativos, desde que seja adicionado algum ponto clicável que possa transferi-lo para algum outro tipo de informação ou que possuam botões que controlem os mapas, por exemplo.

## Referências

HI7.CO. *Mapas quantitativos/dinâmicos*. [2004]. Disponível em: https://geografia.hi7.co/mapas-quantitativos-dinamicos-56c3e19f2e601.html. Acesso em: 9 set. 2020.

INSTITUTO BRASILEIRO DE GEOGRAFIA E ESTATÍSTICA. *Anuário estatístico do Brasil*, v. 68, 2008.

INSTITUTO BRASILEIRO DE GEOGRAFIA E ESTATÍSTICA. *O IBGE apoiando o combate à Covid-19*. [2020]. Disponível em: https://covid19.ibge.gov.br/. Acesso em: 9 set. 2020.

KRAAK, M.; ORMELING, F. *Cartography:* visualization of geospatial data. 3rd ed. Harlow: Pearson Education, 2010.

LAUESEN, S. *User interface design:* a software engineering perspective. Harlow: Pearson Education, 2005.

LAYTON, R.; WATTERS, P. A. (ed.). *Automating open source intelligence:* algorithms for OSINT. Amsterdam: Elsevier, 2016.

MACEACHREN, A. M. *et al*. Visualization. *In:* ABLER, R. F.; MARCUS, M. G.; OLSON, J. M. (ed.). *Geography's inner worlds:* pervasive themes in contemporary american geography. New Brunswick: Rutgers University, 1992. cap. 6, p. 99–137.

PETERSON, M. P. *Interactive and animated cartography*. Englewood Cliffs: Prentice Hall, 1995.

UNIVERSIDADE ESTADUAL DO PIAUÍ. *Manifesto do Observatório de Vigilância Sanitária e Epidemiológica da Universidade Estadual do Piauí – UESPI pelo isolamento social e a preservação de vidas*. 2020. Disponível em: https://www.uespi.br/site/wp-content/uploads/2020/05/MANIFESTO-VERS%C3%83O-FINAL.-FORMATADA-1-converted.pdf. Acesso em: 9 set. 2020.

WARD, M. O.; GRINSTEIN, G.; KEIM, D. *Interactive data visualization:* foundations, techniques, and applications. 2nd ed. Boca Raton: CRC, 2015.

## Leitura recomendada

TABLEAU. *Dez exemplos de mapas interativos e visualizações de dados*. c2020. Disponível em: https://www.tableau.com/pt-br/learn/articles/interactive-map-and-data-visualization-examples. Acesso em: 9 set. 2020.

**Fique atento**

Os *links* para *sites* da *web* fornecidos neste capítulo foram todos testados, e seu funcionamento foi comprovado no momento da publicação do material. No entanto, a rede é extremamente dinâmica; suas páginas estão constantemente mudando de local e conteúdo. Assim, os editores declaram não ter qualquer responsabilidade sobre qualidade, precisão ou integralidade das informações referidas em tais *links*.

# Análise de dados utilizando *dashboards*

## Objetivos de aprendizagem

Ao final deste texto, você deve apresentar os seguintes aprendizados:

- Definir *dashboard*.
- Descrever os benefícios dos *dashboards*.
- Aplicar *dashboards* na ciência de dados.

## Introdução

A ciência de dados permite que muitos *insights* sejam obtidos a partir de extração, mineração e de um grande trabalho sobre os dados. No entanto, muitos desses *insights* são obtidos por meio da forma como esses dados trabalhados (ou não) são apresentados ao usuário. É a partir dos *dashboards* que a maioria dos usuários faz análises interessantes para os negócios, de modo a realizar tomadas de decisões, ações e escolhas para os negócios.

Neste capítulo, você conhecerá os principais conceitos sobre *dashboards*, verá quais são os principais benefícios e desafios na sua criação e também como o seu uso se relaciona com a ciência de dados.

## 1 Afinal, o que é um *dashboard*?

Um *dashboard* é uma ferramenta de gerenciamento de informações que rastreia visualmente, analisa e exibe os principais indicadores de desempenho (também conhecidos por KPIs — *Key Performance Indicators*), métricas e pontos de dados principais para monitorar a integridade de um negócio, departamento ou processos específicos. Eles são personalizáveis para atender as necessidades específicas de um departamento ou empresa (FEW, 2006). A Figura 1 mostra um *dashboard* que utiliza as melhores práticas de criação de *dashboards*.

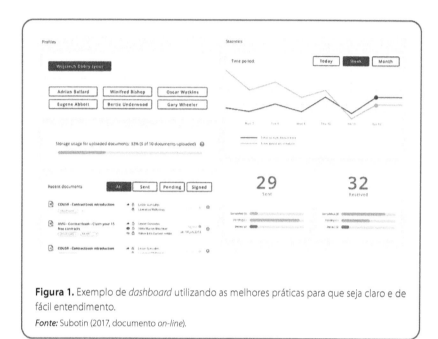

**Figura 1.** Exemplo de *dashboard* utilizando as melhores práticas para que seja claro e de fácil entendimento.
*Fonte:* Subotin (2017, documento *on-line*).

Nos bastidores, um *dashboard* se conecta em bases de dados, serviços e APIs (*Application Programming Interface*), mas, na superfície, exibe todos esses dados na forma de tabelas, gráficos de linhas, gráficos de barras e medidores. Um *dashboard* é a maneira mais eficiente de rastrear várias fontes de dados, pois fornece um local central para as empresas monitorarem e analisarem o desempenho. O monitoramento em tempo real reduz as horas de análise e a longa linha de comunicação que antes desafiava os negócios. Os *dashboards* utilizam-se de técnicas da visualização de dados/informações combinados com tecnologias de processamento de grandes quantidade de dados para oferecer *insights* aos usuários (KIRK, 2016). Você pode ver um exemplo de *dashboard* que explora diferentes tipos de visualizações de dados combinados com texto na Figura 2.

**Figura 2.** Exemplo de *dashboard* que pode ser criado utilizando a ferramenta Mimer.
*Fonte:* Mimer Metrics (2018, documento *on-line*).

A visualização de dados é um termo geral que descreve todo esforço para ajudar as pessoas a entender o significado dos dados, colocando-os em um contexto visual. Padrões, tendências e correlações que podem passar despercebidas em dados baseados em texto podem ser expostos e reconhecidos mais facilmente com o *software* de visualização de dados (KIRK, 2016).

As ferramentas de visualização de dados de hoje vão além dos gráficos padrões usados nas planilhas do Microsoft Excel, exibindo dados de maneiras mais sofisticadas, como infográficos, mostradores e indicadores, mapas geográficos, minigráficos, mapas de calor e gráficos detalhados de barra, *pizza* e febre. As imagens podem incluir recursos interativos, permitindo que os usuários os manipulem ou pesquisem os dados para consulta e análise. Indicadores projetados para alertar os usuários quando os dados foram atualizados ou condições predefinidas também podem ser incluídos.

Os *dashboards* são cada vez mais vistos como ferramentas críticas para que as empresas obtenham *insights* instantâneos e de longo prazo a partir de seus armazéns de grandes volumes de dados em crescimento, permitindo uma tomada de decisões e uma análise de dados mais bem informadas. Essas ferramentas permitem que as empresas tornem os dados com uso intensivo de números facilmente compreensíveis e utilizáveis por tomadores de decisão não técnicos. O *design* sofisticado e colorido do *dashboard* fornece várias possibilidades de visualização para dados críticos.

As desvantagens dos *dashboards* não resultam necessariamente do *design* do *software*, mas de como os *dashboards* são usados, o custo e a dificuldade de instalá-los. Embora a maioria dos *dashboards* seja relativamente de autoatendimento, as empresas, geralmente, precisam usar profissionais de TI para implementar a tecnologia.

Outros desafios incluem design exageradamente chamativo ou desordenado, tentando incluir informações demais sem restringir dados brutos o suficiente e dificultando as métricas de superfície de encanamento para dados subjacentes.

Um bom *design* de um *dashboard* apresenta *insights* de negócios derivados de dados de uma maneira fácil de entender. Os componentes do *dashboard* fornecem visões gerais de diferentes dados e permitem que os usuários façam ações para ver mais esses dados de forma mais granular e detalhada (FEW, 2006).

Em geral, as práticas recomendadas de criação de *dashboards* são:

- envolver os usuários finais no design do *dashboard*;
- refinar o *design* durante o desenvolvimento usando uma abordagem iterativa;
- identificar com precisão os dados a serem rastreados;
- permitir a personalização por diferentes seções da empresa;
- manter os dados do *dashboard* atualizados;
- incluir informações cuja verificação seja possível.

## 2 Benefícios do uso de *dashboards*

*Dashboards* permitem que os gerentes monitorem a contribuição dos vários departamentos de sua organização. Para avaliar com precisão o desempenho geral de uma organização, os *dashboards* permitem capturar e relatar pontos de dados específicos de cada departamento da organização, fornecendo, assim, uma "visão geral" do desempenho.

Veja, a seguir, alguns dos benefícios do uso de *dashboards* (MORAES, 2018):

- apresentação visual de medidas de desempenho;
- capacidade de identificar e corrigir tendências negativas;
- avaliação de eficiências/ineficiências;

- capacidade de gerar relatórios detalhados, mostrando novas tendências;
- capacidade de tomar decisões mais informadas com base na inteligência de negócios coletada;
- alinhamento de estratégias e metas organizacionais;
- economia de tempo em comparação com a execução de vários relatórios;
- visibilidade total de todos os sistemas instantaneamente;
- identificação rápida de dados discrepantes e correlações.

A visualização de dados tornou-se o padrão de fato da moderna inteligência de negócios (*business intelligence* — BI). O sucesso dos dois principais fornecedores no espaço de BI, o Tableau e o Qlik — que enfatizam fortemente a visualização — levou outros fornecedores a uma abordagem mais visual em seus *softwares*. Praticamente todo *software* de BI possui uma forte funcionalidade de visualização de dados.

As ferramentas de visualização de dados têm sido importantes na democratização de dados e análises e na disponibilização de informações baseadas em dados para os funcionários em toda a organização. Eles são normalmente mais fáceis de operar do que o *software* de análise estatística tradicional ou versões anteriores do *software* de BI. Isso levou a um aumento nas linhas de negócios implementando ferramentas de visualização de dados por conta própria, sem suporte da TI.

O *software* de visualização de dados também desempenha um papel importante em grandes projetos de dados e análises avançadas. À medida que as empresas acumulavam enormes quantidades de dados durante os primeiros anos da tendência de *big data*, precisavam de uma maneira rápida e fácil de obter uma visão geral de seus dados, e, nesse sentido, ferramentas de visualização eram um ajuste natural.

A visualização é fundamental para a análise avançada por motivos semelhantes. Quando um cientista de dados está escrevendo algoritmos avançados de análise preditiva ou de aprendizado de máquina, torna-se importante visualizar as saídas para monitorar os resultados e garantir que os modelos estejam com o desempenho esperado. Isso ocorre porque as visualizações de algoritmos complexos, geralmente, são mais fáceis de interpretar do que as saídas numéricas.

## 3 *Dashboards* e ciência de dados

A **ciência de dados** (*data science* em inglês) é uma mistura multidisciplinar de inferência de dados, desenvolvimento de algoritmos e tecnologia para resolver problemas analiticamente complexos. O seu núcleo é baseado nos dados que são encontrados como informações brutas, *streaming* e armazenadas em armazéns de dados corporativos. A partir dos dados, infere-se que existe muito que aprender, minerando-os, extraindo capacidades avançadas, conhecimento e construindo novos produtos com isso. A ciência de dados é a área na qual usamos a criatividade no processamento e na apresentação desses dados para gerar valor de negócio (CAO, 2017).

Os principais conceitos de ciência de dados vão ao encontro da criação de *dashboards* no momento em que todo o trabalho em cima dos dados precisa levar valor ao negócio. É por isso que o uso de *dashboards* é perfeitamente encaixado no contexto da ciência de dados. A partir do uso dos *dashboards*, toda a inteligência obtida com a análise é exibida para o cliente/usuário, que pode, então, tomar decisões com base nelas. Veja, na Figura 3, um *dashboard* que explora diferentes visualizações de dados, incluindo mapas.

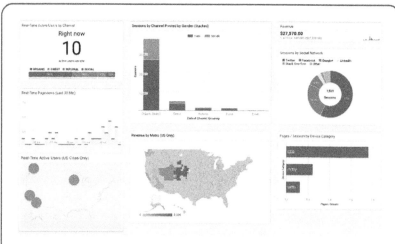

**Figura 3.** *Dashboard* exibindo diferentes formas de visualizações, incluindo mapas.
*Fonte:* Annielytics (2018, documento *on-line*).

Os *dashboards* de inteligência comercial são um dos pilares das ferramentas de análise de dados de classe empresarial de hoje por um bom motivo: os usuários de negócios, independentemente do nível de habilidade, podem usar esses recursos para entender melhor o que está acontecendo dentro de sua organização. Os *dashboards* facilitam a visualização dos dados por uma empresa exibindo métricas, gráficos, medidores, mapas, porcentagens e comparações de todas as informações que entram e saem da empresa. Ao visualizar os dados dessa maneira, a curva de aprendizado e o tempo para o *insight* são reduzidos significativamente, permitindo que os executivos atuem nas descobertas mais cedo (CAO, 2017).

Os *dashboards* ajudam a equipe de TI a converter e comunicar rapidamente dados corporativos complexos em visualizações significativas, revelando indicadores-chave de desempenho (KPIs). Assim, os executivos recebem todas as ferramentas de que precisam para aprofundar ainda mais a análise e revelar o que realmente está acontecendo. Os *dashboards* de controle eliminaram, de fato, a necessidade de filtrar vários relatórios e, em alguns casos, os dados são atualizados quase em tempo real. Os usuários também têm a capacidade de personalizar cada *dashboard* com métricas predefinidas, o que permite um rastreamento de dados ainda mais rápido.

Agora que você está pronto para saber o que são os *dashboards* e como eles podem ser úteis, veja como as organizações os estão usando na prática.

- **Estratégia:** organizações desenvolvem estratégias, planos e táticas o tempo todo. Os *dashboards* podem ajudar os usuários a mapear esses planos para que os executivos possam acompanhar o progresso de suas metas ou convencê-los de que precisam seguir uma rota alternativa. Os principais indicadores de desempenho se destacarão para qualquer um que trabalhe dentro dos *dashboards* da empresa, para que possam até mesmo ser usados como ferramentas de orientação para ajudar as partes interessadas a criar novas formas de atingir as metas de negócios. Os *dashboards* também podem ajudar as empresas a manter os funcionários focados nas metas, mostrando a eles quais indicadores geram mais mudanças.

- **Planejamento:** os *dashboards* permitem que as organizações exibam, analisem e comparem dados históricos com orçamentos, previsões e metas atualizados. Eles também podem ser usados para monitorar e compartilhar estratégias entre departamentos, sendo um recurso ideal para manter o gerenciamento a par do que está acontecendo em TI e vice-versa. Quando totalmente integrados com outros sistemas de negócios, as possibilidades são essencialmente infinitas.
- *Analytics*: a maioria dos *dashboards* que você verá nas principais soluções de BI de hoje oferece recursos analíticos, que são utilizados, em grande parte, em cenários nos quais a geração de *insight* em tempo real é um imperativo. Isso ajuda os usuários a evitar a etapa desnecessária de conectar os dados a uma interface secundária. As ferramentas modernas de análise de dados podem conectar-se a *dashboards* que oferecem vários recursos, como mapas de calor, detalhamento, análise avançada, mineração de dados, previsão e muito mais. Juntamente a essas ferramentas, *dashboards* de BI capacitam as partes interessadas e permitem que elas tomem decisões melhores.

## Referências

ANNIELYTICS. *A Marketer's Guide to Google Analytics Dashboards*. 2018. Disponível em: <https://www.annielytics.com/guides/a-marketers-guide-to-google-analytics-dashboards/>. Acesso em: 11 dez. 2018.

CAO, L. Data science: a comprehensive overview. *ACM Computing Surveys (CSUR)*, v. 50, n. 3, 2017. Disponível em: <https://dl.acm.org/citation.cfm?id=3076253>. Acesso em: 11 dez. 2018.

FEW, S. *Information dashboard design*. Sebastopol: O'Relly, 2006.

KIRK, A. *Data visualisation:* a handbook for data driven design. Thousand Oaks: Sage, 2016.

MIMER METRICS. *Dashboards*. 2018. Disponível em: <https://mimer.io/dashboards/>. Acesso em: 11 dez. 2018.

MORAES, T. M. *O uso de dashboards de Big Data Analytics no contexto das Cidades Inteligentes*. 2018. Disponível em: <https://itsrio.org/wp-content/uploads/2018/03/taciano_moraes-dashboard.pdf>. Acesso em: 11 dez. 2018.

SUBOTIN, S. *Dashboard Design*: Considerations and Best Practices. 2017. Disponível em: <https://www.toptal.com/designers/data-visualization/dashboard-design-best-practices>. Acesso em: 11 dez. 2018.

## Leituras recomendadas

AGUILAR, A. et al. *Visualização de Dados, Informação e Conhecimento*. Florianópolis: UFSC, 2017.

DASH. *Create beautiful dashboards with a few clicks*. 2018. Disponível em: <https://www.thedash.com/>. Acesso em: 11 dez. 2018.

KNAFLIC, C. N. *Storytelling com Dados:* um guia sobre visualização de dados para profissionais de negócio. Rio de Janeiro: Alta Books, 2017.

### Fique atento

Os *links* para *sites* da *web* fornecidos neste capítulo foram todos testados, e seu funcionamento foi comprovado no momento da publicação do material. No entanto, a rede é extremamente dinâmica; suas páginas estão constantemente mudando de local e conteúdo. Assim, os editores declaram não ter qualquer responsabilidade sobre qualidade, precisão ou integralidade das informações referidas em tais *links*.

# *Frameworks* de visualização de dados

## Objetivos de aprendizagem

Ao final deste texto, você deve apresentar os seguintes aprendizados:

- Definir os principais *frameworks* para visualização de dados.
- Identificar as linguagens de programação mais utilizadas para visualização de dados.
- Formular exemplos de visualização a partir de dados.

## Introdução

A sociedade está cada vez mais movida a dados e, atualmente, há dados disponíveis como nunca na história. Assim, é necessário haver recursos para analisar esses dados de maneira que agreguem valor. Para isso, a análise resultante desse complexo processo precisa ser compartilhada e apresentada para uma variedade de possíveis perfis de audiências. Isso deve ser feito com o uso de técnicas de visualização de dados, o que pode ser um grande recurso nesse processo.

Neste capítulo, você vai conhecer os principais *frameworks* para visualização de dados. Você também será capaz de identificar as linguagens de programação e ferramentas que podem ser utilizadas nesse processo. Por fim, vai observar oportunidades de uso de visualização de dados por meio da exemplificação de casos práticos.

## 1 Principais *frameworks* para visualização de dados

O melhor *framework* para visualização de dados provavelmente será aquele a partir do qual o usuário tiver maior domínio para realizar suas atividades com maior desenvoltura, atingindo, então, mais eficiência nas entregas. Todavia, em determinados cenários de projeto, talvez seja preciso seguir com algum *framework* específico com o qual a equipe ou a organização já esteja trabalhando, portanto, isso exige que as visualizações sejam desenvolvidas dentro desse mesmo ambiente padrão.

Sendo assim, é importante estar familiarizado com alguns *frameworks* que são mais amplamente utilizados. Logo, dentro do contexto de visualização de dados, a seguir, serão apresentados de maneira mais geral Python, R e JavaScript, que são soluções abertas, ou seja, sem custo de aquisição de *software* e que devem atender grande parte das demandas.

Adicionalmente, é possível encontrar inúmeras ferramentas no mercado que podem ser utilizadas para o desenvolvimento de visualizações, desde soluções de planilha, como MS Excel e Google Sheets, até ferramentas com maior foco em visualização de dados, como o Tableau. Elas têm sido amplamente utilizadas por profissionais que não necessariamente exercem oficialmente a função de analista de dados ou cientista de dados, pois, além de oferecerem muitas opções de técnicas de visualização de dados, não requerem conhecimento de linguagens de programação. Entretanto, elas ainda exigem algum nível de capacitação inicial para serem entendidas e utilizadas.

Em relação aos termos utilizados neste capítulo, *framework* se refere a plataformas para o desenvolvimento de aplicativos de *software*, que incluem linguagens de programação e bibliotecas (ou pacotes) desenvolvidas para essas linguagens. Outros termos utilizados e que necessitam de uma breve introdução são IDE (*Integrated Development Environment*) e API (*Application Programming Interface*). O IDE será utilizado para indicar um ambiente de desenvolvimento integrado, como um *software* que fornece recursos abrangentes para os desenvolvedores e que, normalmente, inclui um editor de código-fonte, ferramenta para compilação e detecção e correção de erros. Já o API será usado para indicar uma interface de programação de aplicativos ou protocolo de comunicação entre diferentes partes de um *software*.

## 2 Linguagens de programação para visualização de dados

Há muitas linguagens de programação disponíveis para se trabalhar com análise de dados, como, por exemplo, Scala, Python, R, Java, Matlab, entre outras. Contudo, considerando também as possibilidades associadas à visualização de dados se destacam duas: Python e R. Além dessas, mais especificamente para visualização de dados, JavaScript é a principal linguagem em uso para apresentações *web*.

## Python

**Python** é uma linguagem de programação orientada a objetos que é clara, poderosa e comparável a Perl, Ruby, Scheme ou Java (PYTHON, 2019). De acordo com o próprio *site* da Python (2019), entre as características importantes que fazem com que ela seja uma linguagem de programação bastante popular, estão as seguintes:

- utiliza uma sintaxe elegante, facilitando a leitura dos programas que são escritos;
- é uma linguagem de uso acessível que facilita o funcionamento do seu programa e, portanto, é ideal para o desenvolvimento de protótipos e outras tarefas de programação *ad-hoc*, sem comprometer a manutenção;
- é facilmente estendida adicionando novos módulos implementados em uma linguagem compilada, como C ou C++.

Além disso, podem ser considerados dois grandes diferenciais. Primeiro, há muitas bibliotecas desenvolvidas com foco em ciência de dados, especialmente para manipulação dos dados e aprendizagem de máquina, como Pandas (manipulação de dados), SciPy (computação científica) e Scikit-learn (aprendizagem de máquina); o segundo é ter uma grande comunidade ativa. Portanto, é possível encontrar muitos recursos *on-line* e gratuitos, como cursos, tutoriais e fóruns de ajuda repletos de informações valiosas para auxiliar em caso de dúvidas e problemas.

Diferentes ferramentas IDE podem ser utilizadas, como Spyder, PyCharm e Jupyter Notebook. O Jupyter Notebook é uma solução interessante, pois fornece um aplicativo baseado em navegador *web* para criação interativa de documentos que combinam texto explicativo e os códigos de linguagem de programação, além da saída dos resultados integrados na mesma visão.

Devido a todas as características, é possível encontrar também muitas possibilidades de bibliotecas para auxiliar especificamente com a visualização de dados. O Quadro 1 apresenta uma lista de algumas dessas opções.

**Quadro 1.** Lista de bibliotecas para visualização de dados em Python

| Biblioteca/Pacote | Página/Documentação |
|---|---|
| Altair | https://altair-viz.github.io/ |
| Bokeh | http://bokeh.pydata.org |
| Folium | https://github.com/python-visualization/folium |
| Geoplotlib | https://github.com/andrea-cuttone/geoplotlib |
| Gleam | https://github.com/dgrtwo/gleam |
| Leather | http://leather.readthedocs.io/en/latest/index.html |
| Matplotlib | http://matplotlib.org |
| NetworkX | https://networkx.github.io/ |
| Plotly | https://plot.ly |
| Prettyplotlib | http://olgabot.github.io/prettyplotlib/ |
| Pygal | http://pygal.org/en/stable/ |
| Seaborn | http://seaborn.pydata.org/ |
| Vispy | http://vispy.org/ |

A **Matplotlib** é uma biblioteca de plotagem 2D que pode ser usada em *scripts* Python, direto no *shell* Python, no Jupyter Notebook ou em servidores de aplicativos da *web*. As principais vantagens do seu uso são:

- simples para gerar as técnicas de visualização mais utilizadas, como histograma, gráfico de barras e dispersão;
- amplamente utilizada e com frequente atualização (em janeiro de 2020, possuía 877 colaboradores no GitHub);
- vasta documentação disponível;
- muitas outras bibliotecas Python estendem a Matplotlib como parte de sua solução ou para introduzir funcionalidades adicionais.

Como desvantagem, apresenta dois itens:

- número restrito de técnicas de visualização de dados disponíveis, somente opções mais básicas estão disponíveis;
- as visualizações geradas são estáticas, ou seja, os usuários não têm opções de interação com os dados apresentados na visualização.

A **Seaborn** é um desses exemplos que utiliza a Matplotlib como base da sua implementação. Ela fornece uma interface de alto nível (abstração) para desenhar gráficos estatísticos de maneira informativa e mais atraente. Em relação à Matplotlib, os gráficos gerados na Seaborn têm um *design* visual mais elaborado, pois ela já possui alguns temas internos que, além de atraentes, também prometem facilitar o desenvolvimento por necessitarem menos linhas de código para gerar as mesmas visualizações que usando diretamente a Matplotlib. Além disso, a Seaborn permite o uso de técnicas de visualização de dados adicionais, como, por exemplo, gráfico de violino (*violin plot*). Como ponto desfavorável, está a questão de customização. Para esses casos, a Matplotlib permite maiores personalizações por meio do acesso direto a suas classes (MENDIS, 2019).

A **Plotly** é uma biblioteca focada em adicionar interatividade às visualizações de dados e compartilhá-las via *web* para análise colaborativa de dados. Para produzir visualizações interativas, requer conexão com a internet para transmitir dados aos seus servidores, no entanto, as visualizações geradas também podem ser salvas em formatos de imagem comuns para uso *offline*. Além da biblioteca gráfica, a Plotly oferece outros recursos de estrutura para criar aplicativos *web* analíticos na versão gratuita e comercial.

Entre as principais vantagens, são listadas três:

- a utilização de uma sintaxe de mais alto nível que facilita a implementação;
- a Plotly tem bibliotecas para diferentes linguagens de programação, seguindo uma sintaxe muito similar, o que facilita a adaptação ou movimentação entre diferentes ambientes de programação;
- em comparação com as bibliotecas mencionadas anteriormente, há opções de técnicas de visualização mais avançadas, que incluem gráficos animados e opções interativas em que os usuários podem utilizar recursos para customizar as visualizações geradas (*sliders*, *dropdown menus*, etc.) e explorar os dados apresentados com uso de filtro, *zoom in* e *zoom out*, etc.

## R

**R** é uma linguagem e ambiente de *software* livre para computação e gráficos com maior ênfase em cálculos estatísticos. De acordo com o próprio *site* do R, um dos pontos fortes é a facilidade com que gráficos de qualidade de publicação podem ser produzidos, incluindo símbolos e fórmulas matemáticas quando necessário. Outro ponto favorável é em relação a sua documentação e forte comunidade de usuários. Há o chamado CRAN (*Comprehensive R Archive Network*), com extensa explicação de como usar os recursos disponíveis. Sua popularização também ocorreu por fornecer uma ampla variedade de técnicas estatísticas, que, há alguns anos, as bibliotecas do Python ainda não ofereciam.

A principal ferramenta IDE associada é o RStudio. O RStudio está disponível em dois formatos: RStudio Desktop, em que o programa é executado localmente como um aplicativo de *desktop* comum, e Servidor RStudio, que permite acessá-lo usando um navegador da *web* enquanto estiver sendo executado em um servidor Linux remoto.

É possível encontrar diversas possibilidades de bibliotecas para auxiliar a visualização de dados dentro do ambiente de R. O Quadro 2 apresenta uma lista de algumas opções.

**Quadro 2.** Lista de bibliotecas R para visualização de dados

| Biblioteca/Pacote | Página/Documentação |
| --- | --- |
| corrplot | https://cran.r-project.org/web/packages/corrplot/vignettes/corrplot-intro.html |
| ggiraph | https://davidgohel.github.io/ggiraph/ |
| ggplot2 | https://ggplot2.tidyverse.org/ |
| ggvis | https://ggvis.rstudio.com/ |
| lattice | https://cran.r-project.org/web/packages/lattice/index.html |
| Plotly | https://plot.ly/r/ |
| rCharts | https://ramnathv.github.io/rCharts/ |
| Shiny | https://shiny.rstudio.com/ |

A **ggplot2** é a biblioteca para visualização mais popular em R que foi desenvolvida com base no livro *The Grammar of Graphics* de Wilkinson (2012); portanto, está fundamentada em importantes princípios teóricos para o tema. Entre as vantagens para sua adoção, podem ser destacados dois pontos principais: possui uma estrutura padronizada das funções que facilita o uso e aprendizado; com poucas linhas de código, permite criar uma variedade de gráficos com padrões simples já predefinidos, mas, ao mesmo tempo, também possibilita personalizar essas visualizações.

O principal ponto de desvantagem é que as visualizações geradas com ggplot2 são originalmente estáticas. Portanto, para gerar visualizações em que o usuário possa interagir com o conjunto de dados, deve-se escolher outra biblioteca do R ou combinar a ggplot2 com outras bibliotecas, como, por exemplo, a Plotly.

Outra opção interessante para esse propósito é utilizar o *framework* para criar HTML *widgets* (dispositivos ou pequenos mecanismos), o **htmlwidgets**, que permite utilizar bibliotecas de visualização JavaScript no console do R.

Por sua vez, o **Shiny** promete facilitar a criação de sistemas *web* interativos. Essa é uma solução da empresa RStudio e, portanto, totalmente integrada com o IDE de mesmo nome. Além da biblioteca desenvolvida para o R, o Shiny também faz uso de um servidor *web*. Então, seguindo uma ideia similar ao Plotly, é possível desenvolver as visualizações localmente, utilizando um servidor local básico ou o servidor Shiny, que permite múltiplos acessos em paralelo.

Uma grande vantagem do uso do Shiny é que permite o desenvolvimento de um conjunto de visualizações mais elaboradas que podem ser apresentadas em estilo painel de controle (*dashboard*), incluindo atualização automática baseada no conjunto de dados. Além disso, por apresentar uma sintaxe de mais alto nível, permite o desenvolvimento de recursos *web* e gráficos interativos, sem a necessidade de conhecimento de programação de HTML, CSS e JavaScript. Em contrapartida, requer conhecimento do funcionamento da Shiny em si, que pode ser desenvolvido pela leitura da documentação oficial disponível no *site* ou em tutoriais *on-line* gratuitos. Portanto, o tempo para configuração e aprendizagem pode ser listado como uma desvantagem para novos usuários.

**Saiba mais**

Há soluções para profissionais de ciência de dados e aprendizado de máquina corporativo que já consideram as linguagens de programação Python e R como parte de sua plataforma. Esse é o caso do Anaconda, que visa simplificar o gerenciamento e a implantação de pacotes nos ambientes de desenvolvimento para Python e R. O Anaconda já faz a integração também com ferramentas amplamente utilizadas, como Jupyter Notebook, RStudio, Orange, Spyder, entre outras, o que deve simplificar a configuração de ambiente para iniciar as atividades.

## JavaScript

**JavaScript** (JS) é uma das linguagens mais populares para *web*, juntamente a HTML e CSS. Contudo, as páginas *web* não são o único local em que o JS é usado. Por exemplo, alguns bancos de dados, como MongoDB e CouchDB, também usam JS como sua linguagem de programação (W3SCHOOLS. COM, [2020?]). Dessa maneira, JS é uma linguagem bastante versátil e útil para visualização de dados. É possível desenvolver visualizações utilizando somente JS ou também combiná-la com outras linguagens de programação, como Python e R.

Para IDE, duas opções interessantes para uso na máquina local são **WebStorm**, ferramenta paga e usada em ambiente corporativo, **Atom**, ferramenta gratuita e da GitHub — portanto, tem vários recursos de controle de versionamento integrados — e, depois, como uma opção gratuita *on-line*, **Observable**, que funciona como um Jupyter Notebook, mas para o desenvolvimento JS. Um recurso interessante da Observable é disponibilizar as visualizações desenvolvidas e possibilitar ver a galeria de outras visualizações ali compartilhadas, pois foi concebida com um forte incentivo para colaboração entre os desenvolvedores.

O Quadro 3 apresenta algumas opções de bibliotecas desenvolvidas para visualização de dados que utilizam JS como base.

**Quadro 3.** Lista de bibliotecas Javascript para visualização de dados

| Biblioteca/Pacote | Página/Documentação |
|---|---|
| Chart.js | https://www.chartjs.org/ |
| D3.js | https://d3js.org/ |
| Dimple | http://dimplejs.org/index.html |
| Dygraphs.js | http://dygraphs.com/options.html |
| Google Charts | https://developers.google.com/chart/interactive/docs/reference |

*(Continua)*

*(Continuação)*

**Quadro 3.** Lista de bibliotecas Javascript para visualização de dados

| Biblioteca/Pacote | Página/Documentação |
|---|---|
| Highcharts | https://www.highcharts.com/demo |
| InfoVis | https://philogb.github.io/jit/ |
| Leaflet | https://leafletjs.com/ |
| Plotly | https://plot.ly/javascript/ |
| Polymaps.js | http://polymaps.org/docs/ |
| Raphael.js | http://raphaeljs.com/ |
| Sigma.js | http://sigmajs.org/ |
| Vega | https://vega.github.io/vega/ |

Para o desenvolvimento de visualizações sem necessidade de muitos recursos personalizados, é possível se beneficiar do uso de diversas bibliotecas com uma sintaxe mais simples, como Vega, Plotly, Chart.js, entre outras. Contudo, se for preciso desenvolver visualizações com maior controle dos elementos visuais que estão sendo apresentados, é necessário utilizar a **D3.js**, a principal biblioteca JS para gerar visualização de dados. Muitas dessas outras bibliotecas mencionadas usam a D3.js como base do seu desenvolvimento, mas apresentam uma camada de abstração, com uma programação de alto nível.

Segundo Mike Bostock ([2019?]), autor da D3.js, do Observable e de outras soluções nesse contexto, a D3 não é uma estrutura monolítica que procura fornecer todos os recursos imagináveis. Em vez disso, procura resolver o cerne do problema: manipulação eficiente de documentos com base em dados e de maneira flexível por meio do uso de tecnologias *web*, como HTML, SVG e CSS.

A D3 permite fazer a vinculação dos dados para o DOM (*Document Object Model*), que funciona com uma estrutura hierárquica. A partir disso, os dados podem ser apresentados de diferentes maneiras. Além disso, o estilo funcional da D3.js permite a reutilização de código por meio de uma coleção diversificada de módulos oficiais e desenvolvidos pela comunidade. Também de acordo com o *site* oficial, Bostock ([2019?]), a D3.js consegue suportar a apresentação de grandes conjuntos de dados, bem como os comportamentos dinâmicos para interação e animação dessas visualizações. De qualquer maneira, é importante lembrar que o desempenho também será impactado pela capacidade do navegador *web* de onde a visualização será acessada.

Como principal ponto de desvantagem está a questão do tempo para o desenvolvedor se familiarizar com a sintaxe e todos os recursos disponíveis para a D3.js. Por mais que existam exemplos de código já disponíveis para as mais variadas técnicas de visualização, ainda assim, quando for necessário realizar o ajuste e manutenção do código, será preciso despender mais esforços, principalmente com aqueles que não tiverem experiência prévia em desenvolvimento *web*.

**Fique atento**

Markdown é uma ferramenta simples que aparece em uso por facilitar a leitura e escrita da apresentação dos resultados de análise. Com ela, é possível escrever o texto sem se preocupar com a formatação, bastando utilizar a sintaxe específica da Markdown, que fica bastante próxima de uma formatação de texto comum, pois usa caracteres e pontuação. Depois, a Markdown converterá o texto em um documento do tipo HTML. Ferramentas como RStudio e Jupyter Notebook já têm integração.

## 3 Casos de uso para visualização de dados

É importante ressaltar que não há uma melhor maneira universal de visualizar dados. Perguntas diferentes são mais bem respondidas por diferentes tipos de visualizações, assim como tipos de dados específicos funcionam melhor para alguns tipos de visualização. Portanto, deve-se explorar variadas possibilidades tanto durante a exploração dos dados sob análise quanto, principalmente, no momento de apresentar os resultados da análise. A seguir, serão apresentados três casos de uso, um para cada linguagem de programação. Logo, muitas outras opções poderiam ser desenvolvidas para um mesmo propósito. É importante utilizar recursos que permitam e, preferencialmente, facilitem a alternância entre diferentes representações visuais que podem ser parametrizadas com a mesma API orientada a conjuntos de dados (WASKOM, [201–?]).

### Apresentação de estatística descritiva

Esse é o caso da geração de uma visualização simples e frequentemente utilizada: gráfico de barras para apresentar a frequência em que cada valor aparece para um atributo do conjunto de dados. Nesse caso, utiliza-se o conjunto de dados fixo, com cinco rótulos e um respectivo valor para cada um. A apresentação dos dados para esse caso em Python, utilizando a biblioteca Matplotlib, está exemplificada na Figura 1, em que foi utilizado o Jupyter Notebook como IDE.

```python
#Fazendo a chamada para a biblioteca do matplotlib e a identificado por "plt"
import matplotlib.pyplot as plt

#Criando um conjunto de dados para o teste
valores = [30, 90, 60, 40, 50, 10]
rotulos = ['A', 'B', 'C', 'D', 'E', 'F']

#Definindo como as marcações no eixo x aparecerão
plt.xticks(range(len(valores)), rotulos)

#Definindo o Título para o eixo x, y e do gráfico
plt.xlabel('Categoria')
plt.ylabel('Total')
plt.title('Exemplo simples gráfico de barras')

#Definindo uma grade cinza ao fundo
plt.grid(color='grey', linestyle='-', linewidth=0.2)

#Definindo que será utilizado um gráfico do tipo de barras e informando qual o conjunto de dados
plt.bar(range(len(valores)), dados)

#Fazendo a chamada da função que apresenta o gráfico
plt.show()
```

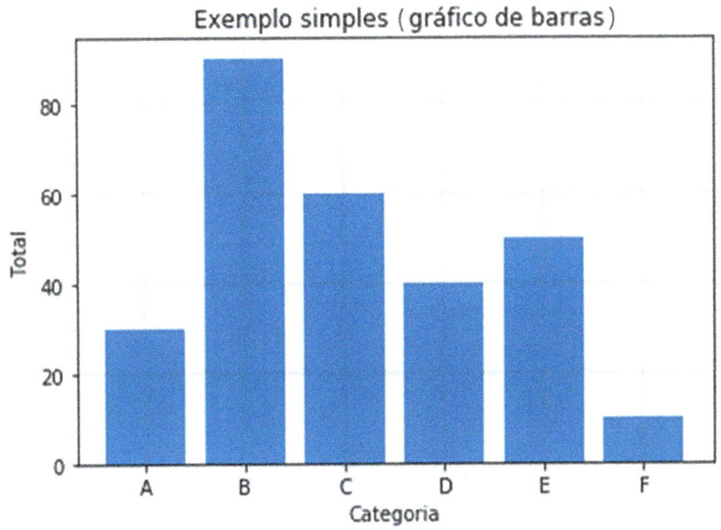

**Figura 1.** Exemplo de código e visualização simples (gráfico de barras) gerada na linguagem Python com a utilização da biblioteca Matplolib.

Para esse mesmo conjunto de dados, a apresentação dos dados para esse caso em R, utilizando a biblioteca ggplot2, poderia ser desenvolvida conforme é exemplificado na Figura 2, em que foi utilizado o RStudio como IDE e o código referente às configurações foi separado em diferentes linhas para facilitar a demonstração.

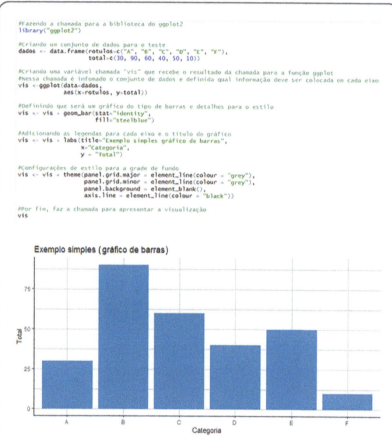

**Figura 2.** Exemplo de código e visualização simples (gráfico de barras) gerada na linguagem R com utilização da biblioteca ggplto2.

Por fim, a apresentação dos dados resultante de uma implementação em JavaScript, utilizando a biblioteca Chart.js, poderia ter o código desenvolvido e ser apresentada conforme exemplificado na Figura 3. Foi utilizada a ferramenta Observable, que promove mais recursos para prototipação mais rápida, uma vez que permite escrever o código JS de maneira direta e somente alguns comandos específicos do HTML são necessários, ou seja, não há a necessidade de montar o código completo de estrutura para o HTML.

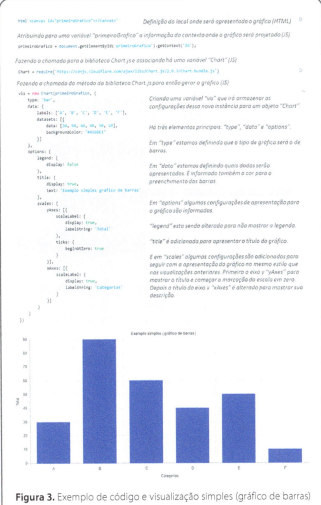

**Figura 3.** Exemplo de código e visualização simples (gráfico de barras) gerada na linguagem JavaScript com utilização da biblioteca Chart.js.

## Apresentação de dados geolocalizados

Neste outro caso, o desenvolvimento de um mapa para apresentar informações de acordo com os valores de cada região é necessário. Para isso, é possível desenvolver um mapa temático do tipo coroplético (*Choropleth Map*), que utiliza uma escala de cores para representar os valores de cada região específica. Os dados utilizados nesse exemplo estão disponíveis no repositório do Github da Plotly. Eles estão relacionados à taxa de desemprego por condados, nos Estados Unidos, que correspondem a uma divisão política e administrativa de um estado. A apresentação dos dados para esse caso, utilizando a biblioteca Plotly, está exemplificada na Figura 4.

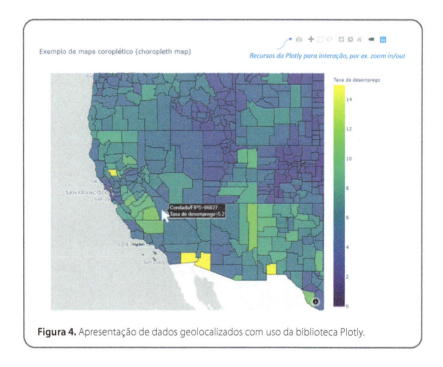

**Figura 4.** Apresentação de dados geolocalizados com uso da biblioteca Plotly.

É possível conferir o código fonte em Python utilizado para essa visualização na Figura 5, baseado na documentação oficial, Plotly ([2020?]). Por ser a Plotly um código bastante similar, seria utilizado se fosse desenvolvida a mesma visualização em JS. Já para o R, apesar de também existir a biblioteca Plotly e poder ser utilizada para gerar mapas, esse mesmo método, em específico, `plotly.express.choropleth_mapbox`, não está disponível.

```
#Fazendo a chamada das bibliotecas para conseguir abrir a url onde esta o arquivo com os dados geolocalizados
from urllib.request import urlopen
import json
#Esses dados correspondem as regiões dos EUA (seguindo o padrão FIPS=Federal Information Processing Standard)
#E estão armazenados em um arquivo de formato json
with urlopen('https://raw.githubusercontent.com/plotly/datasets/master/geojson-counties-fips.json') as response:
    condados = json.load(response)

#Fazendo a chamada da biblioteca para ler os dados a partir de um arquivo de formato csv
import pandas as pd
dados = pd.read_csv("https://raw.githubusercontent.com/plotly/datasets/master/fips-unemp-16.csv", dtype={"fips": str})

#Fazendo a chamada da biblioteca que irá gerar a visualização - plotly.express é uma interface mais alto nível
import plotly.express as px

#cada linha do objeto DataFrame (variável "dados" é representada como uma região no mapa coroplético.
vis = px.choropleth_mapbox(
    dados,                               #informando qual o conjunto de dados
    geojson=condados,                    #deve conter uma coleção de recursos de polígono, com IDs, que são referências de locais
    locations='fips',                    #os valores dessa coluna/variável devem ser interpretados e mapeados para long./latitude
    color='unemp',                       #variável relacionada a taxa de desemprego definirá atribuição das cores
    color_continuous_scale="Viridis",    #paleta de cores contínua, padrão variando de azul escuro até amarelo
    range_color=(0, 15),                 #variação das cores de acordo com os valores da taxa de cada local
    mapbox_style="carto-positron",       #estilo do mapa que será utilizado
    zoom=2,                              #definição do zoom padrão, o usuário poderá aumentar/diminuir o mapa (durante interação)
    center = {"lat": 50.0902, "lon": -115.7129}, #definição da localização que irá centralizar o mapa logo ao abrir
    opacity=0.8,                         #valor entre 0 e 1. Define a opacidade para marcadores
    height=800,                          #definição altura da figura
    title='Exemplo de mapa coroplético (choropleth map)', #título da visualização
    labels={'unemp':'Taxa de desemprego', 'fips':'Condado/FIPS'} #Convertendo o nome das variáveis em versões para apresentar
                                         #no mapa quando o usuário passar o mouse sob determinada região
)
#apresentar a visualização
vis.show()
```

**Figura 5.** Código fonte comentado em Python para a apresentação de dados geolocalizados com uso da biblioteca Plotly.

De maneira geral, pode-se considerar que há duas necessidades diferentes para desenvolver visualizações para cada conjunto de dados sob análise.

1. Durante o processo de análise dos dados de maneira mais exploratória ou investigativa. Você buscará entender os dados, e não necessariamente compartilhará essas visualizações geradas com terceiros. Portanto, poderá utilizar recursos visuais mais simples (por exemplo: um histograma ou gráfico de dispersão) e que tragam agilidade para sua rotina de trabalho.
2. Durante o processo de apresentação dos resultados de sua análise, por meio de visualizações com o propósito expositivo. Para esses casos, os gráficos desenvolvidos podem ser mais elaborados, por exemplo, permitindo acesso distribuído em uma página *web* ou com uso de recursos interativos. Além disso, a apresentação como um todo deve ser feita com maior atenção para o *design*, inclusive, considerando estratégias de *data storytelling*.

Sendo assim, é importante ter conhecimento de diferentes linguagens, ferramentas e *frameworks* de visualização de dados, dos mais simples aos mais complexos, para gerar as visualizações de acordo com a demanda.

# Referências

ANACONDA. Austin, [2019?]. Disponível em: https://www.anaconda.com/. Acesso em: 20 fev. 2020.

ATOM. *Atom*. Versão 1.44.0. [*S. l.*]: GitHub, [2020?]. 1 programa de computador. Disponível em: https://atom.io/. Acesso em: 21 fev. 2020.

BOSTOCK, M. D3 data-driven documents. *D3js*. [*S. l.*], [2019?]. Disponível em: https://d3js.org/. Acesso em: 21 fev. 2020.

GRUBER, J. Markdown. *Daring Fireball*. [*S. l.*], 17 Dec. 2004. Disponível em: https://daringfireball.net/projects/markdown/. Acesso em: 21 fev. 2020.

HTMLWIDGETS FOR R. [*S. l.*], [201-?]. Disponível em: http://www.htmlwidgets.org/index.html. Acesso em: 21 fev. 2020.

JETBRAINS. *Webstorm*: the smartest JavaScript IDE. [*S. l.*]: JetBrains, [200–?]. 1 programa de computador. Disponível em: https://www.jetbrains.com/webstorm/. Acesso em: 21 fev. 2020.

JUPYTER. [*S. l.*], [2020?]. Disponível em: https://jupyter.org/. Acesso em: 20 fev. 2020.

MENDIS, A. Data visualization in Python: Matplotlib vs Seaborn. *KDnuggets*. [*S. l.*], Apr. 2019. Disponível em: https://www.kdnuggets.com/2019/04/data-visualization-python-matplotlib-seaborn.html. Acesso em: 20 fev. 2020.

OBSERVABLE. [*S. l.*], [2020?]. Disponível em: https://observablehq.com/. Acesso em: 21 fev. 2020.

PLOTLY. [*S. l.*], [2020?]. Disponível em: https://plot.ly. Acesso em: 21 fev. 2020.

PYCHARM. *Jetbrains*. [*S. l.*], [2020?]. Disponível em: https://www.jetbrains.com/pycharm/. Acesso em: 20 fev. 2020.

PYTHON. [*S. l.*], [2020?]. Disponível em: https://www.python.org/. Acesso em: 20 fev. 2020.

PYTHON. BeginnersGuide/Overview. *Python*. [*S. l.*], 18 set. 2019. Disponível em: https://wiki.python.org/moin/BeginnersGuide/Overview. Acesso em: 20 fev. 2019.

R-PROJECT. The R project for statistical computing. *R-Project*. [*S. l.*], [2020?]. Disponível em: https://www.r-project.org/. Acesso em: 20 fev. 2020.

RSTUDIO. Boston, [2020?]. Disponível em: https://rstudio.com/. Acesso em: 21 fev. 2020.

SPYDER. [*S. l.*], [2018?]. Disponível em: https://www.spyder-ide.org/. Acesso em: 20 fev. 2020.

TABLEAU. Changing the way you think about data. *Tableau*. [*S. l.*], [2020?]. Disponível em: https://www.tableau.com/. Acesso em: 20 fev. 2020.

W3SCHOOLS.COM. JavaScript tutorial. *W3Schools.com*. [S. l.], [2020?]. Disponível em: https://www.w3schools.com/js/. Acesso em: 21 fev. 2020.

WASKOM, M. An introduction to seaborn. *Seaborn*. [S. l.], [201–?]. Disponível em: http://seaborn.pydata.org/introduction.html. Acesso em: 21 fev. 2020.

WILKINSON, L. The grammar of graphics. *In*: GENTLE, J. E.; HÄRDLE, J. E.; MORI, Y. (ed.). *Handbook of computational statistics*: concepts and methods. 2nd ed. Berlin: Springer, 2012. p. 375-414.

### Fique atento

Os *links* para *sites* da *web* fornecidos neste capítulo foram todos testados, e seu funcionamento foi comprovado no momento da publicação do material. No entanto, a rede é extremamente dinâmica; suas páginas estão constantemente mudando de local e conteúdo. Assim, os editores declaram não ter qualquer responsabilidade sobre qualidade, precisão ou integralidade das informações referidas em tais *links*.

# *Frameworks* de visualização de dados de *big data*

## Objetivos de aprendizagem

Ao final deste texto, você deve apresentar os seguintes aprendizados:

- Identificar os principais *frameworks* para visualização de *big data*.
- Apresentar exemplos de visualização usando o Apache Zeppelin.
- Formular exemplos de visualização usando o Apache Spark Notebook.

## Introdução

Neste capítulo, você vai conhecer as fases que, tipicamente, compõem um projeto de *big data*, a fim de contextualizar a visualização de dados, que é uma fase de grande importância no contexto. Também serão apresentadas ferramentas que compõem o ecossistema do Apache Zeppelin e do Spark Notebook, que são duas das mais relevantes ferramentas de visualização de dados extraídos de um projeto de *big data*. Com a apresentação de conceitos e exemplos dessas ferramentas, você poderá confrontá-las com outros *frameworks* e ponderar vantagens e pontos de atenção que caracterizam cada uma delas.

## 1 Principais *frameworks* para visualização de dados

Antes de tratar efetivamente da visualização dos dados e suas principais ferramentas, é preciso mencionar as fases de um projeto de *big data* para melhor posicionar a visualização no escopo do projeto, que, tipicamente, apresenta as cinco fases seguintes (NAIR, 2017):

1. aquisição dos dados;
2. pré-processamento dos dados;
3. transformação dos dados;
4. visão dos dados;
5. visualização e análise dos dados.

A fase de visualização e análise confere inteligência sobre os dados já processados. Nessa fase, o *big data* expressa todo o seu poder e oferece gráficos, correlações e previsões ao tomador de decisão. Depois de percorrer o longo caminho da coleta até ele, o dado finalmente se torna informação útil e apta a basear julgamentos.

Deve-se observar que a fase de visualização ocupa o último lugar no processo e ela não seria atingida se o dado não tivesse antes sido inserido no sistema e passado pelas etapas de pré-processamento e processamento, gerando a visão compreensível para o usuário. É preciso notar também que o termo "visualização" é acompanhado pela expressão "análise de dados". Isso faz todo sentido na medida em que se compreende a função mais nobre de *big data*: prestar auxílio à tomada de decisão.

Foi com a intenção de oferecer ao usuário a possibilidade de analisar e descobrir tendências contidas na massa de dados que as ferramentas que serão abordadas a seguir — e que compõem importantes *frameworks* de visualização — foram criadas.

## D3.js

De acordo com o *site* do desenvolvedor, o D3.js é uma biblioteca JavaScript apropriada para manipular documentos que contêm dados. O D3 ajuda a dar vida aos dados usando HTML, SVG e CSS. A ênfase do D3 nos padrões da *web* oferece todos os recursos dos navegadores modernos sem se vincular a uma estrutura proprietária, combinando poderosos componentes de visualização e uma abordagem orientada a dados para a manipulação do DOM. A biblioteca de código pode ser baixada gratuitamente por meio do *site* oficial do D3.js.

*Frameworks* de visualização de dados de *big data* | 253

Um dos exemplos disponibilizados pelo desenvolvedor é o *bubble chart* ou gráfico de bolhas. Nesse gráfico, são apresentados círculos em que a área de cada um é proporcional ao próprio valor que ele representa. As Figuras 1 e 2, respectivamente, exibem o gráfico, em que cada círculo representa um arquivo, e o código que o gera.

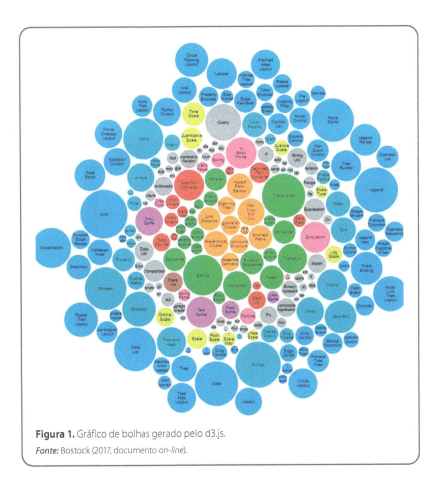

**Figura 1.** Gráfico de bolhas gerado pelo d3.js.
*Fonte:* Bostock (2017, documento *on-line*).

```
data = ▶ Array(252) [Object, Object, Object, Object, Object, Object, Object, Object, Object, Object,
data = d3.csvParse(await FileAttachment("flare.csv").text(), ({id, value}) => ((name: id.split(".").pop(), title:
id.replace(/\./g, "/"), group: id.split(".")[1], value: +value}))

pack = f(data)

pack = data => d3.pack()
    .size([width - 2, height - 2])
    .padding(3)
  (d3.hierarchy({children: data})
    .sum(d => d.value))

width = 932
width = 932

height = 932
height = width

format = f(t)
format = d3.format(",d")

color = f(i)
color = d3.scaleOrdinal(data.map(d => d.group), d3.schemeCategory10)

d3 = ▶ Object {event: null, format: f(t), formatPrefix: f(t, n), timeFormat: f(t), timeParse: f(t), utcFormat: f(t), utcPars
d3 = require("d3@5")
```

**Figura 2.** Parte do código do gráfico de bolhas gerado pelo d3.js.
*Fonte:* Bostock (2017, documento *on-line*).

Com o código disponível, é possível ao usuário alterar os dados nele contidos para seus propósitos de visualização.

## Tableau

Trata-se de uma ferramenta de visualização multiplataforma, com possibilidade de ser executada em versão *desktop*, *web* e *mobile*. A versão *desktop* de avaliação, disponível no *site* oficial da ferramenta, é oferecida para os sistemas operacionais Windows, iOS e Linux e pode ser avaliada por 14 dias.

Além das plataformas múltiplas, o produto também é oferecido para usuários individuais e para empresas. Para a segunda modalidade, é possibilitada instalação na infraestrutura própria da organização ou em hospedagem oferecida pela Tableau. Após realizar a instalação da versão de avaliação e o preenchimento de dados pessoais para cadastramento, o usuário terá acesso à tela inicial da ferramenta, exibida na Figura 3.

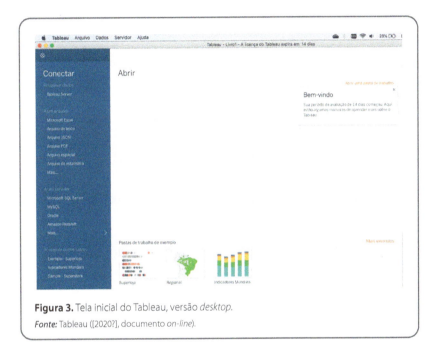

**Figura 3.** Tela inicial do Tableau, versão *desktop*.
Fonte: Tableau ([2020?], documento *on-line*).

A porção esquerda da tela oferece ao usuário as funcionalidades do Tableau e algumas delas são descritas a seguir.

- Tableau Server: opção que permite ao usuário estabelecer conexão com um servidor da Tableau para compartilhar seu trabalho e pesquisar dados.
- Conexão a um arquivo: opção que oferece conexão com arquivos de vários formatos e origens, incluindo Microsoft Excel, arquivo de texto, arquivo JSON e arquivo PDF, entre outros.
- Conexão a um servidor: opção que permite a conexão a bancos de dados, incluindo SQL Server, MySQL e Oracle.

- Fontes de dados salvas: funcionalidade que permite que o usuário execute um teste na ferramenta com dados já carregados. Uma ou mais dimensões de dados podem ser incluídas na planilha e, a cada conjunto de dados incluído, um formato tabular vai se compondo. Após a inclusão dos dados desejados, uma série de formatos gráficos ficam disponíveis ao usuário para visualização.

### Saiba mais

JSON (JavaScript Object Notation) é um modelo para armazenamento e transmissão de informações no formato texto. Apesar de muito simples, tem sido bastante utilizado por aplicações *web* devido à sua capacidade de estruturar informações de uma forma bem mais compacta do que o modelo XML, tornando mais rápido o *parsing* dessas informações (GONÇALVES, 2012).

Os valores monetários para aquisição da ferramenta não são disponibilizados diretamente no *site* do desenvolvedor.

## Apache Hadoop

Trata-se de um *framework* usado para o desenvolvimento de aplicações de processamento de dados que serão executadas em um ambiente computacional distribuído. Além de ser uma ferramenta bastante conhecida e utilizada nas atividades de *big data*, o Spark é um projeto relacionado ao Hadoop, conforme afirma seu fabricante.

Além de ser boa referência no desenvolvimento e na manutenção de servidor HTTP, a Apache vem se notabilizando pela produção de grandes quantidades de aplicações para *big data*. Exemplos dessas aplicações incluem Apache Flink, Apache Kudu e Apache Samza.

A seguir, serão apresentados os *frameworks* Apache Zeppelin e o Apache Spark Notebook, com exemplos que ilustram o seu funcionamento.

## 2 Apache Zeppelin

Pouco valeria todo o trabalho de coleta, armazenamento e processamento de grandes quantidades de dados se não fosse possível ao interessado obter um formato de visualização consistente e bem compreensível, para, assim, interpretar os dados e usar essa interpretação para os fins pretendidos. Da mesma forma e considerando ainda um ambiente empresarial em que se use mais de um tipo de banco de dados, todo o processamento teria valor pouco significativo se não fosse possível gerar gráficos agrupados dos dados em uma única ferramenta.

Uma das soluções mais adotadas para esses casos é o Apache Zeppelin. Trata-se de uma ferramenta totalmente gratuita que permite a criação de meios gráficos para visualização consolidada de grandes quantidades de dados. Uma das suas mais interessantes funcionalidades é a camada que interpreta diversos meios de escrita de comandos para extração de dados.

A Figura 4 exemplifica a exibição de conjuntos de dados nessa ferramenta. A seguir, a Figura 5 oferece o código SQL que a gera.

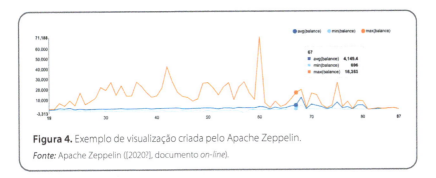

**Figura 4.** Exemplo de visualização criada pelo Apache Zeppelin.
*Fonte:* Apache Zeppelin ([2020?], documento *on-line*).

```
%spark.sql
select age, avg(balance), min(balance), max(balance) from bank group by age order by age
```

**Figura 5.** *Query* SQL que gera a visualização da Figura 4.
*Fonte:* Apache Zeppelin ([2020?], documento *on-line*).

Nagar (2017) define o Apache Zeppelin como um *notebook* de código aberto baseado na *web*, que permite análise interativa de dados e documentos colaborativos. O *notebook* é integrado a sistemas distribuídos de processamento de dados de uso geral, como o Apache Spark, para processamento de dados em larga escala, o Apache Flink, *framework* de processamento de fluxo, e muitos outros. O Apache Zeppelin permite criar belos documentos interativos, controlados por dados, com SQL, Scala, R ou Python diretamente no navegador.

O *site* da ferramenta disponibiliza informações sobre o interpretador Zeppelin. De acordo com Apache Zeppelin ([2019]), a aplicação do conceito de interpretador Zeppelin permite que qualquer linguagem ou *backend* de processamento de dados seja conectada ao Zeppelin. Atualmente, o Zeppelin suporta muitos intérpretes, como Scala (com Apache Spark), Python (com Apache Spark), Spark SQL, JDBC, Markdown, Shell e assim por diante.

O interpretador é disponibilizado como um *plug-in* que habilita os usuários do Zeppelin a utilizarem uma linguagem ou *backend* de processamento de dados específica. Por exemplo, para usar o código Scala no Zeppelin, basta selecionar o interpretador **%spark** no formulário de diálogo da ferramenta.

A simplicidade, aliás, é uma boa marca do Zeppelin e se manifesta na configuração da visualização de dados. Os gráficos que se tornarão bases para análises e tomadas de decisão são gerados a partir da criação de um *notebook*. O acionamento do botão **+Create new note** na interface da ferramenta dá início à configuração de ambiente de visualização de dados, e a ação seguinte deve ser escolher o interpretador ou os interpretadores para a criação da visualização.

A simplicidade da interface do Zeppelin permite a configuração de formulários de entrada criados dinamicamente pela ferramenta. Dependendo da linguagem de *backend*, existirão duas maneiras diferentes de criar um formulário dinâmico. Os formulários podem ter escopo *paragraph* ou *note*. Formulários com escopo *note* estão disponíveis em todos os parágrafos, independentemente de qual parágrafo tenha código para criar esses formulários.

## 3 Spark Notebook

O projeto Spark contém vários componentes integrados e algumas variações para fins específicos. Uma delas é o Spark Notebook, que, segundo a comunidade GitHub ([2016?]), constitui uma ferramenta de código aberto destinada a fornecer um editor interativo baseado na *web* que pode combinar código Scala, consultas SQL, código de marcação, como o HTML, por exemplo, e JavaScript, de maneira colaborativa, para explorar, analisar e extrair informações de grandes conjuntos de dados.

Nesse caso, a nomenclatura *notebook* equivale a uma área de trabalho em que é possível escrever código (uma *query* ou um código Python, por exemplo), observar e manipular uma visualização, executar *download* da fonte de dados e alterar uma série de parâmetros no contexto do *notebook*.

De acordo com Sakurai (2019), o Spark Notebook é uma ferramenta que possibilita a geração de um *notebook* por meio de programação. *Notebook* é um arquivo composto por células que possuem código ou texto e que podem ser executadas, desde que em conexão com o Spark. Na prática, a criação do *notebook* corresponde à criação de um *pipeline*, que é um fluxo de manipulação dos dados em que se realizam leituras, transformações e visualizações de dados.

**Fique atento**

Você poderá encontrar também a definição de *notebook* como uma interface baseada na *web* para um documento que contém código executável, texto, figuras e outros elementos visuais.

A Figura 6 exibe um exemplo da utilização do Spark Notebook para visualização de dados. O gráfico gerado expressa a densidade demográfica de estados brasileiros, com destaque para o estado de São Paulo.

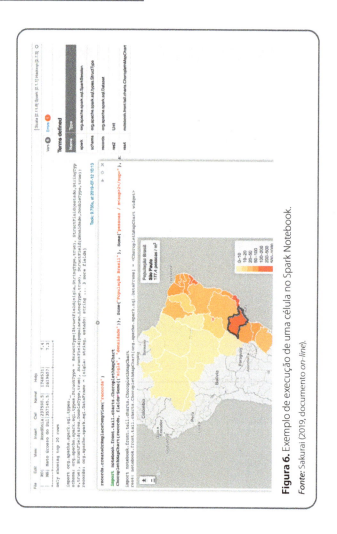

**Figura 6.** Exemplo de execução de uma célula no Spark Notebook.
*Fonte:* Sakurai (2019, documento *on-line*).

A decisão de adotar uma ferramenta passa pela análise da sua disponibilidade, da sua conveniência, de outras ferramentas que atuam em conjunto, das vantagens em relação a outras similares e de suas desvantagens. Conforme o exemplo anterior, é possível concluir que um *notebook* pode não ser o ambiente mais indicado para que interessados, os clientes, no caso, visualizem os dados — sejam eles apenas visuais ou não — produzidos pelo *pipeline*, pois os códigos que produziram os gráficos os acompanham, o que pode tornar confusa a visualização.

O Spark Notebook permite a manipulação dos dados adquiridos e, com eles, a criação de gráficos em vários formatos, bem como a composição de mapas. Na falta de um mapa nativo que satisfaça à necessidade de seu usuário, o Spark Notebook permite a implementação e importação de novos gráficos feitos sob medida (SAKURAI, 2019).

## Referências

APACHE ZEPPELIN. *Apache Zeppelin platform*. [S. l.]: Apache Zeppelin, [2020?]. 1 programa de computador. Disponível em: https://zeppelin.apache.org/. Acesso em: 22 fev. 2020.

APACHE ZEPPELIN. *What is Apache Zeppelin?* Versão 0.8. [S. l.]: Apache Zeppelin, [2019]. 1 programa de computador. Disponível em: https://zeppelin.apache.org/. Acesso em: 22 fev. 2020.

APACHE ZEPPELIN. What is dynamic form? *Zeppelin 0.8.2*, [s. l.], [2020?]. Disponível em: http://zeppelin.apache.org/docs/0.8.2/usage/dynamic_form/intro.html. Acesso em: 22 fev. 2020.

BOSTOCK, M. *Bubble chart*. 2017. 1 diagrama. Disponível em: https://observablehq.com/@d3/bubble-chart. Acesso em: 22 fev. 2020.

BOSTOCK, M. *D3 data-driven documents*. Versão 5.15.0. [S. l.]: D3js, [2019?]. 1 programa de computador. Disponível em: https://d3js.org/. Acesso em: 22 fev. 2020.

GITHUB. Spark notebook. *GitHub*, [s. l.], [2016?]. Disponível em: https://github.com/spark-notebook/spark-notebook. Acesso em: 24 fev. 2020.

GONÇALVES, E. C. JSON tutorial. *DevMedia*, Rio de Janeiro, 2012. Disponível em: https://www.devmedia.com.br/json-tutorial/25275. Acesso em: 22 fev. 2020.

NAGAR, K. Data visualization using apache Zeppelin. *Big Data Zone*, [s. l.], 17 Oct. 2017. Disponível em: https://dzone.com/articles/data-visualization-using-apache-zeppelin. Acesso em: 22 fev. 2020.

NAIR, P. *Beginning Apache Hadoop administration*: the first step towards Hadoop administration and management. Chennai: Notion Press, 2017.

SAKURAI, R. Automatizando a execução de Spark Notebooks. *Info Q*, [s. l.], 3 out. 2019. Disponível em: https://www.infoq.com/br/articles/automatizando-spark-notebooks. Acesso em: 24 fev. 2020.

TABLEAU. *The tableau platform*. [S. l.]: Tableau, [2020?]. 1 programa de computador. Disponível em: https://www.tableau.com/. Acesso em: 22 fev. 2020.

**Fique atento**

Os *links* para *sites* da *web* fornecidos neste capítulo foram todos testados, e seu funcionamento foi comprovado no momento da publicação do material. No entanto, a rede é extremamente dinâmica; suas páginas estão constantemente mudando de local e conteúdo. Assim, os editores declaram não ter qualquer responsabilidade sobre qualidade, precisão ou integralidade das informações referidas em tais *links*.

# Power BI

## Objetivos de aprendizagem

Ao final deste texto, você deve apresentar os seguintes aprendizados:

- Descrever os principais recursos e funcionalidades do Power BI.
- Examinar um exemplo de aplicação do Power BI.
- Aplicar o Power BI em um cenário simples de análise e visualização.

## Introdução

Atualmente, as empresas geram uma quantidade de dados muito maior do que a gerada há alguns anos. Por isso, são necessárias ferramentas apropriadas para a consolidação desses dados e para a sua melhor visualização. Para atender essa demanda, surgiram diversas ferramentas. Entre elas, está a ferramenta Power BI, criada pela Microsoft. O Power BI é uma coleção de serviços *on-line* e de funcionalidades que possibilitam localizar e visualizar dados, partilhar descobertas e colaborar de forma intuitiva. Trata-se de uma ferramenta que facilita a criação de relatórios interativos e a sua distribuição.

Neste capítulo, você vai conhecer os recursos e as funcionalidades do Power BI. Você também vai verificar como ocorre a aplicação dessa ferramenta. Por fim, vai acompanhar um exemplo simples de utilização do Power BI.

## 1 Principais recursos e funcionalidades

Antes de você conhecer melhor a ferramenta Power BI, deve ter em mente o conceito de *business intelligence* (BI). O BI reúne tecnologia, processos e metodologia. Juntos, esses elementos transformam uma quantidade imensa de dados em informações importantes para a tomada de decisões de uma gestão. O BI também é conhecido como "inteligência empresarial", por abranger todos os setores de uma empresa, desde o financeiro, o operacional e o comercial até o *marketing*.

Segundo Sharda, Delen e Turban (2019, p. 15), "[...] o principal objetivo do BI é possibilitar acesso interativo (às vezes em tempo real) a dados, permitir a manipulação de dados e oferecer a gestores empresariais e analistas a capacidade de conduzir análises apropriadas". Em outras palavras, o grande objetivo do BI é possibilitar uma fácil interpretação de grandes volumes de dados. Por meio desse processo, é possível entregar a informação correta para a pessoa certa no momento adequado, garantindo melhores resultados. A seguir, você vai conhecer um pouco da história da ferramenta Power BI, que surgiu para facilitar o seu dia a dia no que diz respeito à consolidação de dados.

## História do Power BI

A utilização do Power BI é indispensável para empresas que prezam pela melhoria da análise de seus dados, buscando alavancar os seus resultados. O Power BI possui como principal objetivo a entrega de dados estruturados. Ele atua principalmente para o aumento da assertividade no momento da tomada de decisões. Além disso, como você viu, o Power BI possui ligação direta com o conceito de BI.

O surgimento do Power BI se deu por conta da necessidade do mercado de realizar análises rápidas e assertivas das informações de um negócio. Dessa forma, a Microsoft desenvolveu uma ferramenta capaz de reunir diversas funcionalidades, como o tipo de visualização do Tableau e o gráfico dinâmico do Excel. Ruler e Dhers Netz foram os idealizadores do Power BI. Ambos faziam parte da equipe de serviços de cobertura do servidor Structured Query Language (SQL) da Microsoft. Em 2010, West Chadic George desenhou o projeto e o chamou de "Projeto Crescente". O nome de código "SQL Server Mount McKinley" foi definido em 2011. Em setembro de 2014, a Microsoft apresentou a primeira visualização do Power BI. Seu lançamento oficial ocorreu em 24 de julho de 2015, baseando-se em suplementos inspirados no Excel, como Pivot, Power Query, Map e View (CRUZ, 2020).

O Power BI nada mais é do que uma solução de BI com o objetivo de otimizar o consumo de informações, criando gráficos e reportando os dados de maneira mais efetiva. Utilizando o Power BI, você consegue criar *dashboards* e relatórios personalizados sobre seus mais variados processos, com resultados bem elaborados e com uma visualização de fácil entendimento. Dessa forma, o Power BI viabiliza uma conexão assertiva entre várias fontes de dados, possibilitando a obtenção de dados com baixíssima taxa de erros.

## O que é o Power BI?

Todas as empresas, independentemente do seu tamanho, geram uma quantidade imensa de dados. Com o crescimento da organização, o volume dessas informações também aumenta, demandando um controle muito maior e tornando mais complexa a sua consolidação.

As informações podem variar, incluindo dados relativos ao público-alvo, às formas de consumo de um produto específico, ao serviço que está disponível, aos níveis de satisfação dos clientes, aos indicadores de desempenho de mercado, etc. Como exemplo, considere a área de atendimento ao cliente de uma empresa, que recebe sugestões, reclamações e elogios; todas essas informações se tornam dados que, se forem bem interpretados, são valiosos para a empresa.

A partir desse ponto, surge a automação. Nesse cenário, o Power BI atua como um forte aliado, e não apenas para o agrupamento de todas as informações, mas também para que elas sejam reunidas de forma efetiva. A ideia é que realmente se obtenham informações pertinentes para apoiar principalmente os gestores no momento de uma tomada de decisão.

O Power BI reúne serviços de *software*, conectores e aplicativos que trabalham de forma conjunta. Essa ferramenta consegue conectar as fontes de dados da empresa que não são relacionadas e produzir informações coerentes, oferecendo dados coesos para os gestores e demais funcionários, bem como indicando questões relevantes.

As informações geradas pelo Power BI são ainda visualmente interativas e envolventes. Isso significa que os gráficos são customizáveis pelo usuário, potencializando a sua experiência (*User Experience* — UX). Isso é possível devido às diversas funcionalidades que a ferramenta disponibiliza, bem como devido ao fácil redimensionamento das informações, que é simples para quem está acostumado com outros produtos da Microsoft.

Os dados utilizados pelo Power BI podem ser visualizados com base em várias dimensões e atributos, como data e hora. Segundo Santos (2019), os dados podem estar localizados em:

- uma planilha do Excel alimentada por integrantes da empresa;
- suportes baseados na nuvem;
- coleções de *data warehouses*;
- bancos de dados conectados diretamente ao serviço;
- serviços de análise de dados públicos e pagos (dados de consumidor, população, etc.).

## Vantagens do Power BI

Como o Power BI não deixa de ser uma ferramenta de automação empresarial, sua principal vantagem é o ganho em tempo de todos que o utilizam. Agora imagine que você trabalha em uma empresa na qual precisa, além de preencher planilhas do Excel, visualizar todas as linhas e colunas para obter um entendimento claro do que está acontecendo, a fim de chegar a algumas conclusões para a tomada de uma decisão importante. Levando em consideração que algumas dessas planilhas não possuem um volume de dados pequeno, o tempo gasto com interpretações é significativo.

Com um *software* que não só utiliza esses dados, mas também promove o cruzamento com outros dados das mais diferentes fontes e no fim entrega informações relevantes, o trabalho de análise da gestão fica otimizado e com menor margem para erros. Isso se reflete em um gasto menor de tempo, que pode ser empregado em outras tarefas relevantes do dia a dia e que sejam estratégicas para a organização. Além dessas, há outras vantagens do Power BI, como as listadas a seguir:

- incentivo à colaboração, já que todos os relatórios são apresentados de forma interativa;
- facilidade de compartilhamento de relatórios e painéis;
- transformação de dados em *dashboards*, facilitando a visualização e a interpretação;
- combinação de dados que permite acesso rápido a respostas;
- *dashboards* personalizados;
- configuração de alertas móveis para o *smartphone* diante de algum dado alterado;
- tomadas de decisão baseadas em fatos;
- ganho em posicionamento estratégico;
- visualização 360° do negócio em um painel interativo;
- disponibilização para todos os principais sistemas operacionais;
- fácil visualização dos dados filtrados por diversos atributos em uma exibição única;
- monitoramento das informações ao vivo a partir de qualquer dispositivo móvel;
- conteúdo baseado em nuvem, o que permite que qualquer pessoa autorizada analise e visualize os dados com rapidez e eficiência;
- aumento da produtividade.

Além dessas vantagens, há ainda uma que se destaca: a integração com *software* de atendimento ao cliente. A seguir, veja uma lista desse tipo de *software*.

- **Azure Analysis Services:** possui uma função de autoatendimento que permite a descoberta de dados para usuários de negócios por meio do Power BI, simplificando a exibição de dados.
- **UserVoice:** é uma solução única e centralizada de *feedback* do produto. Fornece tudo o que você precisa para reunir, agregar, analisar e acompanhar o *feedback* de clientes e equipes internas.
- **Salesforce:** é uma solução de gerenciamento de relacionamento com clientes que reúne empresas e clientes, sendo uma plataforma de *Customer Relationship Management* (CRM) integrada que oferece a todos os seus departamentos (incluindo *marketing*, vendas, comércio e serviços) uma visão única e compartilhada de cada cliente.
- **MailChimp:** é utilizado principalmente para indicar tendências por meio de relatórios. O MailChimp é uma plataforma para o envio de *e-mail marketing*.

## Principais funções do Power BI

O Power BI é muito amplo e suas funções permitem que o usuário obtenha mais conexão com seus próprios dados, podendo tomar decisões mais rápidas e melhores. A seguir, você vai conhecer as principais funções do Power BI, de acordo com Alvez (2019).

- **Criação de *storytelling*:** uma das principais funções do Power BI é a possibilidade de narrar uma história de forma visual por meio de dados. É possível criar uma linha do tempo de maneira personalizada utilizando as diversas combinações de representação, escala e leiaute disponíveis no *menu*.
- **Exportação de relatórios do Power BI para o PowerPoint:** o PowerPoint por si só já é considerado uma excelente ferramenta, com inúmeros recursos de textos, imagens, sons, efeitos e animação em sua composição de *slides*. O Power BI possui um recurso para a exportação de seus relatórios para o PowerPoint.

- **Utilização do Quick Insights no serviço do Power BI:** o Quick Insights possui como objetivo que o usuário encontre facilmente informações úteis em seus dados de todas as formas possíveis. O Power BI permite a realização rápida e automática de pesquisas por informações ocultas nos blocos dos painéis. Esse recurso também é utilizado para encontrar correlações, pontos de mudanças, tendências e principais fatores diretamente nos blocos do painel em que o usuário está mais interessado.
- **Criação e configuração de um *dashboard*:** o principal objetivo desse recurso é facilitar a visualização de dados e, principalmente, o entendimento das informações da organização, além de facilitar as tomadas de decisões. Normalmente, os elementos visuais (como gráficos e indicadores de gestão) permitem que tanto os gestores quanto a sua equipe consigam monitorar o andamento de metas e resultados com bastante clareza, pois são elementos altamente interativos, dinâmicos, customizáveis e intuitivos.
- **Perguntas sobre os dados usando linguagem natural:** o recurso de linguagem natural permite ao usuário fazer perguntas a respeito dos seus dados de forma instantânea. Ele obtém respostas úteis e confiáveis por meio de tabelas, gráficos e mapas utilizando uma linguagem de alto nível, a linguagem Pergunta e Resposta (P&R — ou Q&A na sigla em inglês).
- **Transformação de colunas em linhas:** a guia de transformação no Power BI permite a realização de algumas etapas importantes na criação de um indicador, como a alteração, a remoção e a adição de dados. Esse recurso tem como objetivo auxiliar nas edições de dados por meio do editor do Power Query.
- **Tabelas e matrizes:** esse visual é indicado para quando existe a necessidade de detalhar os dados. Uma matriz facilita a exibição significativa de dados em várias dimensões, suportando um leiaute escalonado. A matriz agrega automaticamente os dados e permite a pesquisa detalhada. Por exemplo, você pode selecionar linhas, colunas e até células individuais e realçar seu cruzamento. Além disso, células individuais e várias seleções de células podem ser copiadas e coladas em outros aplicativos.
- **Gráficos de cascata:** os gráficos em cascata mostram um total em execução à medida que o Power BI adiciona e subtrai valores. Eles são úteis para o usuário entender como um valor inicial (por exemplo, o lucro líquido) é afetado por uma série de mudanças positivas e negativas.

- **Medidores e cartões de único número:** os medidores e cartões de único número são utilizados na maioria das vezes para comparar valores diferentes. Eles são úteis tanto para acompanhar um único indicador (por exemplo, vendas totais) ou uma métrica ao longo do tempo quanto para destacar os valores totais (por exemplo, o total de vendas) em um painel com diversos dados.
- **Modificação das cores em visuais (cor de sentimento):** o Power BI traz consigo uma variedade de cores, que devem ser utilizadas de acordo com cada usuário e também com o que se deseja demonstrar. O principal objetivo da modificação de cores é deixar seus relatórios e painéis mais interessantes e atraentes, personalizados de acordo com suas necessidades.
- **Obtenção de dados da *web*:** os usuários podem extrair facilmente dados de páginas da *web* e importar esses dados para o Power BI. Muitas vezes, os dados nas páginas da *web* não estão em tabelas organizadas fáceis de extrair. Obter dados dessas páginas pode ser um desafio, mesmo que os dados sejam estruturados e consistentes. Porém, o Power BI traz uma solução. Com o recurso Obter Dados da Web, você pode mostrar para a ferramenta quais dados deseja extrair, fornecendo um ou mais exemplos na caixa de diálogo do conector. O Power BI reúne outros dados na página que correspondem aos seus exemplos. Com essa solução, você pode extrair todos os tipos de dados de páginas da *web*, incluindo dados encontrados em tabelas e outros dados que não são de tabelas.
- ***Tooltip* nos gráficos:** permite que você crie dicas de ferramentas de relatório visualmente sofisticadas que aparecem quando você passa o *mouse* sobre elementos visuais, com base nas páginas de relatório criadas no Power BI. Suas dicas de ferramentas personalizadas podem incluir imagens e qualquer outra coleção de itens criados na página de relatório.
- **Gráfico de dispersão:** esse recurso é utilizado para a associação entre pares de dados (por exemplo, a representação gráfica de dois elementos como pressão e temperatura).

## Linguagem DAX no Power BI

Uma das principais funções do Power BI é a utilização da linguagem DAX. O DAX é uma coleção de funções, operadores e constantes que podem ser usados em uma fórmula ou expressão para calcular e retornar um ou mais valores. Em síntese, o DAX ajuda a criar novas informações de dados que já estão em seu modelo. É com ele que o Power BI "faz mágica" e transforma dados e informações em inteligência para seus relatórios. A linguagem DAX dá dinâmica, compreensão e vida aos dados.

De acordo com Tarcio (2017), o DAX se tornou muito importante para "analisar o percentual de crescimento em diferentes categorias de produtos em intervalos de datas diferentes", "calcular o crescimento ano a ano comparado às tendências do mercado" e "localizar um valor específico nas tabelas".

A sintaxe de fórmula DAX inclui os diversos elementos que compõem uma fórmula. Por exemplo, uma fórmula simples do DAX, usada para criar dados (valores) para cada linha em uma coluna calculada, se apresenta da seguinte forma:

$$DAX = [VolumeDeVendas] - [CustoTotal]$$

A sintaxe dessa fórmula inclui os elementos elencados a seguir (PEREIRA, 2018).

- O operador de sinal de igual (=), que indica o início da fórmula; quando essa fórmula for calculada, retornará um resultado ou valor.
- A coluna referenciada [VolumeDeVendas], que contém os valores dos quais se deseja subtrair. Uma referência de coluna em uma fórmula sempre é envolvida por colchetes.
- O operador matemático de subtração (–).
- A coluna referenciada [CustoTotal], que contém os valores que se deseja subtrair da coluna [VolumeDeVendas].

**Saiba mais**

A Microsoft (2016) afirma que 98 das 100 empresas Fortune 100 usam o SQL Server. Assim, pode-se inferir que essa ferramenta oferece um benefício significativo. Tal inferência tem base também no exemplo do Hospital de Clínicas de Porto Alegre: em 2016, a instituição migrou seu repositório de dados e sistema de BI para o Microsoft SQL Server 2014. Com isso, conseguiu uma redução de 80% dos *jobs* de extração, transformação e carga de dados, o que reduziu o tempo de recebimento das informações necessárias para a tomada de decisões dos gestores.

## 2 Exemplo de aplicação

O Power BI vem revolucionando o mercado de BI e é o assunto do momento nas empresas. Dominar o Power BI já é tão necessário no mundo empresarial quanto dominar o Excel. Segundo um estudo da Forbes Insights ([2020?]) baseado em entrevistas com executivos de TI e de negócios, em torno de 60% das organizações planejam aumentar seus investimentos nas ferramentas de BI, pois acreditam que a análise dos dados pode gerar "informações valiosas". Além disso, 54% dos entrevistados afirmam que melhorar a visualização dos dados organizacionais é um diferencial estratégico.

Antes de conhecer um exemplo sobre Power BI, você precisa entender como a estrutura dessa ferramenta funciona, levando em consideração a sua divisão em três partes (Figura 1):

- Power BI Desktop;
- Power BI Service;
- Power BI Mobile.

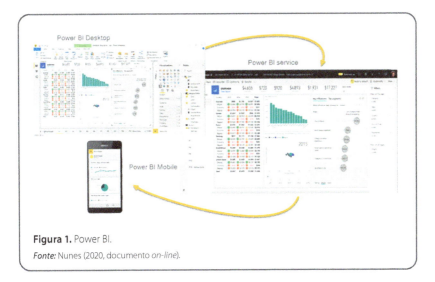

**Figura 1.** Power BI.
*Fonte:* Nunes (2020, documento *on-line*).

## Power BI Desktop

O Power BI Desktop é a versão gratuita do Power BI que você pode instalar no computador local como um programa. Ele atua como um aplicativo de *desktop* complementar para a versão completa do Power BI. Se você precisa consolidar suas fontes de dados, criar seus próprios relatórios e conduzir sua própria análise ou testar seus recursos, essa é a versão perfeita. Ela é adequada para todos os níveis de habilidade. Caso você não seja da área de TI e deseje tornar seus relatórios mais interativos, ou seja um analista que busca relatórios mais detalhados, o Power BI Desktop é uma das melhores ferramentas de análise de negócios.

Essa modalidade não precisa de um licenciamento, permitindo criar modelos de dados e relatórios sem nenhum custo. Apesar de o Power BI Desktop ser uma ótima ferramenta, a utilização de uma licença gratuita do Power BI tem suas limitações. Veja:

- impossibilidade de compartilhar relatórios criados com usuários que não são do Power BI Pro;
- espaços de trabalho sem aplicativo;
- nenhuma incorporação de Application Programming Interface (API);
- nenhuma assinatura de *e-mail*;
- ausência de compartilhamento ponto a ponto;
- ausência de suporte para análise no Excel no Power BI Desktop.

Em resumo, todos os recursos básicos do Power BI — como limpeza e preparação de dados, conectores para fontes de dados, relatórios personalizados, visualizações e exportações para aplicativos da Microsoft — estão incluídos no Power BI Desktop. Portanto, qualquer funcionalidade ou recurso principal disponível no Power BI Desktop também é padrão nas versões pagas de camada superior.

## Power BI Service (Pro e Premium)

O Power BI Service é o serviço *on-line* do Power BI. Por meio dele, você pode compartilhar seus relatórios e *dashboards* com outros membros da organização. Os relatórios podem ser visualizados ou editados, facilitando a comunicação entre as partes envolvidas. A edição é permitida apenas para usuários autorizados. Na interface do Power BI Service, é possível trabalhar com os relatórios vindos do Power BI Desktop ou criar relatórios novos, por meio da importação e do trabalho das bases de dados diretamente nessa ferramenta.

O Power BI Pro é a versão completa do Power BI, com a capacidade de usar o Power BI para criar painéis e relatórios, além de exibir, compartilhar e consumir ilimitadamente os relatórios criados, bem como os relatórios compartilhados por outras pessoas.

A seguir, veja as principais diferenças do Power BI Pro em relação ao Power BI Desktop:

- capacidade de incorporar recursos visuais do Power BI em aplicativos (PowerApps, SharePoint, Teams, etc.);
- integração nativa com outras soluções da Microsoft (Azure Data Services);
- compartilhamento de conjuntos de dados, painéis e relatórios com outros usuários do Power BI Pro;
- criação de áreas de trabalho do aplicativo e compartilhamento ponto a ponto.

O Power BI Pro é licenciado por usuário individual. Por exemplo, se sua organização possui 20 pessoas que precisam de todos os recursos do BI de autoatendimento para criar painéis e relatórios, você precisa de 20 licenças do Power BI Pro, que fornecem aos usuários acesso total à criação de relatórios e consumo ilimitado de qualquer conteúdo criado. Existe também o Power BI Premium, considerado a camada mais cara do Power BI disponível atualmente. Tal camada é muito distinta das outras duas versões disponíveis no mercado.

Além dos recursos e padrões de funcionalidade de todas as versões do serviço, os usuários do Power BI Premium obtêm:

- maiores limites de capacidade de dados e desempenho máximo;
- acesso a uma superfície de API;
- capacidade de incorporar recursos visuais do Power BI em aplicativos (PowerApps, SharePoint, Teams, etc.);
- tamanhos de armazenamento maiores para implantações estendidas;
- distribuição geográfica, taxas de atualização mais altas, isolamento, fixação na memória, réplicas somente leitura;
- servidor de relatório do Power BI.

O Power BI Premium difere da versão gratuita e do Power BI Pro em seu modelo de licenciamento, que atende apenas a um tamanho e a um tipo específico de organização e cenário de negócios. Você pode comprar o Premium em versões com capacidades variadas. Há diferentes números de memória e núcleos virtuais que podem ser dimensionados conforme os requisitos de análise de dados mudam.

Dessa forma, você licencia a capacidade de seus conjuntos de dados, painéis e relatórios, e não apenas todos os usuários desse conteúdo. Em outras palavras, você não compra licenças individuais, mas em massa, para permitir que um grande número de usuários use o Power BI para exibir relatórios. Todo o seu conteúdo é armazenado no Premium e pode ser visualizado por quantos usuários da sua organização você desejar, sem custos adicionais por usuário.

**Fique atento**

Segundo a Microsoft (2020a), a diferença entre a licença Free ou Pro e a licença do Power BI Premium é que esta fornece capacidade dedicada para todos os usuários da organização. A capacidade dedicada (*premium workspace*) pode ser usada para hospedar grandes conjuntos de dados, com até 50 GB de tamanho, e oferece um total de 100 TB de armazenamento de dados.

Além disso, os relatórios e painéis podem ser agrupados em um "aplicativo" e compartilhados com os usuários, que precisam apenas de uma licença gratuita para visualizar o aplicativo. Os relatórios e *dashboards* em um *premium workspace* também podem ser compartilhados com usuários que têm uma licença gratuita.

## Power BI Mobile

O Power BI Mobile está disponível para dispositivos móveis com iOS, Android e Windows. Por meio da utilização dessa plataforma, você consegue se conectar e interagir com os dados locais e da nuvem, ou seja, pode acessar os relatórios criados no Power BI Desktop e no Power BI Service. Essa forma de ter o Power BI em suas mãos — por exemplo, em seu celular, acessando as informações em tempo real — é um grande diferencial no que diz respeito à gestão dos negócios.

Quando ocorre uma alteração nos dados, você recebe uma notificação; no entanto, você não pode criar ou editar relatórios. Os aplicativos funcionam de maneira muito semelhante ao serviço do Power BI, no qual você pode navegar rapidamente entre diferentes áreas de trabalho, relatórios e painéis usando guias. Você pode interagir com seus relatórios do Power BI clicando em diferentes recursos visuais ou usando ferramentas para filtrar os dados.

## Exemplo

Aqui, você vai conhecer melhor o relatório do Power BI (ficheiro.pbix), que pode ser visto na Data Stories Gallery, aberto e explorado no Power BI Desktop ou carregado para o serviço Power BI. Segundo a Microsoft (2020a, documento *on-line*):

> [...] um relatório do Power BI é uma vista de múltiplas perspectivas sobre um conjunto de dados, com elementos visuais que representam diferentes achados e informações desse conjunto de dados. Um relatório pode ter um único elemento visual ou páginas cheias de elementos visuais. Consoante a sua função, pode ser um estruturador de relatórios. Também pode ser alguém que consome ou utiliza relatórios.

Na Figura 2, você pode ver diversos elementos visuais, bem como algumas das funções da aplicação.

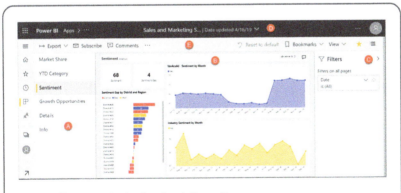

**Figura 2.** Elementos visuais e funções do Power BI.
*Fonte:* Microsoft (2020c, documento *on-line*).

Na Figura 2, repare nas letras A a E, que rotulam cada um dos elementos presentes no relatório exemplificado. A seguir, veja a descrição desses elementos (MICROSOFT, 2020b).

a) O relatório possui seis páginas, também conhecidas como "separadores"; na Figura 2, está aberta a aba Sentiment.
b) Na página, existem cinco elementos visuais diferentes e um título.
c) O painel Filters mostra um filtro aplicado a todas as páginas do relatório. Para fechar o painel Filters, selecione a seta (>).
d) Na parte superior do Power BI, são apresentados o nome do relatório e a data da última atualização.
e) A barra de ação contém ações que podem ser executadas no relatório. Por exemplo: você pode adicionar um comentário, ver um indicador ou exportar dados do relatório. Selecione as reticências (...) para ver a lista completa de funcionalidades de relatório.

**Saiba mais**

Para obter mais informações sobre o Power BI, acesse o *site* da Microsoft, que disponibiliza diversos textos sobre o assunto, com informações e respostas de especialistas.

## 3 Aplicação em cenário simples

Como você já viu, o Power BI é uma coleção de serviços *on-line* e de funcionalidades que permitem localizar e visualizar dados, partilhar descobertas e colaborar de forma intuitiva. É uma ferramenta que facilita a criação de relatórios interativos e a sua distribuição. De acordo com Turban e Volonino (2013, p. 21), "O BI é uma categoria ampla de aplicações, tecnologias e processo de coleta, armazenamento, acesso e análise de dados para ajudar usuários empresariais a tomar melhores decisões".

Com o uso do Power BI, é possível disponibilizar visões do banco de dados diretamente aos usuários para que eles construam suas próprias visões de relatórios e criem indicadores. A seguir, você vai ver como funciona a instalação dessa ferramenta e acompanhar um passo a passo para a criação de um *dashboard*. Para isso, será utilizada a versão Power BI Desktop.

## Instalação do Power BI Desktop

Primeiramente, você deve realizar o *download* da ferramenta (Figura 3). Para isso, acesse o *site* oficial Power BI.

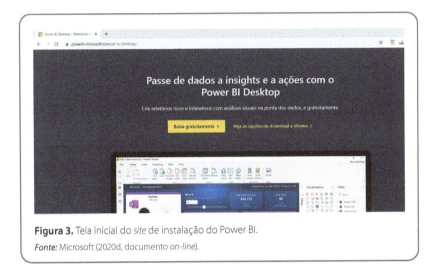

**Figura 3.** Tela inicial do *site* de instalação do Power BI.
*Fonte:* Microsoft (2020d, documento *on-line*).

Após o *download*, dê um duplo clique no arquivo. A tela de boas-vindas da instalação será carregada (Figura 4).

**Figura 4.** Tela de boas-vindas da instalação.
*Fonte:* Cetax ([2019], documento *on-line*).

Agora, siga as instruções a seguir:

- primeiramente, clique no botão Seguinte, leia o contrato de licença e, por fim, aceite-o;
- defina onde ficará o diretório de instalação do Power BI;
- clique no botão Seguinte;
- clique no botão Instalar para iniciar a instalação;
- após a instalação, clique em Concluir para iniciar o Power BI (Figura 5).

**Figura 5.** Tela de conclusão da instalação.
*Fonte:* Cetax ([2019], documento *on-line*).

## Criação de um *dashboard*

A seguir, veja um passo a passo para a criação de um *dashboard*. Neste exemplo, será utilizada uma base de dados em Excel com os dados de vendas de uma empresa.

1. Faça o *download* da planilha que será utilizada no painel de controle, intitulada "Análise de Compras". Para isso, acesse o *site* oficial Power BI.
2. Abra o Power BI Desktop (Figura 6).

**Figura 6.** Tela inicial do Power BI.

Caso você deseje utilizar outra planilha em Excel, siga os passos 3, 4 e 5. Caso contrário, pule para o passo 6.

3. Clique no botão Obter Dados, selecione o tipo de base de dados do Excel e selecione o arquivo descompactado que você baixou.
4. Selecione a opção que corresponde ao nome de sua tabela e clique no botão Carregar.
5. A tela inicial exibida será a tela da visão de dados.
6. Com o Power BI aberto, clique em Arquivo e, logo em seguida, em Importar (Figura 7).

**Figura 7.** Tela para importar os dados da planilha para o Power BI.

7. Agora, selecione a opção Power Query, Power Pivot, Power View. Após, selecione o seu arquivo, que terá o nome de "ProcurementAnalysis-Sample". Aparecerá para você a mensagem apresentada na Figura 8. Clique em Iniciar.

**Figura 8.** Tela de dados disponíveis.

Quando a migração for concluída, automaticamente serão criados vários gráficos e tabelas que podem ser úteis para você (Figura 9).

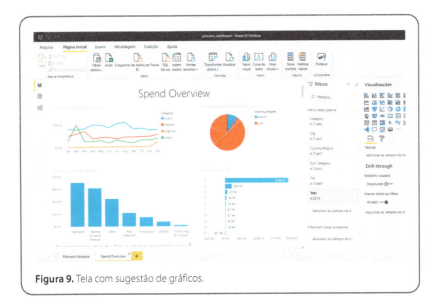

**Figura 9.** Tela com sugestão de gráficos.

8. Se você clicar em Dados, aparecerão todas as informações de cada coluna (Figura 10).

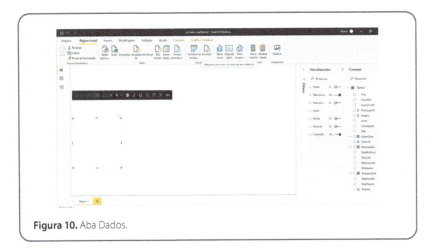

**Figura 10.** Aba Dados.

Volte para a tela inicial em Relatório e clique no sinal de mais (+), no canto inferior esquerdo da tela, para iniciar uma criação do zero. Primeiramente, você vai adicionar um título para o seu *dashboard*.

9. Clique em Caixa de Texto, na aba superior, e insira o título "Compras" (Figura 11).

**Figura 11.** Criação de um título.

Você pode editar o formato do título, bem como clicar e arrastar para qualquer local da tela (Figura 12).

**Figura 12.** Formatação de título.

Agora, você vai criar o seu primeiro gráfico. Continue seguindo as instruções.

10. Clique no ícone do gráfico de colunas clusterizado e clique na parte branca do relatório para criá-lo (Figura 13).
11. Arraste para o eixo em Visualizações o campo Mon, e para Valores, o campo Discount Savings.

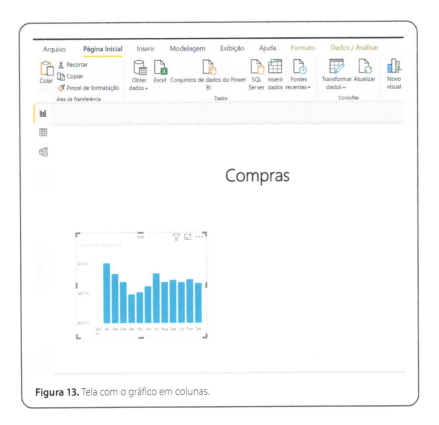

**Figura 13.** Tela com o gráfico em colunas.

12. Para incluir os valores de cada período acima das colunas, clique em Formato e ative a opção Rótulos de Dados (Figura 14).

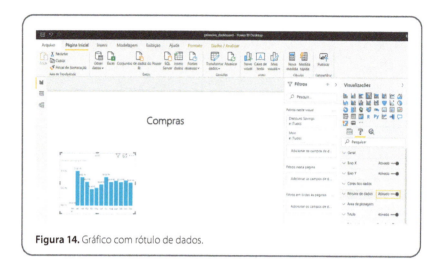

**Figura 14.** Gráfico com rótulo de dados.

Agora, você vai criar uma tabela contendo os dados de localização e o valor gasto. Continue seguindo as instruções.

13. Em Visualizações, selecione a opção Tabela.
14. Em Valores, informe City e Contagem de Total Spend (Figura 15).

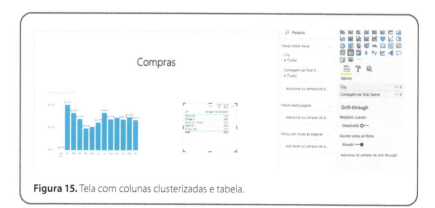

**Figura 15.** Tela com colunas clusterizadas e tabela.

15. Para publicar seu *dashboard*, clique em Arquivo e depois em Publicar. Em seguida, selecione Publicar no Power BI.
16. Na tela seguinte, se você não tiver uma conta, clique em Necessita de uma Conta do Power BI. Se tiver, clique em Iniciar Sessão.
17. Após o *login*, o sistema vai publicar o seu *dashboard* e ele será aberto (Figura 16).

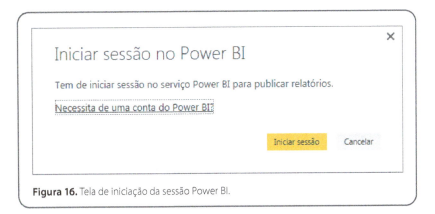

**Figura 16.** Tela de iniciação da sessão Power BI.

Como você viu ao longo deste capítulo, o Power BI chegou para facilitar a vida de quem deseja consolidar dados e se tornou uma peça fundamental para empresas de todos os tamanhos. Uma má consolidação de dados pode causar grande dor de cabeça para as organizações, bem como perdas financeiras. Além disso, pode levar à criação de uma reputação negativa junto aos clientes.

Assim, o Power BI se tornou um grande aliado para as organizações, trazendo facilidade e rapidez no que diz respeito à visualização de dados. Essa ferramenta busca apresentar informações cada vez mais exatas num curto prazo. Como você verificou, as vantagens são inúmeras. Todavia, como acontece com todas as ferramentas disponíveis no mercado, o Power BI deve ser utilizado de forma correta para trazer os resultados esperados.

## Referências

ALVES, C. Power BI: conheça algumas funções e vantagens de utilizá-lo! Blog de *Business Intelligence*. 2019. Disponível em: https://blog.bi9.com.br/funcoes-e-vantagens-power-bi/. Acesso em: 29 jun. 2020.

CETAX. *Power BI Desktop:* instalando a ferramenta. [S. l., 2019]. Disponível em: https://www.cetax.com.br/blog/instalando-power-bi-desktop/. Acesso em: 27 jun. 2020.

CRUZ, L. *Tutorial do Power BI:* o que é? Por que usar? Exemplos DAX. [S. l.], 2020. Disponível em: https://expertdigital.net/tutorial-do-power-bi-o-que-e-por-que-usar-exemplos-dax/. Acesso em: 27 jun. 2020.

FORBES INSIGHTS. *The most successful business intelligence programs provide self-service data, says new study.* [S. l., 2020?]. Disponível em: https://www.forbes.com/sites/forbespr/2016/04/25/the-most-successful-businessintelligence-programs-provide-self-service-data-says-new-study/#42e1597e738f. Acesso em: 27 jun. 2020.

MICROSOFT. *Power BI.* [S. l.], 2020a. Disponível em: https://docs.microsoft.com/pt-br/power-bi/. Acesso em: 27 jun. 2020a.

MICROSOFT. *Os números falam por si.* [S. l.], 2020b. Disponível em: https://www.microsoft.com/pt-br/sql-server/default.aspx. Acesso em: 27 jun. 2020b.

MICROSOFT. *Reports in Power BI (Relatórios no Power BI).* [S. l.], 2020c. Disponível em: https://docs.microsoft.com/pt-pt/power-bi/consumer/end-user-reports. Acesso em: 27 jun. 2020.

MICROSOFT. *Passe de dados a insights e a ações com o Power BI Desktop.* [S. l.], 2020d. Disponível em: https://powerbi.microsoft.com/pt-br/desktop/. Acesso em: 27 jun. 2020.

MICROSOFT. *Hospital de Clínicas de Porto Alegre ganha mais agilidade com BI da Microsoft.* [S. l.], 2016. Disponível em: https://news.microsoft.com/pt-br/hospital-de-clinicas-de-porto-alegre-ganha-agilidade-com-bi-da-microsoft/. Acesso em: 27 jun. 2020.

NUNES, R. Power BI Free vs Power BI Pro: quais as diferenças?. *In:* VOITTO. [S. l.], 2020. Disponível em: https://www.voitto.com.br/blog/artigo/diferenca-power-bi-free-pro. Acesso em: 27 jun. 2020.

PEREIRA, M. *O que é DAX e para que serve?* [S. l.], 2018. Disponível em: https://www.voitto.com.br/blog/artigo/dax. Acesso em: 27 jun. 2020.

RIEPER, M. *Power BI desktop:* criar dashboards e publicar. [S. l., 201-?]. Disponível em: https://www.guiadoexcel.com.br/power-bi-desktop-criar-dashboards-online/. Acesso em: 27 jun. 2020.

SANTOS, R. *O que é Power BI e quais as vantagens de usar essa ferramenta.* [S. l.], 2019. Disponível em: https://blog.deskmanager.com.br/o-que-e-power-bi/. Acesso em: 27 jun. 2020.

SHARDA, R.; DELEN, D.; TURBAN, E. *Business intelligence e análise de dados para gestão do negócio*. 4. ed. Porto Alegre: Bookman, 2019.

TARCIO, M. *Linguagem DAX:* o que é e porque é tão importante no Power BI. [S. l.], 2017. Disponível em: https://uaismart.com/linguagem-dax-o-que-e/. Acesso em: 27 jun. 2020.

TURBAN, E.; VOLONINO, L. *Tecnologia da informação para gestão:* em busca do melhor desempenho estratégico e operacional. 8. ed. Porto Alegre: Bookman, 2013.

**Fique atento**

Os *links* para *sites* da *web* fornecidos neste capítulo foram todos testados, e seu funcionamento foi comprovado no momento da publicação do material. No entanto, a rede é extremamente dinâmica; suas páginas estão constantemente mudando de local e conteúdo. Assim, os editores declaram não ter qualquer responsabilidade sobre qualidade, precisão ou integralidade das informações referidas em tais *links*.